VINDOBONA

VERLAG SEIT 1946

DAMIEN HELLE

DEIN ***LEBEN*** ***UND*** DU

Grenzenlos oder gefangen in dir selbst – ***du hast die Wahl***

VINDOBONA
VERLAG SEIT 1946

Bibliografische Information
der Deutschen Nationalbibliothek:

Die Deutsche Nationalbibliothek
verzeichnet diese Publikation in
der Deutschen Nationalbibliografie.
Detaillierte bibliografische Daten
sind im Internet über
http://www.d-nb.de abrufbar.

www.vindobonaverlag.com

ISBN 978-3-903574-35-9
Lektorat: Theresia Riegler
Umschlagfotos: Lunamarina,
Blissthefrog | Dreamstime.com
Umschlaggestaltung, Layout & Satz:
Vindobona Verlag
Autorenfoto: Damien Helle

Gedruckt in der Europäischen Union
auf umweltfreundlichem, chlor- und
säurefrei gebleichtem Papier.

Inhaltsverzeichnis

Vorwort 1

Dieses Buch entstand, weil ich es schreiben wollte. Na ja, wirst Du jetzt vielleicht denken, warum auch sonst. Stimmt, warum auch sonst! Aber wann hast Du das letzte Mal etwas getan, was Du wirklich wolltest? Bist auch Du jemand, der nur noch funktioniert? Hast Du Dich auch zwischendurch gefragt: Wo bleibe eigentlich ich? Oder: Wer bin ich eigentlich?

Dann ist dieses Buch vielleicht der richtige Ansatz für Dich.

„Kann mir dieses Buch wirklich helfen, mein Leben zu leben? Kann dieses Buch meine Probleme lösen?" Wenn Du Dich das fragst, dann bist Du einen kleinen Schritt weiter. Hört sich vielversprechend an? Gut, dann sei Dir gesagt, dass dieses Buch auf Lösungen setzt, nicht auf Probleme. Denn eigentlich gibt es keine Probleme. Und doch: Das ganze Leben hat Dir doch gezeigt, dass es Probleme gibt, und nun das? Wie soll das funktionieren? Meine Familie, meine Freunde, alle haben Probleme. Da kommt jetzt so ein Buch daher und behauptet einfach, es gibt eigentlich keine Probleme? Ja, so ist es. Die Probleme finden nur in Deinem Kopf statt. Wie? Was? Warum? Das wird Dir in diesem Buch erklärt und ich glaube auch verständlich gemacht.

Ich schreibe dieses Buch auch, weil ich selbst all das erlebt habe. Aber ich habe zudem diese andere Seite kennengelernt. Diese positive, schöne Seite des Lebens. Das war meine Motivation, dieses Buch für Dich zu schreiben.

Es werden viele Themen aufgegriffen. Alles in diesem Buch kann, nichts muss. Je offener Du Dich gibst, umso einfacher machst Du es Dir. Nimm aus diesem Buch mit, was Du glaubst, dass es Dir hilft. Das ist ganz einfach. Lies dieses Buch mehrmals. Du wirst immer wieder neue Ansätze finden. Sei Dir darüber im Klaren, dass Dir ein neues Leben bevorsteht. Wenn Du es zulässt, wirst Du ab jetzt ein anderer, glücklicher Mensch sein. Wenn Du glaubst, Du bist schon glücklich, dann werde einfach noch glücklicher. Mach *aus* Deinem Leben, was Du willst, mach *mit* Deinem Leben, was Du willst, aber trage auch die

Verantwortung dafür. Wenn Du dieses Buch gelesen und verstanden hast, wirst Du vermutlich keine Verantwortung mehr abschieben, wirst Du Dich selbst nicht mehr zum Opfer machen. Du wirst wissen, dass das Opferdasein nichts mit einem menschenwürdigen Leben zu tun hat, Du wirst wissen, welche Macht Du hast. Du wirst wahrscheinlich nicht mehr zulassen, dass andere Menschen Macht über Dich haben.

Ab heute kannst Du niemals mehr sagen, dass Du das nicht wusstest. Ab heute weißt Du viel mehr …

Vorwort 2

Als ich 35 Jahre alt war, sagte mir mein Verkaufsleiter auf einem Verkaufsseminar: „Das, was Du ausstrahlst, ziehst Du an.“ Er gab mir keine weitere Erklärung dafür. Ich weiß nicht warum, aber der Satz hatte sich in mir eingebrannt. Ich wusste zwar, was er bedeutete, aber ich wusste es auch gleichzeitig nicht wirklich. Ich bezog das alles nur auf das Verkaufen. Soll heißen, wenn ich freundlich zum Kunden bin, kommt Freundlichkeit zurück. Warum habe ich damals nicht so gelebt, wie diese Weisheit es aussagt? Weil ich damals noch ein sehr unzufriedener Mensch war. Ich habe immer nur an das gedacht, was ich nicht hatte und haben wollte. Und hatte ich es, war mein Glück nur von kurzer Dauer. Denn ich wollte ja schon wieder etwas Neues. So jagte ich dem Glück hinterher und das Glück jagte mir hinterher. Als ob ich immer im Kreis laufen würde. Und so war es letztendlich auch. Nun bin ich einfach mal stehen geblieben, habe mich selbst gefunden und mich entschieden, immer glücklich zu sein. Eine gute Entscheidung. Ich lasse einfach alles fließen und vertraue der göttlichen Ordnung. Alles hat seinen Sinn.

Mein lieber Leser, Du wirst in diesem Buch auch vieles über Gott lesen. Oder das Universum und Energie. Wie auch immer Du zu allem stehen magst, es ist nur wichtig, dass Du für Dich vieles aus diesem Buch mitnehmen kannst. Ich glaube an Gott. Gott ist in uns allen. Jede Seele ist ein Teil von Gott. Anders ausgedrückt: Alle Seelen zusammen, sind Gott. Und was kann Gott tun? Einfach alles. Was ich Dir damit sagen möchte, ist: Du bist göttlich. Und Du kannst alles erreichen, was Du erreichen willst. Wenn Du ab jetzt die Verantwortung für Dein Leben übernimmst, wirst Du alles erreichen können, was Du willst.

„Des Menschen Wille ist sein Himmelreich.“ Wie oft schon habe ich diesen Satz einfach achtlos gesagt. Und doch ist dieser Satz so unsagbar wichtig und auch richtig. Denn was sagt er aus? Er sagt aus, dass der Mensch einen freien Willen hat und dass dieser Wille ihn gleichzeitig in seinen Himmel bringt. Das Himmelreich ist also hier. Das Himmelreich, also auch das Paradies, ist hier auf Erden. Besser gesagt, der freie Wille ist in uns. Also ist auch das Himmelreich, das Paradies in uns. Wenn das Paradies in uns ist, dann liegt es ja an uns ganz allein, im Paradies zu leben. Wer verbietet uns das denn? Nur wir selbst. Woher kommt es, dass wir uns selbst das Paradies verbieten? Ich behaupte, aus unseren Überzeugungen, die wir von unseren Eltern und allen Menschen, die uns mit prägten übernommen haben. Wir haben nie hinterfragt, ob das richtig ist oder ob ich so leben will, nein, wir haben das einfach so hingenommen. So wie jede Gesellschaft vor uns. Das ist kein Vorwurf. Sie alle wussten es selbst ja nicht besser. Aber woher kommt dieses Verhalten, woraus entsteht es? Aus Angst. Aus Angst, die Macht über andere Menschen zu verlieren. Wenn sie nicht mehr so funktionieren, wie wir es wollen. So haben Bestrafungen, Sanktionen, Kriege, Neid und Habgier ihren Ursprung aus unseren Ängsten heraus. Das ist doch ein Witz?! Nein, leider nicht. Es ist die bittere Wahrheit.

„Du erntest, was Du säst", „Gleich und Gleich gesellt sich gern", „Es geschieht Dir nach Deinem Glauben.". Das sind alles Aussagen, die vollkommen richtig sind. Aber die zwei besten Aussagen sind für mich folgende: „Du bist Deines Glückes Schmied" und „Wie Du in die Welt hineinklingst, so klingt sie zurück." Wie das alles zu verstehen und anzuwenden ist, wird Dir dieses Buch erklären. Es wird Stimmen dazu geben, die behaupten werden, das sei alles viel zu kompliziert. Und es wird andere Stimmen geben, die behaupten, das sei viel zu einfach, das könne nicht sein. Wenn es so einfach wäre, dann hätten es doch schon andere früher gelebt. Ich will damit nur sagen, dieses Buch ist das, was Du daraus machst. Dieses Buch wird und kann nicht die Welt retten. Das braucht es auch gar nicht, denn die Welt ist nicht kaputt. Es wird auch keinen Menschen retten, denn es muss niemand gerettet werden. Vielleicht wird es Menschen helfen, wirklich zu leben, vielleicht wird es Menschen geben, die dieses Buch als nutzlos ansehen. Ich werde es niemals jedem recht machen können. Aber das will ich auch gar nicht. Wenn es nur einem einzigen Menschen gelingt, dank dieses Buches glücklicher zu sein, habe ich schon etwas bewirkt. Aber mein Ziel ist es, so viele Menschen wie möglich auf den Pfad des Glücks zu bringen.

Mein Weg hierhin war ein langer Weg. Ich bin ihn mehr schlecht als recht gegangen. Ich war ein Mensch mit viel Hass in mir. Vor allem auf meinen Vater. Ich wurde in meiner Kindheit geschlagen und verprügelt, sodass ich fast ständig blaue und grüne Flecken am ganzen Körper hatte. Als ich zwölf Jahre jung war, verließ mein Vater meine Mutter, meinen Bruder und mich. Aber deswegen hatte die Tortur noch lange kein Ende. Zwar war jetzt körperlich Schluss mit Schlägen, aber wie sah es seelisch aus? Psychologen waren damals noch verschrien. Und so wurde innerhalb der Familie damals verordnet, über dieses Thema niemals mehr zu reden. Aber niemals zu reden, bedeutet auch etwas totschweigen. Es ist aber nicht tot. Es lebt in einem weiter. Und irgendwann muss es raus. Die Vergangenheit holt Dich immer wieder ein, so lange, bis Du Frieden mit ihr geschlossen hast. Und damals wusste ich nicht wirklich etwas vom positiven Denken. Bei mir entlud es sich später in Schlägereien und Hassgefühlen. Mit 18 Jahren fing ich an, meinen Vater zu suchen. Ich wollte ihm das Gleiche antun, was er mir angetan hatte. Ich fand ihn nie, kam immer zu spät. Mein Vater starb, als ich 27 Jahre alt war. Ich hatte ihn da schon rund 15 Jahre nicht mehr gesehen. Da wusste ich, wo er gelebt hatte. Ich hätte ihn am liebsten aus dem Grab rausgeholt und nochmal extra totgeschlagen. Aber das ging nicht. Nur war mein Hass damit ja nicht erloschen. Also hasste ich andere Menschen und machte sie für mein Leben verantwortlich. Und das war so schlimm, dass ich irgendwann damit aufhören musste. Mit vierzig ging ich zum ersten Mal zum Therapeuten. Er schaffte es nach vier Jahren, dass ich mich besser fühlte. Doch mein Hass war noch immer in mir.

Nach einer weiteren schlimmen Zeit stieß ich auf das Buch „The Secret“ von Rhonda Byrne. Es war der Weckruf für mich. Ich fand weitere Bücher, oder sie fanden mich. Ich war plötzlich wie ausgewechselt. Ich begriff mit einem Schlag, was ich mir selbst angetan hatte. Ich mir selbst und niemand anders. Und so änderte sich mein Leben. Ich las die komplette Reihe von Esther und Jerry Hicks: „Law of Attraction“ und all ihre anderen Bücher. Ich las „Das LOLA-Prinzip“ von Rene Egli. Und vor allem Ella Kensington alias Bodo Deletz. Ich wollte plötzlich immer mehr. Ich wollte alles wissen. Und ich erfuhr mehr und mehr. Bis heute. Und ich lese immer noch mehr Bücher und verstehe immer mehr und lerne nie aus. Ich überbringe nun mein Wissen Dir, mein lieber Leser. Und ich kam einem Geheimnis auf die Spur, wie es uns gelingt, immer glücklich zu sein. Das Geheimnis lautet: Energie folgt der Aufmerksamkeit. Wo ist Deine Aufmerksamkeit? Was sind Deine Überzeugungen? Dein Glaube? Glaubst Du an Dich? Es sind alle Deine Entscheidungen. Grenzenlos oder gefangen in Dir selbst – Du hast die Wahl ...

Dein Leben – Die Vergangenheit

Wie war Deine Vergangenheit? War sie wundervoll und schön? Oder war sie schlimm, durchwachsen mit Höhen und Tiefen? Ich denke Letzteres, denn sonst hättest Du das Buch nicht gefunden oder das Buch nicht Dich. Egal wie Du es siehst, aber Du bist hier an diesem Punkt, um etwas in Deinem Leben zu ändern. Oder?

Deine Vergangenheit verfolgt Dich aber weiter. Sie wird nicht aufgeben, bis sie Dich eingeholt hat – außer Du schließt mit ihr Deinen Frieden. Und damit meine ich nicht verdrängen oder abhaken, sondern ich meine damit verarbeitet und wirklich Frieden geschlossen. Oft haben wir noch Hass in uns oder sind nach wie vor in unserer Vergangenheit gefangen, weil wir nicht vergeben oder verzeihen können. Auch wenn Du behauptest, das macht Dir nichts aus, überprüfe Dich selbst. Gibt es ein Thema oder mehrere Themen, worüber Du in Deiner Vergangenheit verärgert warst? Dann wirst Du feststellen, wenn Du ehrlich zu Dir selbst bist, dass es Dich heute noch verärgert oder Du Dich gefangen fühlst, wenn Dich jemand darauf anspricht. Nun wirst Du vermutlich sagen, haben dass nicht viele Menschen? Bin ich da der Einzige? Nein, sicher nicht. Aber macht diese Tatsache, dass Du einer von vielen bist (und ich gehe sogar so weit, dass ich behaupte, es ergeht mindestens 95 Prozent der erwachsenen Menschen weltweit so) die Situation für Dich besser? Geht es Dir wirklich besser, wenn Du weißt, anderen Menschen ergeht es auch so? Ich glaube: nein. Nicht wirklich. Dazu solltest Du Folgendes wissen: Du bist absolut einzigartig. Kein anderer Mensch kann dasselbe fühlen wie Du. Ja, richtig. Du allein fühlst so. Kein anderer Mensch kann das denken, was Du denkst. Also kann Dir niemand etwas sagen oder tun, ohne dass Du es zulässt. So hast Du in der Vergangenheit selbst entschieden, dass es Dir nicht gut erging, oder zumindest durchwachsen. Aber Du denkst jetzt bestimmt: Wie soll das denn funktionieren? Die anderen haben das doch verursacht. Meine Eltern haben mich doch geschlagen, das war ich doch nicht selbst. Meine Freunde haben mich verletzt, meine Familie hat mich doch schlecht behandelt, andere Menschen haben mich ausgegrenzt. Kommt Dir das so oder ähnlich bekannt vor? Das ist das, was ich weiter oben schon behauptet habe, so denken und fühlen 95 Prozent der gesamten erwachsenen Menschheit. Alle anderen sind schuld. Nur ich nicht. Was sagst Du jetzt? Das habe ich niemals behauptet? Gut. Ob ich ehrlich zu Dir bin oder nicht, das ist gar nicht wichtig. Wichtig ist, dass Du ehrlich zu Dir bist. Du stehst vor Deinem Spiegel und musst hineinschauen. Dieser Mensch im Spiegel, der gibt Dir irgendwann Antwort, spätestens dann, wenn Dich die Vergangenheit eingeholt hat.

Zufälle?!?

Das sind erst mal Tatsachen. Jetzt geht es aber noch weiter. Dein Leben war bisher in der Vergangenheit von sogenannten Zufällen geprägt? Höhen und Tiefen, wie an der Börse? Das mag nach Zufällen aussehen, aber was ich Dir jetzt schreibe, wird Dir anfangs auch nicht gefallen, es wird Dich vielleicht sogar erschrecken; denn es gibt keine Zufälle. Was, höre ich Dich jetzt sagen, das kann doch nicht wahr sein? Jetzt lese ich erst ein paar Seiten in diesem Buch und nun behauptet es auch noch: „Es gibt keine Zufälle“? Ja, so ist es. Das alles kam in Dein Leben durch Deine Entscheidungen. Vielleicht ist es Dir schon mal aufgefallen, oder aber Du denkst jetzt darüber nach, dass als Du vor etwas richtig Angst gehabt hast, dies auch so eingetreten ist? Und es kam über mich, was ich am meisten fürchtete ... Ich gehe so weit zu sagen, dass jeder Mensch das bekommt, was er entscheidet. Soll heißen: Was Du fühlst und denkst, wird Dein Leben beeinflussen. Das wird sich in Deinem Leben manifestieren. Das hat sich auch alles in Deinem Leben manifestiert. Ob positiv oder negativ, ob bewusst oder unbewusst, Du bist der Schöpfer Deines Lebens.

Herz = Seele?

Es ist zwar sehr wichtig, was Du denkst, aber mindestens genauso wichtig ist, was Du fühlst. Ein schönes und auch wahres Sprichwort sagt: „So, wie der Mensch im Herzen denkt, so ist er.“ Ja, Du hast richtig gelesen, wie der Mensch im Herzen denkt. Der Mensch denkt auch mit dem Herzen. Meine Aussage ist die, dass das Herz nahe an der Seele ist. Oder Dein inneres Wesen. Oder Dein Teil von Gott. Wie Du es nennst, ist unwichtig. Wichtig ist, dass Du es verstehst. Und Dein Herz steuert alle Organe. Und ich meine alle. Dein Herz denkt mit. Dein Herz ist für all das zuständig, wofür Dein Verstand nicht zuständig sein kann. Also nicht nur Pumpe, aber dazu später mehr. Und Dein Unterbewusstsein hat alle Informationen, die Du empfangen hast und als unwichtig eingestuft worden sind, abgespeichert. Also wenn Du früher etwas Negatives gedacht hast, egal was es war, hat Dein Unterbewusstsein registriert, dass Du das unbedingt so haben willst. Und so hat es dem Gehirn signalisiert, ja, das will sie/er haben, gib ihr/ihm mehr davon. Und das Gehirn tat, was ihm gesagt wurde, es produzierte fleißig mehr negative Gedanken. Aber auch wenn Du an etwas Schönes gedacht hast und Du Dich darüber sehr gefreut hast, hat Dein Gehirn mehr davon produziert, weil Dein Unterbewusstsein gesagt hat, ja, das will sie/er haben, gib ihr/ihm mehr davon. Und so hast Du davon mehr bekommen, was Du fühltest. Aber warum war denn alles immer so ein auf und ab? Ganz einfach, weil Du niemals nur ständig und immer negativ oder immer positiv gefühlt und gedacht hast. Es war ein ständiger Wechsel. Und so war Dein Leben immer ein auf und ab. So hast Du immer das bekommen, was Du gefühlt und gedacht hast.

Deine Gefühle, sprich also Deine Emotionen, waren schuld daran, also immer Du selbst. Wenn Dich also jemand verletzt hat, mit Worten oder sonst wie, lag es an Dir, darauf zu reagieren. Und Du hast reagiert, nicht agiert. Alles, was von außen auf Dich hereinprasselte, hast Du aufgesogen wie ein Schwamm. Immer mehr, immer her damit, hast Du gerufen. Stimmt nicht? O doch. Warum erklärt Dir dieses Buch.

Wie war Dein Leben bisher?

Du wurdest in diesem Körper geboren, kamst mit guten Absichten, aber völlig emotionslos hier an. Und dann ging es auch schon los. Deine Eltern freuten sich, dass Du endlich da warst, denn sie hatten ja im Regelfall circa neun Monate auf Dich gewartet. Du bist dann langsam, aber stetig herangewachsen und Du wusstest schon nach relativ kurzer Zeit, was Deine Eltern Dir erlaubten und was nicht. Und so kam es zu Verboten, zu Befehlen und was Du sonst für Dein Leben nicht brauchtest. Du kamst in den Kindergarten, wieder nur Regeln, Du kamst in die Schule, lernen, Regeln und Verbote. Mit anderen Worten, Deine „Lehrmeister" begrenzten Dich. Sie zeigten Dir, dass es für alles Grenzen gibt. Mit der Zeit hast Du Dich daran gewöhnt und es machte Dir nichts mehr aus. So wurdest Du das erste Mal gebrochen. Du hast nicht nur Eltern, nein, vielleicht auch Geschwister, Onkel, Tanten, Großeltern, Lehrer, alles Menschen, die meinten, sie müssten Dir alle Erfahrungen, die sie gemacht haben, mit auf den Weg geben. Und dabei sahen sie nicht, dass sich aus all deren Erfahrungen nicht eine einzige für Dich rekonstruieren lässt. Jetzt sagst Du, ich habe aber die gleichen Erfahrungen gemacht. Stimmt. Das ist vollkommen richtig. Aber eben nur die *gleichen*, nicht *dieselben*. Denn das funktioniert nicht anders, ansonsten wärst Du nicht einzigartig. Sondern nur eine Kopie von irgendjemandem. Ist das Dein Wunsch? Dann könntest Du an dieser Stelle aufhören das Buch weiterzulesen ...

Also, rekonstruieren wir mal, dass Du die Summe Deiner Erfahrungen bist. Aber ganz wichtig: *Deiner Erfahrungen.* Nicht die Erfahrungen anderer. Denn Du allein hast entschieden, dass Du das alles annimmst, was Dir Deine lieben Verwandten, Lehrer und Freunde mit auf den Weg geben. Nur Du allein. Was wiederum heißt: Alles, und ich meine wirklich *alles,* fängt nur bei Dir an!

Das ist erst mal schwer zu verdauen? Okay. Aber schau, selbst das entscheidest Du ganz allein. Wenn Du sagst, es ist leicht, dann ist es auch leicht. Sagst Du, es ist schwer, dann ist es das auch. Deine Entscheidungen, also im Endeffekt Dein Leben, gibt Dir immer recht. So ist es auch nicht verwunderlich, dass Du da gelandet bist, wo Du jetzt bist. Alles, was Du in Dein Leben hineingelassen hast, kommt auch wieder heraus. Und das, was Du dann ausstrahlst, ziehst Du auch wieder an. Ein Kreislauf, mehr nicht. Du hast Dein Leben in der Vergangenheit selbst bestimmt, ob bewusst oder unbewusst. Du bist jetzt das, was Du fühlst. Wie fühlst Du Dich bis jetzt? Ich hoffe gut. Denn es geht noch weiter.

Nach der Schule kam die Ausbildung, oder die Bundeswehr, oder ein Studium. Du fängst aber an, Deinen eigenen Weg zu gehen. Willst alles selbst erfahren, der eine mehr, der andere weniger. Aber hört jetzt die Umwelt auf, Dich zu beeinflussen? Mitnichten. Jetzt fängt doch der Spaß erst richtig an. Denn dann bekamst Du auch noch das Fernsehen und Radio mit. Alles Nachrichtenträger, die Dich auch entmutigten. Jetzt interessierst Du Dich auch noch für Deine Umwelt, Politik, Wirtschaft, Tiere, Dein ganzes soziales Umfeld ist plötzlich anders und Du siehst alles intensiver. Du bemerkst, wie alles Einfluss nimmt, Du lässt Dich noch mehr auf alles ein. Alles wird so nah. Das Internet nimmt Einfluss und Deine Freunde unterhalten sich jetzt auch über politische und soziale Schieflagen. Und schon ist alles in Dir verändert. Obwohl dies alles nur äußerlich auf Dich Einfluss nimmt, denn Du kannst ja nichts daran ändern, beschäftigt es Dich alles immer wieder neu. Du willst alles selbst erfahren. Und doch spiegeln sich Deine Erfahrungen in denen Deiner Lehrmeister. Warum? Weil Du das, was Dir beigebracht wurde, auch lebst. Du lebst deren Leben. Und Du beschwerst Dich und klagst und Du klagst und beschwerst Dich. Und so nehmen Dich alle Probleme dieser Welt immer mehr gefangen. Und das Fernsehen, mit den Nachrichten, die alle noch vor dem Schlafen gehen angeschaut werden müssen, tun ihr Übriges dazu. Höre ich Dich sagen: „Das ist nicht so“? Dann überprüfe es einmal selbst. Achte darauf, mit wem Du worüber redest. Wie häufig sind die Diskussionen über alle anderen ach so wichtigen Dinge auf dieser Welt? Und ihr geht aus diesen Diskussionen heraus, ohne eine Lösung, ohne etwas bewegt zu haben. Und nun? Ein paar Tage oder Wochen später das gleiche Thema mit ein paar Neuigkeiten mehr, wieder Aufregung und schlechte Laune, für nichts. „Wieso schlechte Laune? Ich habe doch keine schlechte Laune dabei“, höre ich Dich sagen. Glaube mir, horche einfach tief in Dich hinein. Fast unmerklich wird die Laune schlechter. Und wenn man Deine Energie in diesen Momenten gemessen hätte, dann wäre eine negative Energie gemessen worden. So und teilweise noch schlimmer sah in der Vergangenheit der Alltag aus. Zumindest bei den meisten Menschen. Was höre ich Dich wieder sagen? So schlimm ist das alles nicht gewesen?! Glaube mir, es ist genauso schlimm. Und warum liest Du dieses Buch? Um genau das zu verändern. Hier ist Deine Chance. Deine Vergangenheit endlich zu verarbeiten, hinter Dir zu lassen. Lies einfach weiter.

Wie funktionierte denn unser eingefahrenes und aufwendiges System bisher?

Gehen wir doch mal dem Ganzen auf die Spur. Die Medien, insbesondere das Fernsehen, überschütten Dich mit Nachrichten und Bildern von Katastrophen, Kriegen, Unfällen, Politik, Betrügereien und noch vielem mehr. Alles Nachrichten und Bilder, zusammengepackt auf 15-30 Minuten. Und so bekommen wir immer mehr und mehr den Eindruck, dass alles auf dieser Welt schlecht sein muss und das Gute nur noch eine Ausnahme ist. Das Internet, das Radio und die Zeitungen tun ihr Übriges dazu. Nur schlechte Nachrichten sind gute Schlagzeilen. Warum ist das so? Das ist so, weil der Mensch gerne schlechte Nachrichten hört. Er will vergleichen. Wenn es woanders eine Naturkatastrophe gibt, dann sieht er, dass es Menschen gibt, denen es noch schlechter geht. Und wenn es Menschen gibt, denen es noch schlechter geht, dann will er helfen. Aus Mitleid. Oder um zu zeigen, dass es ihm besser geht. Wer einem anderen Menschen hilft, bekommt Macht über ihn. (Vielleicht gibt es ja genau deshalb so viele hilfsbereite Menschen?) Das Gleiche gilt für den Staat. Wenn der Staat hilft, hat er Macht über die Menschen und die Menschen fühlen sich machtlos. Und die meisten Menschen wollen auch machtlos bleiben. Sie kämpfen regelrecht darum. Ich begreife dies nicht. Aber das ist wirklich so.

Angst!

Und so bekamst Du immer mehr Angst, tief in Dir war sie da. Ja, Du und Angst. Hast Du sie vielleicht doch gespürt? Allein schon, wenn es Dir gut geht, hast Du Angst, das wieder verlieren zu können. Deine Angst wurzelt aus so vielem heraus. Fast alle Menschen haben Angst vor irgendetwas. Angst zu verlieren, was sie haben, Angst zu gewinnen, zum Beispiel viel Geld, weil sie die Schicksale anderer Menschen, die alles wieder verloren haben oder betrogen worden sind, zu ihren eigenen Erfahrungen machen. Das heißt, sie gehen davon aus, dass ihnen das Gleiche passieren könnte. Oder sie haben Angst zu versagen, worin auch immer. Dies zeugt von einem miserablen Selbstvertrauen. Vor Versagensängsten, die völlig irrational sind. Menschen haben Angst vor Kriegen, vor Betrügereien, vor Tieren, vor Menschen, vor etwas Neuem, vor Hass, vor Liebe und zu viel Nähe und vor vielen weiteren Dingen. Diese alle aufzuführen würde schon etliche Seiten dieses Buches füllen. Diese Ängste sind alle völlig unbegründet und anerzogen. Sie sind völlig irrational. Der Mensch wird mit nur zwei natürlichen Arten von Furcht geboren: mit der Furcht zu fallen und mit der Furcht vor lauten Knallgeräuschen. Diese beiden Arten von Furcht sind auch sinnvoll. Denn wenn sich mir ein Auto nähert, die Bremsen quietschen oder es hupt, dann kann ich reagieren und zur Seite springen. Oder die Furcht davor in die Tiefe zu fallen hält mich davon ab, etwas zu tun, was dieses veranlassen könnte. Okay. Das ist normale Furcht. Alles andere ist völlig überzogen und anerzogen und nennen sich Ängste. Was sagst Du? Ängste bewahren Dich auch davor, Fehler zu machen? Aha, wenn Du das so sehen willst, wird Dir das Leben immer recht geben. Dein Unterbewusstsein wird Dir immer sagen: Ja, gib ihm mehr Angst davor, damit er das nicht macht, egal was. Und Dein Gehirn wird Dir mehr geben. Keine Frage. Aber wer sagt denn, dass alles was Du Angst hast zu erleben, auch negativ sein wird und Du Angst haben musst? Weißt Du denn, wie viele Menschen es gibt, die alles wovor Du Angst hast, schon als gelungen und positiv erlebt haben? Mit sehr hoher Wahrscheinlichkeit mehr, als Du denkst. Aber so gehst Du durch das Leben, immer mit der Annahme, es könnte ja auch schief gehen und diese Annahme war bisher immer die maßgebende Richtung. Nun, dann frage Dich, welche Ängste Du in der Vergangenheit verspürt hast, sind sie eingetreten? Waren es diese Ängste? Kommt das alles, was ich vorher beschrieben habe, ungefähr hin? Dann siehst Du jetzt, dass dies alles nur in Deinen Gedanken war. In Deinen Gefühlen, Emotionen. Was höre ich? Ob man die ausschalten kann? In Deiner Vergangenheit waren die Emotionen schuld an allem. So soll es also sein. Gut. Dann gehen wir auch diesem auf den Grund. Ängste sind Emotionen. Das wissen wir nun. Und was sie alles bewirken können, das wissen wir nun ja auch. Aber warum waren sie denn so wichtig für Dich? Aus gutem Grund: Sie haben Dich davor bewahrt, Schiffbruch zu erleiden. Jetzt fragst Du, ob ich denke, Ängste seien etwas Irrationales. Auf der einen Seite schon. Trotzdem waren Deine Ängste ein wichtiger Indikator für Dich. Denn wenn Du voller Angst irgendetwas getan hättest, dann wäre es auch wirklich schief gegangen. Du bekommst immer das, was Du erwartest. Deine Erwartungshaltung hat Dir immer recht gegeben und wird Dir auch immer recht geben. Deshalb war die Angst bisher ein guter Begleiter. Auch wenn sie völlig irrational war. Das zu ändern liegt an Dir. Dazu aber später mehr.

Ängste sind also völlig unbegründet? Ja und nein. Ängste sind völlig normal. Jeder hat sie. Ohne Angst kein Mut. Aber jede Entscheidung, die Du aus Angst triffst, ist komplett daneben. Angst kostet logisches Denken. Wir bezahlen für alles einen Preis. Und Entscheidungen aus Angst gehen immer nach hinten los. Das ist eine kraftvolle Aussage. Ich weiß, das werden jetzt viele sagen. Alle Menschen haben Ängste. Richtig. Sie bewahren uns doch vor vielem. Wirklich? Sie verhindern in Wirklichkeit nur viel.

Dein Verstand

Nehmen wir uns doch mal den Verstand vor und schauen, was dahintersteckt. Ist der Verstand so wichtig für uns? Ja, das ist er schon. Aber die Fragen sind: wie und warum?! Der Verstand ist Dein Ego oder auch Dein Ego ist der Verstand. Dein Verstand ist der negative Teil in Dir. Ängste sind Emotionen. Und Emotionen werden duch den Verstand geweckt. Na logisch. Das musste ja so kommen, noch komplizierter. „Wie soll ich denn jetzt damit klarkommen?" Ganz einfach. Überwache Deinen Verstand. Das ist aber eine Menge Arbeit, höre ich Dich sagen? Am Anfang schon. Aber es wird immer weniger Arbeit und wird immer besser. Aber der Reihe nach. Bei den meisten Menschen ist es so, dass der Verstand sie benutzt. Und nicht der Mensch den Verstand. „Wie, ich denke doch viel nach? Also benutze ich auch den Verstand." Nun, das ist nicht ganz richtig. Der Philosoph Descartes glaubte, dass er die Wahrheit schlechthin gefunden hätte, als er behauptete: „Ich denke, also bin ich." In Wahrheit ist dies ein riesiger Irrtum. Denn Denken mit Sein und Identität, also Leben mit Denken gleichzusetzen ist ein schwerwiegender Fehler. Denn durch diese These wird der Mensch vom „Sein" und seiner Umwelt getrennt. Er wächst in einer Welt mit Problemen und Konflikten auf, also in einem Zustand von scheinbarer Getrenntheit. Genau dadurch wird aber seine Welt ein Spiegel wachsender Zerstückelung seines Verstandes. Also das zwanghafte Denken ist es, das uns zum Menschen macht. Nein. Sicher nicht. Aber, fast jeder Mensch denkt zwanghaft. Und so auch Du in Deiner Vergangenheit. Ständig gibt es und erschaffst Du neue Probleme. Du versuchst, Deinen Verstand immer wieder mit neuen Problemen zu beschäftigen, was Dir bisher auch gut gelungen ist. Immer mehr musste her, damit Du fühlen konntest, wie schlecht alles ist. Kommt Dir das bekannt vor? Wo irgendetwas an Problemen auftauchte, hattest Du hier geschrien. Und schwupps, schon waren sie da. Du musstest Probleme wälzen, versuchen, sie zu lösen. Mal gelang Dir das, mal nicht. Du hast verglichen, Dich an Vergangenes erinnert, das was Du damals fühltest ins Jetzt geholt, Deine Vergangenheit lebte ständig in Dir. Der Verstand sagt Dir, wann Du Angst haben sollst, die Angst schlägt sich dann in Deinem Körper nieder. Dein Unterbewusstsein sagt dem Verstand, mehr davon, das will sie/er haben. Und so bekommst Du mehr davon. Der Verstand lebt durch die Zeit. Die vergangene Zeit. Aber auch durch die zukünftige Zeit. Da er immer wieder Angst davor hat, was passieren könnte. Aber auch dazu später mehr. Und so warst Du eigentlich nur damit beschäftigt, über alles Negative und Problembehaftete nachzudenken. Das ist zwanghaftes Denken. Und damit benutzte der Verstand Dich. Den Verstand benutzt Du nur für Dinge, die Dir nützlich sind. Sprich, Dinge die Dich erfreuen. Ohne Angst.

Nur Freude. Wenn Du zum Beispiel Termine machst, also auch Zeit einsetzt. Aber nur die Uhrzeit. Nicht die psychologische Zeit. Denn Deine Vergangenheit ist keine Uhrzeit. Oder bei Mathematik oder Sprachen oder der Liebe. Also alles Schöne. Auch davon gab es etwas in Deiner Vergangenheit. Aber eben nur selten. Das heißt, dass Du Deinen Verstand nur selten gebrauchst. Also nicht verkehrt, sondern nur sehr wenig. Um es auf den Punkt zu bringen: Der Verstand gebrauchte Dich. Dein Werkzeug hatte die Macht über Dich gewonnen. Du glaubst mir nicht? Okay. Dann dazu eine Frage: Wenn Dein Verstand nicht wäre, würdest Du trotzdem überleben? Ich behaupte: Ja. Deine Instinkte wären wieder da, Dein Leben und Überleben möglich. Aber wenn Du nicht da wärst, wäre Dein Verstand trotzdem da? Natürlich nicht. Was für eine Frage, höre ich von Dir. Genau. Also wer ist der Stärkere? Eigentlich Du. Und warum warst Du es bisher nicht?

Dein Körper

Und nun zu Deinem Körper, den Du wohl bisher auch nicht beachtet hast. Und damit auch zu Deinem Unterbewusstsein, also zu Deiner Seele. Dein Unterbewusstsein ist Dein Herz, folglich ist Dein Herz auch Deine Seele. Die Ärzte haben dem Herz bisher nur eine Unterfunktion im Körper zugedacht. Aber Forschungen haben ergeben, dass das Herz viel mehr ist als nur eine „Pumpe". Das Herz steuert sehr viel und gibt dem Gehirn sogar Befehle, die es dann ausführt. Das Herz besitzt und verbraucht viel mehr Energie als das Gehirn. Also Deine Seele ist viel aktiver, als Du jemals geglaubt hast. Dein Körper reagierte und reagiert auf Dein Denken und Fühlen. War es in Deiner Vergangenheit bisher nicht so, dass Du alle möglichen Zipperlein hattest, sogar Verletzungen und Krankheiten? Woher kamen diese? Und jetzt schon wieder etwas, was Dir nicht gefallen wird. Denn für all das, Krankheiten und Verletzungen, warst Du selbst verantwortlich. „Was? Geht's noch? Das ist aber jetzt ein starker Tobak. Das gibt's doch nicht. Jetzt auch noch das. Ich bin auch noch selbst schuld daran? Nein, niemals." Höre ich Dich das wirklich sagen? O ja, mein lieber Leser, so ist es. Du allein trägst die Verantwortung dafür. Du allein warst für sämtliche Krankheiten und Verletzungen verantwortlich. Und Zufälle, erinner Dich, gibt es nicht. Wie soll das denn funktioniert haben? Okay. Dann schauen wir mal.

Kann es sein, dass Du immer krank wurdest oder Dich verletzt hast, wenn Du negativ oder schlecht drauf warst? Dass Du alle Zipperlein bekommen hast, wenn Du länger nur mies gelaunt warst, keine Freude, sondern wirklich die Last der Welt auf Deinen Schultern lag? Zumindest fühltest Du manchmal so. Du klagtest, beschwertest Dich über alles und jeden. Und schwups, warst Du in der Spirale auf dem Weg nach unten. Und Du machtest weiter und weiter. Weil Du das ja so wolltest. „,Stop", höre ich Dich sagen? „Das wollte ich ganz bestimmt nicht." Doch, wolltest Du, denn es ist passiert. Du hast dich beschwert und beklagt und Du bekamst mehr davon. Ja, so ist es. Denn merke: *Auch eine Beschwerde über eine Beschwerde ist eine Beschwerde oder auch eine Klage über eine Klage ist eine Klage.* Und wenn es immer negativer wird, dann sagt Dir Deine Seele irgendwann: So, jetzt ist es gut. Du bekommst miese Gefühle, aber Du bemerkst sie nicht. Und bei der nächstbesten Gelegenheit, die sich ergibt, wirst Du krank oder verletzt Dich. Deine Ängste davor kommen auch noch mit ins Spiel, jeder kennt das, ein anderer niest und der erste Gedanke ist: „Hoffentlich habe ich mich nicht angesteckt" oder „Hoffentlich werde ich nicht krank." Tja und das, was ihr denkt, ist *angesteckt* oder *krank*. Das Wort *nicht* gibt es nicht im Universum. Das ist so, als hättest Du es bejaht. Und schon wieder, es geht ganz schnell, hast Du genau das bekommen. Ja ja, und Du selbst hast das entschieden. Wie ist es denn mit „Ich will gesund sein und bleiben"? Dann bekommst Du das. „Wenn ich also glücklich gewesen wäre, dann hätte ich komplett gesund sein können?" Ein eindeutiges Ja. Dein Immunsystem arbeitet unaufhörlich, wenn

Du glücklich bist. Es frisst jeden Tag Krebszellen auf, es hilft Dir immer gesund zu sein. Dein Immunsystem funktioniert bis zu 300 000-mal stärker, wenn Du glücklich bist. Das bedeutet, wenn Du ständig glücklich bist, also praktisch immer, kannst Du immer gesund sein. Umgekehrt funktioniert dies natürlich auch hervorragend. Wenn Du ständig unglücklich bist, arbeitet Dein Immunsystem nicht richtig und die Folge davon wird immer häufiger Krankheit sein. Meiner Meinung nach, ich bin zwar kein Arzt oder Psychologe, kannst Du nur richtig krank werden (zum Beispiel Krebs), wenn Du tief und lange über etwas unglücklich bist. Etwas, was Dich auffrisst. Dann werden die Krebszellen zu Tumoren und tun das dann ja zum Beispiel mit Dir auch. All das kommt nicht von ungefähr. Und in Deiner Vergangenheit war vieles, was Dich unglücklich und pessimistisch gemacht hat? Dann wird es Zeit, dies zu ändern. Denn Menschen, die in ihrer Vergangenheit leben, sind depressive Menschen. Und wenn Du Dein Leben ändern willst, ist dieses Buch eine Anleitung. Nicht mehr. Denn niemand kann Dein Leben leben, Deinen Weg gehen. Nur Du selbst. Achte auf Deine Gefühle, sie sind Deine Indikatoren. Sie sind Dein Warnsystem. Und es funktioniert immer. Aber auch dazu später mehr.

In Deiner Vergangenheit hat Dich also vieles unglücklich gemacht. Was Dich negativ denken und fühlen ließ. Du hast es jetzt in der Hand, das zu ändern. Du bist der Schlüssel zu Deinem Leben. Benutze ihn. Wie, dazu kommen wir auch noch. Trage immer die Verantwortung für Dein Leben. Wenn Du das nicht willst und lieber ein Opfer bleibst, dann ist dieses Buch zu diesem Zeitpunkt nichts für Dich. Versuche es dann in vielleicht fünf Jahren nochmal. Jeder hat jetzt die Möglichkeit auszusteigen. Wer aber neugierig ist, der wird weiterlesen. Der wird es wissen wollen. Mit jeder Faser. Jeder, der wissen will, was man tun kann, ja auch Du, der wird hier weiterlesen, bis er alles verstanden hat. Dies ist Deine Chance. Nutze sie ...

Dein Leben – Dein Denken

Worüber ich hier schreibe, ist Dein Leben. Oder auch mein Leben. Jeder, der schreibt, gibt immer ein Stück von sich selbst preis. Es sind immer die Gedanken, Gefühle, Erfahrungen und Fantasien eines jeden Autoren, die in einem Buch stehen. Und wenn ich jetzt über Dein Denken schreibe, dann nur, weil Du bereit bist, etwas in Deinem Leben zu verändern. Denn sonst würdest Du ja dieses Buch nicht lesen. Stimmt's?

Über Dein Denken habe ich ja schon ein wenig geschrieben. Dass der Verstand Dich benutzt und nicht Du Deinen Verstand. Um es kurz zu machen: Immer wenn Du negativ denkst, benutzt der Verstand Dich. Und immer, wenn Du positiv denkst, benutzt Du Deinen Verstand. Soweit klar? Doch wie kommt es dazu, dass irgendwie fast jeder immer wieder in die Negativität abdriftet? Und was kann man für das positive Denken tun? Ich denke, das sind Fragen, die Dich beschäftigen und worauf Du Antworten suchst. Zumindest mir erging es so. Ich suchte immer nach einer Antwort und auch einer Lösung. Und dies alles ist so simpel und einfach. Heute bist Du noch ein Mensch, mit sehr, sehr vielen negativen Denkweisen. Und morgen, wenn Du es wirklich willst, ist es vielleicht schon anders. Wobei dieses Morgen dann ja auch heute, also im Hier und Jetzt ist. Kompliziert? Nein, nicht wirklich. Wenn Du jetzt in Deine Vergangenheit gehst und daran denkst, holst Du diese ja mit Deinen Gedanken ins Hier und Jetzt. Sie wird zu Deiner Wahrheit, zu einem Teil in Deinem Leben, weil Du ja daran denkst und es auch lebst. Und wenn diese auch noch negativ war, weil Du vor irgendetwas vielleicht Angst hattest oder etwas erlebt hast, das Du auf keinen Fall wieder erleben möchtest, dann, au Backe, holst Du es immer wieder in Dein Leben. Und je öfter Du sagst: „Nein, das will ich nicht erleben", umso mehr kommt es immer wieder in Dein Leben. Ich selbst hatte mal solche Sachen mit meiner Freundin erlebt. Sie ist aus ihrer Ehe nach mehr als zwanzig Jahren mehr oder weniger geflüchtet und sagte: „Sowas will ich nicht mehr erleben." Aber sie bekam immer wieder genau das. Jedes Bisschen, das sie mit mir besprach, war etwas, was sie früher in ihrer Beziehung hatte und nicht mehr erleben wollte. Aber sie zieht es immer wieder an. Allein daran zu denken, was sie nicht will, reichte aus, ihre Gefühle so negativ zu gestalten, dass dann die Vergangenheit immer wieder da ist. Was ich denke und fühle bekomme ich, erinnerst Du Dich? Und das Wort *nicht* existiert nicht im Universum. Es ist, als hättest Du es genauso gesagt, wie Du es dann bekommst, nämlich ohne nicht. Also praktisch: „Ich will das." Es hat sehr lange gedauert, das in ihren Kopf zu kriegen. Aber das musste sie selbst tun, da konnte ihr keiner helfen. Denn für Dein Denken bist ja nur Du selbst verantwortlich. Wenn man etwas denkt, was man nicht will, bekommst Du es garantiert so. Darauf kannst Du wetten. Und nicht die anderen sind schuld. Du allein, nur Du allein trägst dafür die Verantwortung. Wenn Du glaubst, alle betrügen Dich, dann ist es auch so. Weil Du dieses Gefühl hast, wirst Du auch immer mehr Menschen in Dein Leben ziehen, die Dich betrügen. Zumindest kommt es Dir so vor. Oder Du denkst, dass die Welt schlecht ist, dass alle Menschen schlecht sind, dann wirst Du das auch so bekommen. Aber nicht, weil alle Menschen schlecht sind oder die Welt schlecht ist, nein, weil Du selbst es bist, der das dann so sieht und bekommt. Und denke immer daran: Was Du über andere Menschen, über andere Wesen und Lebewesen denkst, bist Du im Endeffekt selbst. Weil Du immer nur von Dir auf andere schließen kannst und es nur Deine Gedanken sind. Das ist gar nicht anders möglich. Also, wenn Du über jemanden schlecht denkst, trifft das in erster Linie auf Dich selbst zu. Genau das Gleiche gilt aber auch, wenn Du über Lebewesen nett und freundlich denkst. Das kommt genauso zu Dir zurück und trifft in erster Linie auch auf Dich selbst zu. Wenn Du darüber mal nachdenkst und Dich fragst, wie war das denn früher, wirst Du feststellen, dass Du alles genauso erlebt hast, wie Du es Dir gedacht hast. Ob Du allein lebst oder mit einem Partner spielt erst mal keine Rolle, denn Du musst Dich ja selbst finden. Du solltest auch wissen: Wie kann es in meinem Leben nach oben gehen?

Vorausgesetzt Du willst dies auch. Dafür ist es aber erforderlich, auf Deine Gefühle zu achten. Wenn Du bei irgendetwas schlechte Gefühle hast, dann halte sofort inne und frage Dich: Was ist jetzt los? Meistens weißt Du dann sofort: Hey, ich bin in einer negativen Spirale. Ich muss jetzt meine Gedanken ändern, wenn ich wieder positiv sein will. Aber Vorsicht, mache nicht zu große Sprünge.

Positives Denken

Fange klein an.

Fange an, positive Gedanken zu haben, an die du glauben und an denen du festhalten kannst, ohne sie als Utopie abzutun.

Denn sonst rutschst Du sofort zurück. Du musst diesen Gedanken circa 17 Sekunden festhalten können, dann bildet sich ein nächster Gedanke daraus, und weitere 17 Sekunden ein weiterer. Und nach 68 Sekunden bist Du wieder auf dem Weg nach oben. Dies ist sehr wichtig und ich werde es später auch nochmal wiederholen. Und wenn Du gelernt hast, langsam damit umzugehen, dann wirst Du merken, wie sich nicht nur Deine Einstellung verändert, sondern auch, wie sich Deine Umwelt auf Dich verändert. Genieße es.

Genauso wird auch Deine Gesundheit auf Deine Positivität reagieren. Du wirst vitaler, freudiger, gesünder sein. Du wirst alles anders angehen können. Du wirst offener mit anderen Lebewesen umgehen. Du wirst Fragen stellen, die Du Dich niemals zu stellen getraut hast. Und Du wirst Hilfe bekommen, wo Du sie vorher niemals hattest. Dein Leben wird sich verändern. Und zwar komplett. Dazu später mehr. Hast Du früher nicht gedacht, dass Du etwas lieber selbst machst, bevor ein anderer Nein zu Dir sagen kann? Ich bettele doch nicht. Nun, Du hast das Nein ja auch bekommen. Zwar nicht von demjenigen, aber von Dir selbst. Denn Du hast das ja gleich vorausgesetzt. Und

Du hattest nicht einen Gedanken daran verschwendet, dass der andere auch Ja sagen könnte. Du hast ihm die Entscheidung abgenommen. Ihn praktisch entmündigt. Und riechen kann der ja auch nicht, was Du willst. Und hinten herum funktionierte meistens ja auch nicht, mal so nebenbei erwähnen, dass Du dies und das gemacht haben müsstest. Der andere weiß nicht, dass er damit gemeint ist, dass er Dir helfen soll. Also, lieber ganz sein lassen. Betteln ist ja nicht. Aber wenn jede einzelne Frage in Zukunft betteln wäre, ach, Du ahnst ja nicht, was dann los wäre. Du meine Güte, dann würde ja niemand mehr etwas fragen und schon hätte man ja kein Gesprächsthema mehr. Ja, Du kriegst die Tür nicht zu. Und bloß nicht den anderen belästigen und belasten. Nicht wahr? Woher willst Du eigentlich wissen, was für den anderen eine Belastung oder Belästigung ist und was nicht? Vielleicht tut der das sogar gerne, aber das kannst Du Dir ja beim besten Willen nicht vorstellen. Nicht wahr? Und schon wieder ist der andere von Dir entmündigt worden. Also, ich glaube, jetzt versuchst Du gerade eine Drehtür zuzuschlagen. Na denn, viel Spaß dabei. Und glaube mir, das dauert, bis Du diese zu hast. Aber wenn Du Dein Denken auf Positiv gesetzt hast, wirst Du feststellen, dass Du alles fragen kannst. Dass Du niemandem durch Nicht-Fragen die Entscheidung abnehmen musst. Dass niemand sich belästigt fühlen muss. Ja, aber was, wenn der trotzdem Nein sagt? Ja, und? Dann ist das seine Entscheidung. Nicht mehr, aber auch nicht weniger. Das ist alles. Und davor hast Du Angst? Nun, dann musst Du mit dieser Angst leben. Und wenn sich mal doch einer belästigt fühlen sollte, dann gib ihm einfach dieses Buch. Wenn er es liest, wird er bald wissen, warum Du es ihm geschenkt hast. So einfach kann das Leben sein.

Manchmal wirst Du auch feststellen, dass es ganz schön anstrengend sein kann, immer nur positiv zu sein, Deine Mitmenschen werden Dich vielleicht nicht verstehen, Du selbst wirst viel mehr auf Deine Gefühle achten und Deine Gedanken neu ausrichten. Das wird Dir anfangs als sehr viel vorkommen. Aber es kommt auch der Zeitpunkt, wo es anfängt, Spaß zu machen. Wo Du lächelst, wenn andere sich aufregen.

Wo Du denkst, das kann doch jetzt nicht wahr sein. Darüber regen die sich auf? Nun, das sind die ersten Zeichen für Deinen Erfolg. Genieße sie.

Genauso wirst Du zwischenzeitlich auch mal in alte Denkmuster rutschen. Nun, wenn es Dir regelmäßig auffällt, dann ist alles in Ordnung, denn dann hast Du ja die Chance, etwas zu verändern. Nur, wenn es Dir nicht auffällt, dann ist es schlimm. Denn dann rutschst Du wie in einem Trichter nach unten durch. Achte immer auf Deine Gefühle. Sie sind der Indikator für Deine Gedanken.

Und jedes Mal, wenn Du mit dem Finger auf andere zeigst, „Du bist schuld", halte inne, überlege einen Moment und frage Dich: Was habe ich dazu beigetragen, dass das jetzt passiert ist? Frage Dich selbst. Nur, und absolut nur, wenn Du ehrlich bist, hast Du die Chance, etwas zu verändern. Sobald Du die Verantwortung abgibst, also die Schuld jemand anderem gibst, hast Du keine Möglichkeit mehr, etwas zu verändern, denn der andere ist ja schuld. Und wie willst Du auch jemand anderen verändern? Optimal läuft es natürlich, wenn beide gleich denken und jeder erst mal bei sich anfängt. Aber das wirst Du vermutlich am Anfang noch selten haben. Doch irgendwann wirst Du feststellen, dass Du immer mehr die Menschen in Dein Leben ziehst, die zu Dir passen. Und so wird sich vieles verändern. Es gibt einen wunderbaren Spruch, der lautet: „Bitte, lieber Gott, beschütze mich vor meinen Feinden. Und plötzlich fing ich an, Freunde zu verlieren." So ähnlich kann es Dir passieren, wenn Du anfängst, positiv zu werden, und Dein Umfeld das nicht versteht. Aber habe keine Angst davor, habe den Mut, diesen Schritt zu gehen. Es öffnen sich plötzlich Türen, die vorher verschlossen waren. 95 Prozent der Menschen denken negativ. Das Fatale an dieser Sache ist, sie denken, sie wären positiv. Zumindest ein großer Teil davon. Nun, Du wirst es feststellen, denn Du bekommst ja immer mehr mit, wie sich Dein Leben verändert. Habe den Mut, diese Entscheidung zu treffen. Du wirst mutiger und mutiger, weil Du weißt, dass Dir alles gelingt. Egal, was Du anpackst, es öffnen sich alle Türen. Und Du hast plötzlich die Auswahl, welche Du schließen willst. Und was hattest

Du bis jetzt? Keine offenen Türen und deshalb brauchtest Du auch keine zu schließen. So ändert sich alles. Du wirst zu einer ganz anderen Persönlichkeit. Und glaube mir, es wird Dir gefallen. Aber Dein Denken musst Du dafür ändern. Willst Du das? Willst Du das wirklich? Nun, dann mal los. Dann lies weiter.

Und wie mit der Vergangenheit gestaltet sich Dein Leben auch mit der Zukunft. Es ist praktisch das Gleiche. Aber eins nach dem anderen. Es ist ja zwischenzeitlich auch so, dass Menschen an ihre Zukunft denken. So. Und leider meistens negativ. Ach, nun geht das schon wieder los. Ja, ich weiß, ich kann es Dir nicht ersparen. Aber Du weißt selbst, dass es so ist. „Wie soll ich das bloß bezahlen, wie soll ich bloß jenes bewerkstelligen, was soll bloß aus mir oder irgendjemanden anders werden, warum ist ausgerechnet meine Zukunft so besch..., welche Chancen habe ich denn überhaupt noch", und so weiter. Ich könnte, glaube ich, ein ganzes Buch davon schreiben. Und alle laufen nur irgendjemandem nach, der einem sagt, was man tun und lassen soll. Kaum noch Menschen, die Entscheidungen treffen und dann auch mit den Konsequenzen einfach leben. Es ist zum Mäusemelken. Aber es gibt ja Hoffnung ... Und in dieser Hoffnung möchte ich Dir eine kleine Parabel erzählen. Es ist die Parabel des Adlers. Kennst Du die Parabel schon, vom Adler, der glaubte, er wäre ein Huhn?

Eines Tages kletterte ein unternehmungslustiger Junge unweit der elterlichen Farm in die Berge, wo er auf einen Adlerhorst stieß. Vorwitzig stahl er ein Ei aus dem Nest und trug es behutsam nach Hause. Dort legte er es zwischen die Eier einer Bruthenne. Als die Eier ausgebrütet waren, schlüpfte ein Adlerjunges zusammen mit den anderen Küken aus. Es wuchs mit den Hühnern auf, ohne im Entferntesten zu ahnen, dass es anders war als sie. Als der Vogel jedoch größer wurde, verspürte er zunehmend Regungen in seinem Inneren. Dann und wann dachte er: „Ich bin doch mehr als ein gewöhnliches Huhn."
Eines Tages, als ein gewaltiger Adler über dem Hühnerhof hinwegflog, spürte er, wie sein Herz wild zu pochen begann.

Noch während er den majestätischen Vogel in der Ferne entschwinden sah, kam ihm die Erkenntnis: Das bin ich! Meine Bestimmung liegt nicht in diesem Hühnerhof, sondern in der Weite des blauen Himmels. Seine Flügel bebten und schlugen in ungeahnter Kraft. Obwohl er nie in seinem jungen Leben geflogen war, breiteten sich seine Schwingen nun wie von selbst aus und hoben ihn in die Luft. Die neue Kraft trug ihn zu einem nahe gelegenen Hügel. Unendlicher Jubel erfüllte ihn, als er höher und höher stieg, bis er den höchsten Gipfel eines gewaltigen Berges erreichte. Er hatte sein ureigenstes, großartiges Selbst gefunden …

Niemand kann Dein Leben so gut leben wie Du selbst. Wenn Du aber, wie der Adler, Dein wahres Selbst entdeckst, wirst Du wissen, wozu Du alles fähig bist. Was willst Du sein, das Huhn im Hühnerhof, oder der Adler? Solltest Du den Adler< in Dir entdecken, könnte es ein großes Abenteuer werden!

Wer daran zweifelt, dass diese Geschichte auf sein eigenes Leben übertragbar ist, der meint wahrscheinlich auch, nichts Besonderes zu sein. Doch, ich sage Dir hier und jetzt, diese Geschichte ist übertragbar und jeder ist etwas Besonderes. In jedem Lebewesen ist etwas Besonderes angelegt. Und so solltest Du hingehen und nicht zögern und zaudern, sondern voller Mut und Kraft von Deinem Leben Großes erwarten. Stelle hohe Ansprüche an Dich selbst und nicht an andere. Schränke Dich nicht ein, denke grenzenlos. Wie sieht Deine Zukunft aus? Ich weiß, wie meine aussieht. Und Deine? Hast Du den Mut, endlich zu fliegen oder bleibst Du zaudernd und ängstlich am Boden? Läufst Du weiterhin einem Idealbild nach und suchst Dein Heil in alten falschen Wahrheiten oder entdeckst Du Dein grenzenloses Potenzial und schaffst Dir Deine eigene Realität? Willst Du Leben oder dahinvegetieren? Was ist Dein Ziel? Alte und falsche Gewohnheiten beizubehalten, heißt auch sich Neuem verschließen. Sich Neuem zu verschließen bedeutet auch: Es ändert sich nicht wirklich etwas in Deinem Leben. Bist Du bereit, Dein Ziel zu benennen und konsequent positiv zu denken? Und ich meine konsequent. Mathias Sammer, ehemaliger

Fußballprofi, heute als Berater bei Borussia Dortmund tätig, ist ein, wie die Medien schrieben, „positiv Verrückter". Er gibt unter keinen Umständen sein positives Fühlen und Denken auf. Warum bloß? Weil er erfolgreich ist. Mit allem, was er tut.

Dein Leben – Dein Denken heißt dieses Kapitel. Was denkst Du? Es ist Dein Leben. Ich werde Dir einfach noch mehr Beispiele geben. Glaubst Du an Gott? Ich frage bewusst, da Du Dir darüber klar sein musst, woran Du glaubst. Woran glaubst Du? Folgendes Beispiel verdeutlicht, was ich meine:

Ein Mann, ich nenne ihn Jörg, ein gutaussehender, attraktiver Mann, hatte in seinem Beruf als Verkäufer guten Erfolg. Die Arbeit machte ihm auch Spaß, er war verheiratet, eine wunderhübsche Frau, die ihn auch liebte, aber er war nicht glücklich. Nicht mit sich und seiner Welt. Er war ein sehr negativ denkender Mensch. Alle wollten ihm immer nur was und er sah überall nur Feinde. Er hatte nur wenige wirkliche Freunde und viele Bekannte. Er kannte viele Menschen, ließ aber nur sehr wenige an sich heran. Jörg hatte eine schlimme Kindheit hinter sich und seinen Eltern nicht verziehen, was ihm damals angetan wurde. Und so schleppte er seine Vergangenheit mit sich herum und lebte sie in der Gegenwart. Sein Vater verstarb, aber er vergab ihm nicht. Er vergab sich selbst nicht, dass er seinem Vater zu Lebzeiten nicht das heimzahlen konnte, was dieser ihm angetan hatte. Nun, so kam, was irgendwann zwangsläufig kommen musste. Seine Ehe ging in die Brüche, er kündigte seinen Job, fing woanders an und so ging es weiter, bis er sich selbstständig machte. Jörg ging eine Beziehung ein, in der er neun Jahre verbrachte. Seine Selbstständigkeit verlief zwar erst schleppend, dann langsam besser. Aber er glaubte nie wirklich an seinen Erfolg, lebte viel zu sehr in seiner Vergangenheit und blieb auch darin. Sie fraß ihn regelrecht auf. Und so passierte eines Tages Folgendes: Jörgs Unternehmen ging langsam, aber sicher den Bach runter. Er hatte zwar zwei Verkäufer zusätzlich eingestellt, aber die arbeiteten genau so, wie er sich innerlich ständig fühlte, nämlich schlecht oder überhaupt nicht. Dann ging plötzlich alles rasend schnell. Seine Freundin verließ ihn, weil er sie wirklich schlecht behandelt hatte, sein Unternehmen ging pleite und er bekam einen Burnout. Jörg war ab diesem Augenblick praktisch handlungsunfähig. Er hatte weder seinen Körper noch seinen Geist unter Kontrolle, er konnte weder aufstehen noch irgendetwas steuern. Alles war verloren. Er war so weit und wollte sich einfach nur umbringen. Und so stand er eines Tages auf der höchsten Panoramabrücke Deutschlands und wollte springen. Aber er sprang nicht. Er bekam auf dem ungewöhnlichsten Weg einen Wink des Schicksals. Er sah das Bild seiner über alles geliebten Schwester vor seinem geistigen Auge, wie sie an seinem Grab weinend zusammenbrach. Worauf wiederum Jörg weinend zusammenbrach. Später im Auto sitzend, völlig nass und durchgefroren, wurde er richtiggehend wachgerüttelt. Sein Schwesterherz schenkte ihm später den Film „The Secret" und revolutionierte damit sein Leben, er ging zum Psychotherapeuten und so begann langsam seine Verwandlung. Er begriff immer mehr, dass er in seiner Vergangenheit gelebt hatte. Aber seine Vergangenheit war Vergangenheit und sie blieb Vergangenheit. Nach und nach bekam sein Leben wieder einen Sinn. Er hatte ein Mädchen-Jugendteam zu trainieren, dem er sich angenommen hatte, damals allerdings, ohne es zu wollen. Aber mit der Zeit begriff er, was für ein Geschenk ihm Gott da gemacht hatte. Er liebte die Aufgabe immer mehr, ging darin auf, Jörg las das Buch „The Secret" 22-mal. Er fing an, andere Bücher zu finden, und andere Bücher fanden ihn. Er las immer mehr, verstand immer mehr. Jörg verschlang alle Bücher und er hatte das Gefühl, dass ihm ein ganzer Kronleuchter angegangen war. Eine riesige Explosion von Verstehen fand in seinem Gehirn statt. Und er fühlte plötzlich: Das ist das Leben. „Das wird alles sein. Ich bin selbst für alles verantwortlich, ich entscheide alles in meinem Leben. Mit meinen Gefühlen und mit meinem Denken. Ich bin der alleinige Schöpfer meines Lebens, nicht meine Eltern." Und dieses Gefühl war so stark, dass ihn am Anfang Angst überfiel, aber immer mehr und immer mehr fühlte er, was für einen Schatz er da aufgetan hatte. Es bedeutet nämlich, dass es keine Zufälle gibt. Dass er alles haben kann, was er haben will. Wenn er nur positiv im Hier und Jetzt denkt und fühlt und an all das glaubt, unerschütterlich daran glaubt, dass er alles in seinem Leben selbst steuert. Kein anderer hat Schuld, nur er selbst. Für alles, was geschieht. Sei es gut oder schlecht. Er selbst hat alles verursacht. Bis heute, über neun Jahre später, lebt er genau so weiter, Jörg liest immer noch diese Bücher über positives Denken, und der Erfolg gibt ihm recht. Er hat sich schon viele seiner Lebenswünsche erfüllt. Und er ist jeden Tag glücklich und zufrieden. Ein Mensch, der weiß und fühlt, wie dankbar er für jeden Tag in seinem Leben sein will und welches Geschenk er erhalten hat. So ist das Leben einfach wundervoll. Heute ist positives Denken sein Leben. Und er bekommt alles, was er sich wünscht.

Ja, auch so kann das Leben sein. Das Leben ist immer fair. Jeder bekommt, was er denkt oder fühlt. Geht es denn noch fairer?

Nun bleiben aber immer noch viele Fragen offen: Wie, was, wann und wo kannst Du ein wundervolles Leben denn erreichen!?! Machen wir also weiter im Text.

Dein Denken – so langsam fängst Du vielleicht an, zu begreifen, wie wichtig Dein Denken ist und auch war. Dass Du selbst für alles verantwortlich bist. Aber wie kannst Du Dein Denken denn dauerhaft verändern? Diese Frage wirst Du Dir irgendwann stellen. Aber auch hier ist die Antwort eigentlich ganz einfach: Indem Du auf Deine Gefühle achtest. „Was, das auch noch?", höre ich Dich sagen? „Wie soll ich das denn noch schaffen? Das geht ja gar nicht." Nun, Deine Bewusstheit zum Leben wirst Du Dir neu erschaffen, also lebe bewusster. Was meine ich damit? Wenn Du anfängst, auf Deine Gefühle zu achten, wirst Du immer mehr feststellen, dass Du viele andere Dinge wahrnimmst. Dinge, die Du vorher nicht beachtet hast. Sei es in der Natur oder in anderen Bereichen. Nimm zum Beispiel eine Autofahrt von München nach Berlin. Du bist Stunden unterwegs, aber wenn Du ankommst, hast Du das Gefühl, als wärst Du gerade erst losgefahren. Warum ist das so? Weil Dir unterwegs tausend Dinge durch den Kopf gehen. Dein Gehirn benutzt Dich in solchen Momenten maßlos. Es wandert von einer Sache zur anderen. Deshalb vergeht die Zeit wie im Flug.

Genauso wie in Deinem richtigen Leben. Die Zeit rast. Warum? Weil wir sie nicht mehr bewusst wahrnehmen. Sie rast an uns vorbei. Unser Gehirn arbeitet und arbeitet. Es lässt uns keine Pause. Aber diese Pausen musst Du Dir bewusst nehmen. Gehe in Dich. Meditiere. Lege Dich hin und denke mal an nichts. Du wirst feststellen, wie schwierig es ist. Schalte mal für zehn Minuten das Gehirn ab. Und Du weißt, was passiert. Das Gehirn versucht weiter zu rasen. Und so rast die Zeit auch an Dir vorbei. Nimm Dir Auszeiten, höre in Dich hinein. Gib Dir die Zeit, einfach mal nur die Natur zu beobachten, stelle fest, wie dort alles eingespielt ist. Sieh, wie alles dort funktioniert. Besinne Dich auf Dich selbst, wie die Natur Deinen Körper eingerichtet hat. Dort ist auch alles eingespielt. Aber Du bringst alles durcheinander, Du erholst Dich zu wenig, gibst Dich ganz Deinem Gehirn hin. Aber Du hast noch andere Organe, die funktionieren müssen, wenn Du weiterleben willst. Und diese Organe werden nicht vom Gehirn gesteuert, sondern von Deinem Herzen. Dein Herz macht dies alles von Dir unbemerkt. Es ist ihm eine Herzensangelegenheit. Solange Du auch Dinge tust, die Du liebst, und Du Dein Leben liebst, also dies praktisch Dir eine Herzensangelegenheit ist, so lange wird Dir Dein Herz alle diese gesundheitlichen Eigenschaften auch erfüllen. Erst wenn Du anfängst, alles widerwillig und ungern zu tun, fängt Dein Herz an, dies auch zu tun. Warum? Erinner Dich, Dein Herz ist nah an Deiner Seele. Sie fragt nicht, ob es gut oder schlecht ist. Sie gibt einfach, und zwar gerne, ohne zu fragen. Sie unterscheidet nicht, ob es böse oder gut ist, dies tut nur das Gehirn. Deine Seele ist Dein Teil von Gott. Sie gibt einfach. Und wenn Du etwas ungern tust oder Dich gegen etwas wehrst, setzt Du Deine Aufmerksamkeit darauf. Und dann gibt Dir Deine Seele immer mehr davon. Weil sie nicht unterscheidet. Sie geht davon aus, dass Du genau das willst. Und Du bekommst es. So einfach ist das Leben. Was sagst Du? Es ist nicht einfach, sondern schwer? Ja, Du hast Recht. Dein Leben gibt Dir immer Recht. Erinnere Dich. Hör auf Deine Seele. Lass sie zukünftig die Führung übernehmen. Dein Gehirn kann rechnen, analysieren, denken und Dein Ego hervorbringen. Aber das war es.

Gut, es sind die Sachen, die Du immer und ständig brauchst. Aber es ist nur ein kleiner Teil von Deinem Leben. Deine Seele, also Dein Teil von Gott oder Dein inneres Wesen, das ist Dein eigentliches Leben. Ich verspreche Dir, wenn Du Deiner Seele die Führung überlässt, hast Du ein besseres, schöneres Leben. So, nun habe ich Dir schon vieles erklärt. Aber es bleiben immer noch Fragen. Immer dieses „Was ist denn, wenn …"

Ja, was ist denn, wenn?

Nun, dies bestimmst Du selbst. Ich weiß, die meisten Menschen sind erzogen worden, dass Entscheidungen mit Konsequenzen zu tun haben. Und Konsequenzen können für einen Menschen durchaus negativ sein, wenn er dies so auffasst. Aber auch das entscheidest Du selbst. Du bekommst es. Und jede Verzögerung, Abwägung und so weiter bringt Dich immer mehr dazu, Dein Leben zu verunsichern. Das sind dann die Höhen und Tiefen. Du bekommst immer genau das, was Du fühlst und denkst. Deine Gefühle sorgen für Dein Denken. Und wenn Du Angst hast, eine Entscheidung zu treffen, wird Dir dies Dein Gefühl auch genau so vermitteln. Und wenn Du den Mut hast, eine Entscheidung zu treffen, genauso. Aber Du zögerst und zauderst und denkst nur daran, was schief gehen könnte. Nicht daran, was alles gut gehen kann, nein. Und so hast Du Angst. Habe den Mut, die Konsequenzen zu tragen. Aber nun gut, ich weiß, so weit bist Du noch nicht. Und das wird vielleicht auch noch ein bisschen dauern, es hängt von Deiner Konsequenz ab, wie schnell Du etwas erreichst. Deine Konsequenz, auf Deine Seele zu hören und Dein Leben zu genießen. Die meisten Menschen denken, dass das Leben nur dazu da ist, um irgendwie über die Runden zu kommen, irgendwie durchzukommen. Aber das ist das Leben auf keinen Fall. Das Leben ist dazu da, um gelebt zu werden. Und das kannst Du nur für Dich allein tun. Nur Du entscheidest das. Niemand sonst kann diese Entscheidung für Dich treffen. Nur Du. Kein Chef, keine Eltern, keine Frau/Mann oder sonst wer. So, nun weißt Du, was wirklich sein kann. Du bist verantwortlich für Dein Fühlen und Denken. Und damit für Dein Leben.

Und Dein Denken bestimmt Dein Handeln. Und Dein Fühlen bestimmt wiederum Dein Denken. Und Dein Handeln entsteht dann immer daraus. Dies geht immer so hin und her. Ein Beispiel: Wenn Du etwas siehst und Dein Gehirn Dir signalisiert, dass etwas da ist, wovor Du Angst haben sollst, gehen in der gleichen Sekunde diese Informationen zum Herz. Dein Herz sagt in diesem Moment: Okay, Angst, machen wir. Will er/sie haben, kriegt sie/er. Das Gehirn sagt also: Vorsicht. Dein Gefühl verstärkt sich. Und jedes Mal, wenn Du damit konfrontiert wirst, weiß Dein Gehirn: Angst. Und alles läuft automatisch ab. Und zwar so lange, bis Du den Kreislauf unterbrichst. Das ist dann der Zeitpunkt, wo Du gewinnst. Deine Angst verliert sich, wird zu Mut. Dein Ego verliert sich, wird mehr Herz/Seele. Alles ist steuerbar. Es gibt keine Zufälle. Alles so, wie Du es willst. „Aber wie kann ich meine Angst besiegen?“, fragst Du Dich jetzt bestimmt. Nun, ganz einfach. Gar nicht. „Wie“, höre ich Dich jetzt fragen, „soll das denn jetzt um Himmelswillen funktionieren?“ Besiegen ist erst viel später. Die meisten Menschen verstehen unter „besiegen“ *unterdrücken*. Und unterdrücken ist in keinem Fall richtig. Denn unterdrücken heißt: nicht verarbeiten oder nicht loslassen. Und wenn wir uns Unterdrückungen in der Geschichte der Menschheit anschauen, haben sie uns nur Tränen, Leid und Unglück gebracht. Menschen wurden in Militärjuntas oder Diktaturen ständig und immer unterdrückt. Und die wenigsten Menschen waren glücklich, die meisten lebten in Angst. Und genau das passiert dann auch mit der Angst. Sie lebt in Dir weiter, nur unterdrückt. Und so hat sie die Chance, immer wieder hervorzukommen, wenn Dein Ego meint, es braucht diese Angst, um Dich angeblich vor etwas zu beschützen. Und so denkst Du, Du hättest die Angst besiegt, doch besiegen ist dann unterdrücken. Es geht nicht um besiegen. Es geht um loslassen. Genauer gesagt um annehmen und loslassen. Alles, was Du ablehnst, unterdrückst oder verdammen willst, bekommst Du dadurch noch weiter und noch mehr in Dein Leben. Denn worauf Du Deine Aufmerksamkeit richtest, wirst Du auch bekommen. Und so wirst Du Deine Ängste niemals loslassen können. Sie sind latent immer da. Aber wenn Du sie annimmst, wirklich zulässt, sogar mit ihnen sprichst, kannst Du sie auf Dauer loslassen. Denn dann wird Dir die Angst keine Angst mehr bereiten, im Gegenteil, Du wirst der Angst ins Gesicht schauen können und sagen: „Schön, dass Du da bist. Ich nehme Dich an, egal was Du versuchst. Sei da und zeige mir, wo Du Dich überall versuchst einzunisten. Ich nehme Dich an. Ich werde Dich lieben. Ich werde Dir zeigen, dass ich ein Mensch bin, der alles schafft, was er will. Von Herzen will. Ich bin froh, dass Du Dich mir zeigst. Wo bist Du überall? Ach ja, hier im Bauch, im Solarplexus, im Hals sogar. Ja, breite Dich ruhig aus. Zeige Dich mir. Ja, ich liebe Dich. Es ist ein schönes Gefühl, Dich endlich zulassen zu können, endlich zu wissen, dass ich Dein Gesicht kenne. Nun weiß ich, dass Du mir keine Angst mehr machst, und so kann ich Dich loslassen. Wenn Du magst, komm ruhig wieder, ich werde dann lächelnd auf Dich warten. Ich werde Dich mit offenen Armen empfangen und dann auch wieder loslassen. Ich lasse Dich jetzt los. Ich weiß, dass meine Angst vollkommen unbegründet war. Ich bin nun glücklich darüber, dass Du Dich mir so offenbart hast. Ich lasse Dich jetzt los, Du darfst wieder gehen." Und die Angst wird gehen. Und wenn Du dieses kleine Werk immer wieder genau so prozedierst, wirst du auf Dauer Erfolg haben. Dann kannst Du natürlich sagen, Du hättest sie besiegt. Ich aber sage Dir, Du hast sie nicht besiegt, Du hast die Angst angefangen zu lieben. Und alles zu lieben und anzunehmen, ist der Schlüssel für ein glückliches Leben. Ich habe, während ich dies hier für Dich geschrieben habe, diese Angst komplett selbst erlebt und genau so zugelassen und verarbeitet, wie hier beschrieben. Es war ein erhebendes, glückliches Gefühl, zu spüren, wie schön es ist, die Angst zu lieben und immer wieder zulassen zu können. Sie kommt immer weniger und weiß mittlerweile, dass ich ihr direkt ins Gesicht schaue. Du bist der Schöpfer Deines

Glückes. Und anstatt alles als schlecht oder gut zu bewerten, kannst Du einfach alles lieben und annehmen. Und dann wirst Du glücklich. Dies ist auch wirklich der einzige, wahre Weg. Wen kannst Du denn wirklich besiegen, außer Dich selbst? Nichts und niemanden. Denn Du alleinig bist der Schlüssel zu Deinen Gedanken, Gefühlen, Glück und Deinem Leben. Und wenn Du diesen Weg erfolgreich für Dich gefunden hast, dann wirst Du so glücklich, wie Du es Dir jetzt vielleicht noch gar nicht vorstellen kannst. Es wird dann ein herrliches Leben.

Lass Dir hier noch kurz erklären, was loslassen wirklich bedeutet. Loslassen bedeutet nicht, dass Du eine Kaffeetasse loslässt oder irgendetwas anderes, das Du festhältst. Loslassen bedeutet, dass Deine Situation, in der Du gerade steckst, in Dir positive oder negative Gefühle erzeugt. Sind es positive Gefühle, hast Du das Gefühl, dass alles richtig läuft. Du brauchst dieses Gefühl nur aufrecht zu erhalten und weiterhin positiv zu denken und zu fühlen. Hast Du ein negatives Gefühl, frage Dich: Warum habe ich dieses? Wieso bin ich in diese Situation gelangt? Warum habe ich das angezogen? Das ist der Moment, wo Du anfängst, Selbstverantwortung zu übernehmen. Denn Du weißt ja in diesem Moment, dass Du alleinig in dieser Situation bist und auch nur Du sie so empfindest. Nun kannst Du aufgeben und sagen: „Ist ja klar, das konnte auch nur mir so passieren." Oder aber Du nimmst diese Situation an und sagst Dir: „Es ist nun mal das, was es ist. Ich habe das so in mein Leben gefühlt und gedacht, aber ich denke mir jetzt alles so, wie ich es wirklich will, und fühle es auch so." Das ist der Moment, in dem sich Deine Gedanken auf den Weg machen, das Positive zu sehen. Das bedeutet, die negative Situation loszulassen. Sich damit nicht mehr beschäftigen. Sie anzunehmen und dann das Positive zu sehen. Denn ohne die negative Situation wüsstest Du ja gar nicht, dass es auch eine positive Seite geben könnte. Also hast Du die negative Seite losgelassen und erschaffst Dir gerade eine neue positive Seite. Das bedeutet LOSLASSEN!

Wie Du nun immer mehr feststellst, ist Dein Leben alles andere als Zufall. Dein Leben ist Dein Denken. Dein Leben ist Dein Fühlen. Wenn Du dieses wirklich verstanden hast, werden sich Dir alle Türen öffnen. Bist Du bereit, alles dafür zu tun? Ich bin bereit, Dir dafür alles zu liefern. Gehen wir noch einen Schritt weiter. Ist es nicht wunderbar, wie alles langsam immer klarer wird, die dunklen Wolken sich verziehen? Und dies bald für jeden Tag, jede Stunde, jede Minute? Nur noch glücklich sein? Was kannst Du dafür sonst noch tun? Auch ganz einfach: Dein Denken revolutionieren. Du willst wissen, wie? Dann lies weiter. Wenn Du es nicht wissen willst, dann lass es. Wie Du siehst, Deine Entscheidung und Du hast immer die Wahl.

So, wie kannst Du Dein Denken revolutionieren? Wie kannst Du alles erreichen, was Du willst? Wie soll das funktionieren, dass Du immer glücklich bist? Deine Erziehung war doch völlig anders. Eine eigene Meinung doch selten möglich, immer nur die Meinung anderer angenommen. Wie soll das jetzt gehen? Ganz einfach, gib Dir erst mal die Chance dazu. Nimm Dich jetzt sofort so an, wie Du bist. Denn das bist Du. Nicht, wenn ich so und so wäre, dann hätte ich es einfach. Sei erst mal Du selbst. Ich höre Deine Frage. Aber wer bin ich denn? Wer bin ich denn wirklich? Was kann ich denn schon Großartiges? Das sind die inneren Stimmen in Dir, die Stimmen des inneren Zweifels und Zauderns. Das sind die Stimmen der Angst. Und die Angst hat viele Gesichter. Aber was haben wir vorhin gelernt? Die Angst anzunehmen. Stimmt's? Nun, jetzt nimmst Du Dich erst mal an. Und das so, wie Du bist. Denn Du bist Du. Und die anderen gibt es schon alle. Bleibe Du, sei Du. Du hast Talente, Du hast alles Einmalige in Dir, was Du brauchst, um das zu sein, was Du wirklich sein willst. Nur, wo ist es? Es ist ganz einfach. Es ist unterdrückt. Und wie kannst Du es hervorholen? Indem Du es zulässt. Ist es wirklich so einfach? Ja, es ist. Du bist immer Du selbst gewesen. Es war nur versteckt. Und jetzt kannst Du es hervorholen. Schritt für Schritt.

Fange an, Dich so anzunehmen, so zu akzeptieren, wie Du wirklich bist. Alles andere bist nicht Du. Sei Du selbst. Wenn Du nicht weißt, wer Du bist, dann finde Dich. Auch dies ist nicht schwer. Sogar ganz einfach. Dafür hast Du ein eingebautes Leitsystem, nämlich Deine Gefühle, Deine Emotionen. Vertraue ihnen. Sie zeigen Dir an, was sich gut anfühlt und was nicht. Denke erst mal: „Ich kann das. Ich kann alles, was ich wirklich will." Sage Dir dies zwanzigmal zweimal am Tag auf. Laut und deutlich. Jeden Morgen nach dem Aufstehen und jeden Abend vor dem Einschlafen. Dein Unterbewusstsein wird es irgendwann als wahr annehmen. Es wird sich in Deinem Unterbewusstsein einbrennen. Dies ist ein wichtiger Schritt für Dein Denken. Wenn Du so weit bist, fängst Du an, wirklich an Dich zu glauben. Damit bist Du schon wieder einen weiteren Schritt gegangen. Aber diese Konflikte in Dir, „Ist es gut, ist es schlecht, lieg ich falsch, hab ich recht?", sind immer noch da. Und Konflikte mit anderen Menschen sind vorprogrammiert, da sie ja anders denken und lieber Opfer bleiben wollen. Nun, das ist deren Leben. Jeder, der an sich selbst glauben will, kann dies tun. Jeder hat die Wahl. Immer! „Aber wenn andere mir die schuld geben für Dinge, die geschehen, für Sachen, die passieren, was kann ich dann tun?" Was denn wohl?

Frage Dich, wie Du das wieder in Dein Leben ziehen konntest, welche Gedanken und Gefühle vorausgegangen waren, dann weißt Du, was Du tun musst. Aber ich möchte erst mal mit diesen sogenannten Schuldzuweisungen aufräumen. Dies ist ja schlimm. Was die meisten Menschen so denken, wer alles Schuld hat, was in deren Leben so alles passiert, das ist grausam. Warum sind unsere Richter und Staatsanwälte so ausgelastet, warum haben Rechtsanwälte immer Hochkonjunktur? Weil Menschen in Schuldzuweisungen denken. Weil nur wenige, die für ihr Leben und alles, was darin geschieht, selbst die Verantwortung tragen. Wenn jeder dies tun würde, was wäre die Welt für ein friedlicher Ort. Und dabei wollen die Menschen doch Frieden, oder? Wie kam es denn überhaupt dazu, dass wir in Schuld und Unschuld, Neid, Missgunst und Gunst, Krieg und Frieden, Liebe und Hass, Harmonie und Disharmonie denken? Warum müssen wir immer mehr Verbrecher jagen, Kriege sehen und fühlen, Hass erleben, Neid fühlen und denken, dass alle anderen Schuld sind? Weil wir verurteilen. Wir unterteilen alles in gut oder böse. Oder gut und schlecht. Aber die Welt ist nicht gut oder schlecht, sie ist. Nicht mehr, aber auch nicht weniger. Die Welt ist. Nichts danach oder dahinter, die Welt ist. Aber warum bewertet der Mensch etwas? Nun, dies bekommt jeder gelehrt. Und später denken wir dies selbst ständig. Denn jeder Mensch ist selbstständig. Im Normalfall selbst und auch ständig. Auch ein gutes Beispiel, wie toll doch unser Unterbewusstsein funktioniert, denn alles ist uns so lange eingeimpft und eingbläut worden, bis wir es glaubten, was andere uns sagten. Und so funktionieren wir, denken nicht eigenständig, sondern denken, was andere uns erzählt haben und sehen es als gegeben und wahr an und machen es zu unseren Lebenseinstellungen. Wir nennen es Moral. Nur, dass es in der Natur keine Moral gibt. Die Natur ist. Gott ist. Alles ist. Das ist es. Das ist alles.

Aber wie fing dieses Denken an?!?

Ich denke, dies steht schon in der Bibel und das kann auch jeder nachlesen. Es fing an, mit Adam und Eva. Also praktisch mit den ersten Menschen. Adam und Eva im Paradies. Sie lebten im Paradies. Bis, ja, bis Eva von der verbotenen Frucht kostete. Von der Frucht, dem Apfel, vom Baum der Erkenntnis von Gut und Böse. Und sie sollten davon nicht essen. Dann fällt doch Folgendes auf: erstens: Gut oder/und Böse hat es vorher nicht gegeben, und zweitens: Da, wo es dies vorher nicht gab, war das Paradies. Nun sind sie aber aus dem Paradies vertrieben. Nach dem Kosten der Frucht.

Dazu fällt doch wieder Folgendes auf: Erstens: Das Paradies ist kein geographischer Ort, auf Erden oder im Himmel, und muss sich daher Zweitens: in unseren Herzen oder Köpfen befinden. Also sind Adam und Eva auch nicht aus dem Paradies vertrieben worden, sondern freiwillig herausgegangen. Denn wiederum hat sie keiner gezwungen, vom Baum der Erkenntnis von Gut und Böse zu essen und selbst danach hat sie keiner gezwungen, so zu denken, dass es Gut und Böse gibt. Dies haben sie alles freiwillig getan. Und haben sich damit selbst aus dem Paradies vertrieben. Das ist doch so weit logisch, oder? Wenn dies aber logisch erscheint, für mich ist es das jedenfalls, dann sind wir Menschen alle nur einen einzigen Gedanken weit weg (oder nah dran), wieder im Paradies zu sein. Ist das nicht toll? Dein Denken kann Dich dahin führen. Das ist Wahnsinn. Aber es ist die Wahrheit. „Was höre ich Dich fragen? Das kann nicht sein? Das gibt es nicht. Wenn das Leben so einfach wäre, dann würden es ja alle leben." Ja, dieses Denken ist mir nicht neu. Denn wie Du Dir sicher vorstellen kannst, fragt oder sagt das jeder. Und wenn jeder dies sagt, aber keiner schickt sich an, dies auch zu tun, wer macht es dann?

Es gibt ein wunderschönes Zitat, von einem mir allerdings unbekannten Verfasser, das lautet folgendermaßen: „Wo kämen wir hin, wenn alle sagten: Wo können wir hin?, und keiner ging schauen, wohin man käme, wenn man ginge." Übersetzt auf das Denken bezogen, würde es einfach lauten: Wenn keiner anfängt sein Denken zu verändern, werden alle das gleiche Strickmuster weiterdenken. Das bedeutet, jeder wird zwar als Original geboren, aber die meisten sterben als Kopie. Weil die meisten Menschen nicht mehr eigenständig denken und nur die Moralvorstellungen der anderen glauben. Was für ein Kreislauf. So ist jeder abhängig, keiner mehr er selbst, aber jeder das Opfer. Wer dies so will, bitte schön. Mein Weg ist das nicht. Ich habe den Mut aufzustehen und zu sagen, dass ich eigenständig denke. Ich habe auch den Mut, dies so zu leben. Mit dem Denken ist das so eine Sache. Wie Du jetzt ja schon weißt, benutzt Dich ja sehr häufig der Verstand. Und dieser Verstand, ja, auch unser Ego, sagt uns ja immer wieder: Das Leben ist so schwer. Und auch noch kompliziert. Ja, jeder bekommt das, was er denkt und fühlt. Kompliziert? Nun, ich möchte niemandem sagen oder vorschreiben, wie er oder sie sein oder ihr Leben zu leben hat. Das bleibt jedem selbst überlassen. Wenn jemand mit kompliziert glücklich ist, dann bitte. Wichtig ist nur, dass jeder glücklich ist. Ich gebe nur Anregungen, niemand muss dieses Buch lesen oder danach leben.

Jeder hat die Wahl. Aber wenn Du von kompliziert genug hast, dann lies weiter. Das Leben ist nicht wirklich kompliziert. Wir machen es kompliziert. Das Buch wird Dir keine Formel an die Hand geben, wie Dein Leben unkompliziert sein kann. Aber es wird Dir Wege zeigen, wie Dein Leben einfacher sein kann. Formeln sind in der Mathematik wichtig. Jedoch nicht im wahren Leben. Lebe einfach Dein Leben. Finde heraus was Du wirklich willst. Willst Du weiter so leben wie bisher, daran ist nichts Falsches. Willst Du etwas ändern, ändere es. Dann denke und fühle auch anders. Soll heißen, gib Dir die Chance auf ein besseres Leben. Respektiere und akzeptiere, was Du bist. Falls Du es nicht wissen solltest, wer Du bist, finde es heraus. Starte neu durch. Lebe wieder. Erinnere Dich, wie Du als Kind warst. Finde Deine Unbeschwertheit wieder und genieße Dein Leben. Und wenn dies jemand nicht will, dann halt eben nicht. Jeder, ausnahmslos jeder, ist seines Glückes Schmied. Leben wir alle in Liebe, leben wir alle mit Liebe, dann ist alles wunderbar. Und schon haben wir etwas Wundervolles. Voller Liebe und Glückseligkeit!

Aber ich höre schon wieder den Aufschrei: „Wie soll das denn funktionieren, so ein Blödsinn." Und ja, das ist richtig. Für Dich. Denn Dein Leben wird Dir immer recht geben. Immer. Aber für die anderen sei gesagt: Wenn wir alles und jeden lieben können, bewerten wir nicht mehr. Und wenn wir nicht mehr bewerten, also unterscheiden zwischen gut und böse, dann sind wir wieder im Paradies. Und das Paradies ist hier. Jeder Vergleich ist des Glückes Tod. Was also willst Du?

Jeder Mensch hat die Wahl. Die Wahl, Liebe zu denken und zu fühlen. Jeder Mensch hat die Wahl, Frieden und Harmonie in sein Leben zu lassen. Jeder Mensch hat die Wahl, an Gott zu glauben oder nicht. Jeder Mensch ... und was jeder Mensch daraus macht, ist seine Sache. Ich bewerte es nicht, jeder darf tun und lassen, was er will. Wer aber mit sich und der Welt im Reinen ist, der wird glücklich sein, immer und stets. Gott liebt alles. Gott liebt jeden. Einfach so. Kannst Du dies auch? Wenn nein, frage Dich, ob Du nach Gottes Glauben handelst und denkst. Wir sind, wie ich glaube, eine sehr gottlose Gesellschaft geworden. Ich glaube, dass die meisten Menschen ihren Glauben an Gott und das Leben verloren haben. „Warum?“höre ich Dich fragen. Nun, wenn die meisten Menschen an Gott glauben würden, dann würden sie nicht denken, dass das Leben kompliziert ist. Glaubt ihr alle wirklich, Gott will, dass das Leben kompliziert ist? Gott will, was Du willst. Und davon gibt er Dir immer mehr. Und wenn Du denkst, das Leben ist kompliziert, dann gibt er Dir davon mehr. Denkst Du aber, dass Leben ist so einfach, dann bekommst Du davon mehr. Es kommt wie immer auf unser Denken an. Wenn Du Vertrauen in Gott und das Leben hast, warum schließt Du dann Versicherungen ab? Wenn Du Vertrauen und Glauben in Gott hast, warum glaubst Du, für alles kämpfen zu müssen? Was denkst Du nun? Dass Du kein Vertrauen hast? Vielleicht siehst Du wieder Nachrichten, diese ach so vielen (!) schlechten Nachrichten. Und die vielen Kriege. Und Du fragst Dich vielleicht, wie das der Herrgott nur zulassen kann? Wenn es ihn wirklich gäbe, dann könnte er dies nicht zulassen. Nun, Punkt Eins ist, Du schiebst die Verantwortung schon wieder ab, auf Gott. Punkt Zwei ist, worauf Du Deine Aufmerksamkeit richtest, bekommst Du unweigerlich vorgeführt. Und was Du siehst, sind Kriege. Davon gibt es immer mehr. Und Punkt Drei ist, Gott kann es nicht nur zulassen, er muss es sogar. „Was? Wie? Was soll das denn? Das geht ja gar nicht!“, höre ich Dich sagen. Doch, so ist es. Denn der Mensch hat einen freien Willen und kann denken, was er will. Und wenn er dies will, dann bekommt er dies auch und das heißt, alles ist möglich. Denn, schon vergessen(?), für Gott ist alles richtig und gut. Gott bewertet nicht, Gott ist. Das bringt mich wieder zu den zwei mächtigsten Worten im ganzen Universum. *ICH BIN!* Und ich höre Dich schon wieder fragen: „Wieso sind das die zwei mächtigsten Worte?“ Nun, Gott hat sich einzig und allein Moses unter seinem Namen gezeigt. *ICH BIN!* Und was Moses vollbracht hat, mit Gottes Stärke, also mit seinem Glauben, das wissen wir alle. Und jeder von uns kann das auch. Mit diesem Glauben. Und es gab einen, der dies ganz genau wusste: Jesus. Ja, Jesus von Nazareth wusste dies ganz genau. Schau auf seine Wunder. Was hat er alles vollbracht. Und ich weiß, ich höre schon die ganzen Äußerungen: „Ich bin aber nicht Jesus." Ja, das stimmt vermutlich. Aber Jesus hat auch einen ganz wichtigen Satz gesagt: „Das, was ich vollbringe, könnt auch ihr vollbringen und noch viel mehr." Das könnt auch ihr vollbringen! Welche Aussage. Und es gibt sogar einen unwiderlegbaren Beweis dafür. Denn was sagte Jesus jedes Mal, bevor er einen Menschen heilte? Er sagte, beziehungsweise fragte: „Und Du glaubst wirklich, dass ich Dich heilen kann?" Und die Antwort war stets:„Ja, o Herr.". Darauf Jesus: „Dann geschehe nach Deinem Glauben."

So, dann geschehe nach Deinem Glauben. Das ist doch eine Aussage. Aber was bedeutet sie im Umkehrschluss? Sie bedeutet, dass diese Menschen sich eigentlich selbst geheilt haben. Ja, sie haben sich durch ihren unerschütterlichen Glauben selbst geheilt. Und so sage ich euch, das könnt auch ihr selbst. Und Jesus wusste, sein Vater (Gott) und er sind eins. Eine Person. Und somit bist auch Du eins mit Gott ... Aber wo ist denn euer Glaube? Ihr glaubt nicht an Gott? Nun, dann ist es vermutlich auch besser, ein Leben als Opfer zu führen, nicht die Verantwortung für sein Leben zu übernehmen, weiter zu jammern, verurteilen, klagen, hassen und negativ zu sein, nicht wahr? Das Opfer zu sein ist einfacher, denn dann haben ja immer die anderen schuld. Nun, wer das lieber so leben möchte, der lebe es. Nur richtig glücklich und erfolgreich wird er nie. Aber, es ist ja einfacher ...

Wir sind aber immer nur das Opfer unseres eigenen Denkens. Wir haben die Macht, uns sogar zu Opfern, uns zu hilflosen Wesen zu machen. Wir haben die Macht, unsere Macht abzugeben. Wir haben die Macht zur Machtlosigkeit.

Das, was Du denkst, bekommst Du. Wenn Du denkst, die Welt ist ein Jammertal, dann denkst Du Dich hinab. So ist es dann.

Denkst Du, dass die Welt ein Freudenfest ist, dann denkst Du Dich hinauf, so ist es dann auch. Das ist keine Mystik, keine Religion, das ist reine Physik, das ist Gesetz. Und jeder wendet dieses Gesetz an, ob er will oder nicht, ob unbewusst oder bewusst. Ausnahmslos jeder. Und das ist das einzig wirklich gerechte Gesetz, das es gibt. Und ich halte es für sehr gerecht.

Jammern tut fast jeder, aber die Verantwortung für alles, was in seinem Leben geschieht, und ich meine für alles, was in Deinem Leben *geschieht*, die volle Verantwortung zu übernehmen, das ist ein glücklicher Weg. Eigentlich auch nur der einzige Weg. Denn nur dann, und ich meine nur dann, hast Du die Chance, etwas zu verändern. Und nur dann werden sich neue Türen öffnen, nur dann können wir wirklich erfolgreich sein!

Logik?!?

Wenn wir uns jetzt einfach mal anschauen, was wir bis jetzt über das Denken gelernt haben, dann fällt doch auf, dass was wir über uns selbst, aber auch über andere denken, nichts, aber auch rein gar nichts mit Logik zu tun hat. Wir haben die Chance, uns eine positive Welt zu denken, sie zu sehen, jedoch denken wir sie uns negativ. Wir haben die Chance, uns gesund zu denken, jedoch denken sich die Menschen krank. Was hat das bitte schön mit Logik zu tun? Und das nennt sich dann Mensch, die Krone der Schöpfung. Wir gehen so viele Sachen unlogisch an, weil wir uns nur auf unser Hirn verlassen. Unser Hirn hat aber nur begrenztes Wissen. Auch wenn die heutige Menschheit so viel Wissen hat, wie niemals zuvor. Es bleibt begrenzt. Wir hören nicht auf unsere Seele. Nein, wir versuchen immer analytisch ranzugehen. Jedoch wird unser Verstand auch nur bei analytischen Aufgaben eine Lösung finden, die uns zufriedenstellt. Alles andere wird immer nur ein vages Etwas, ein Kompromiss mit wenig Lösung sein. Unsere Seele ist ein Teil von Gott. Doch wir vertrauen ihr nicht. Das bedeutet nichts anderes, als dass wir Gott nicht vertrauen. Wir vertrauen damit aber auch nicht dem Leben oder uns selbst. Und wenn wir uns selbst nicht vertrauen, also kein Selbstvertrauen haben, werden wir auch definitiv nicht weiterkommen. Wir werden nicht oder nur wenig Erfolg haben. Vielleicht schaffen wir mal kurzfristig Höhenflüge, aber dann geht es schon wieder bergab. Und schuld sind dann die anderen oder die Situation. Nun, das hat was mit Kämpfen zu tun. Wir kämpfen nur noch. Kämpfe, wie schon vorangegangen einmal erwähnt, werden nur Verkrampfungen und Blockaden auslösen.

Versuchen wir aber mal diese Situationsschuldzuweisungen zu klären. Woher kommen sie und was steckt dahinter? Zunächst ist es ja einfach, Situationen die Schuld zu geben. Kennt jeder, macht fast jeder. Nicht wahr? Ich bin zu spät, weil Stau, weil Schnee, weil Schlechtwetter und so weiter. Mein Unternehmen ist pleite gegangen, auf Grund der Wirtschaftskrise, die Mitarbeiter waren schlecht, die Kunden waren schlecht, haben nicht bezahlt und so weiter. Es gibt tonnenweise Bücher für Ausreden. Aber es ist nicht meine Aufgabe, Ausreden aufzuschreiben. Denn das sind alles Ausreden, die uns als Begründung serviert werden. Die einzige wahre Begründung liegt aber in unserem Denken. Wenn ich denke, dass die Kunden schlecht sind, dann ist das auch so. Und ich bekomme immer mehr davon. Aufmerksamkeit ... Wenn ich denke, die Wirtschaftskrise ist schuld, dann ist das auch so, dann brauchen wir ja nur auf die nächste warten, bis das Gleiche wieder passiert. So ist das schön einfach, ne? Die Situation ist die Ursache. Die anderen sind die Ursache. Wunderbar, alles okay? Ja, denkste. Wenn die Situation (Wirtschaftskrise) Ursache wäre, dann müssten alle Unternehmen bankrott gehen.

Denn eine Ursache ist eine Ursache und damit für alle gleich. Aber warum gehen dann einige Unternehmen gestärkt aus einer solchen Krise raus? Weil sie anders denken. Weil sie loslassen. Warum haben andere Unternehmen, selbst teilweise mit den gleichen Kunden, keinen Stress? Weil sie anders denken. Weil sie loslassen. Eine Ursache ist eine Ursache und damit für alle gleich. Genauso bei Krankheiten. Warum haben dann nicht alle die gleichen Krankheiten, wenn doch alles ursächlich ist? Weil es tatsächlich Menschen gibt, die gesund denken. Soll heißen, Menschen, die glücklich sind. Denn Menschen, die tatsächlich glücklich sind, also dieses Denken praktisch inhaliert haben, bei diesen Menschen arbeitet das Immunsystem bis zu 300 000-mal stärker, als bei Menschen, die unglücklich sind.

Jeder Gedanke hat seine Stimmung und bestimmt unsere Stimmung

Unsere Stimmung wird im Körper durch chemische Botenstoffe und elektrische Signale gesteuert.

Die Botenstoffe, Hormone, Neurotransmitter steuern unsere Körper, unsere Gesundheit, unser Wohlbefinden, unsere Leistungsfähigkeit, unsere Emotionen.

Jeder gute Gedanke hat einen guten Einfluss auf unsere Gesundheit und Emotion, jeder schlechte Gedanke hat einen schlechten Einfluss auf unsere Gesundheit, unser Wohlbefinden und unsere Stimmung.

Die Summe und Qualität unserer Gedanken entscheidet über Gesundheit, Glück, Zufriedenheit, Erfolg, Krankheit oder Tod.

Jeder Gedanke ist Teil eines gigantischen Netzwerkes des menschlichen Körpers.

Jeder Gedanke wird unmittelbar von jeder unserer fast hundert Billionen Zellen registriert.

Gehirn, Geist und Körper sind nahezu zeitgleich ständig miteinander verbunden.

Jeder Gedanke wirkt nach innen und strahlt nach außen.

Eine gute Stimmung wird von unserem Umfeld wahrgenommen, genauso wie eine schlechte Stimmung. Unsere Ausstrahlung wird durch andere Menschen unterbewusst wahrgenommen, so wie wir die Ausstrahlung anderer Menschen unterbewusst wahrnehmen.

Wir „brauen" uns selbst einen Hormoncocktail – und bestimmen damit unser Leben, unser Wohlbefinden oder auch Missbefinden.

Ursache also geklärt. Glück. Und verständlich für jeden Einzelnen ausgedrückt: Glück ist eine Einstellungssache, kein Zufall. Es gibt keine Zufälle. Glücklich sein bedeutet, sich glücklich zu denken und zu fühlen. Denn wer kann Dich daran hindern, von jetzt auf gleich glücklich zu sein? Nur einer: Du selbst. Du bist nur einen Gedanken weit weg vom Glück. Du bist nur einen Gedanken weit weg von Gesundheit. Keine Ursache im Außen.

Die Ursache ist in Dir. Die Ursache bist Du. Unser Denken bestimmt dies. Ist das nicht toll? Jetzt können wir uns von heut auf morgen glücklich denken. Aber was höre ich da? „Damit mache ich mir nur etwas vor"? Nun, auch damit hast Du recht. Für Dich. Nicht für mich. Du bekommst immer das, was Du denkst. Und wer bestimmt Deine Gedanken? Du selbst? Oder die, die Dir alles jahrelang eingbläut haben? Denn wenn Du denkst, ich bin der glücklichste Mensch dieses Universums, wer will Dir denn sagen, dass es nicht stimmt? Deine Freunde? Deine Familie? Selbst wenn wäre es egal, denn einzig und allein zählt nur, was Du von Dir denkst. Und was denkst Du über Dich? Aber das ist natürlich alles ganz schön harter Tobak. „Ich bin verantwortlich fur alles, was in meinem Leben geschieht? Und Zufälle gibt es nicht? Ne, das geht mir jetzt doch zu weit." Nun, dann ist es so. Ich kann zwar nicht nachvollziehen, warum ein Mensch sich machtlos machen will, aber ich weiß, es gibt Menschen, die kämpfen sogar darum, machtlos zu sein. Sie wollen das unter allen Umständen. Es ist scheinbar einfacher, ein Opfer zu sein ... Nun, dann ist es so. Du hast das Recht dazu. Nur mit Logik hat das nichts zu tun. Aber rein gar nichts. Denn man muss sich vielleicht mal fragen, was das bedeutet. Opfer sein bedeutet: Machtlosigkeit. Und das ist in meinen Augen menschenunwürdig. Das ist kein Leben. Wenn ich immer nur auf Ärzte, Lehrer, Eltern und Freunde gehört hätte, dann wäre ich heute im Jammertal. Das ist nicht meine Welt. Und wie weit so etwas führt, kommt ausgerechnet aus meiner Verwandtschaft. Wir sind angeblich alle nur Durchschnitt. Und das Schlimme ist, die Menschen machen sich auch noch dazu. Ein Verwandter erzählte mir, dass Männer durchschnittlich nur 78 Jahre alt werden. Also würden wir nur 78 Jahre alt. Ich sagte zu ihm, dass ich damit nicht einverstanden bin, ich werde 120 Jahre alt. Die Antwort war Lachen. Und so bekam ich zu hören, wie bescheuert ich doch wäre, denn die meisten Menschen (circa 95 Prozent) werden nur 78 Jahre alt. Also wirst auch Du nur so alt. Ich sagte darauf nur: „Das gilt für Dich und nicht für mich. Ich werde älter. Ich lasse mir nicht von anderen vorschreiben oder einreden, wie alt ich zu werden habe."

Wer das tun will, der tut das. Ich nicht. Selbst wenn ich nicht 120 Jahre alt werden sollte, na und? Aber ich weiß, dass allein mein Denken schon bewirken kann, dass ich so alt werde, wie ich will. Ich kann alles. Auch mich machtlos oder machtvoll machen. Was ich bekomme, hängt nur von meinem Denken ab. Denkt mal darüber nach ... Unser Denken führt uns sogar so weit, dass wir all das erreichen können, was wir wollen. Wirklich alles. Und wie das funktioniert, erläutere ich jetzt.

Verantwortung = Macht?

Dazu komme ich wieder auf das Thema Verantwortung zurück. Ich bin verantwortlich für meine Gedanken. Ich bin verantwortlich für positive oder negative Gedanken. Ich. Ja, dann auch Du. Kein anderer, keine Situation ist schuld, dass Du irgendetwas denkst. Nur Du selbst. Und damit haben wir schon einen wichtigen Schritt. Wenn Du denkst, dass andere Menschen oder Situationen an Deiner Einstellung oder Deiner Sichtweise schuld sind, dann machst Du Dich machtlos. Du kannst nur etwas verändern, wenn Du für Dich und Deine Situation in der Du gerade bist, die Verantwortung übernimmst. Dann wirst Du machtvoll. Du wirst aber auf der anderen Seite immer machtlos bleiben, so lange Du Deine Verantwortung nicht akzeptierst. Soll heißen, Du bekommst immer mehr davon und es ist sozusagen Dein Wunsch. Wenn die Regierung etwas beschließt und Du beschließt daraufhin dagegen zu sein, sind das Deine Gedanken. Und somit bekommst Du immer mehr Situationen oder Beschlüsse, gegen die Du sein wirst. Immer mehr. Und somit erfüllt sich Dein Wunsch. Und wenn Du gegen die Aktivitäten deines Nachbarn bist, wirst Du immer mehr Gründe finden, gegen den Nachbarn zu sein. Kennen wir doch alle, oder? Die Meier hängt die Wäsche sonntags raus, der Müller sollte seinen Führerschein nochmal machen, so wie der Auto fährt, der Garten von Richter sieht beschissen aus, die Schmidts haben keine Ahnung von Kindererziehung und so weiter und so fort. So sieht es doch meistens aus. Und was bist Du dann in dem Moment? Jemand der Ahnung hat. Stimmt's? Derjenige, der es besser kann. Aber wer sagt, dass alles falsch ist, was die anderen machen? Du. Niemand sonst. So urteilen wir schlecht über andere und wundern uns, warum dieses Schlechte auch zu uns kommt. Erinner Dich: Du bist wie ein Spiegel. Alles kommt zurück. Wie soll etwas Gutes zu Dir kommen, wenn Du über andere schlecht denkst? Dein Wunsch aber, der wird erfüllt ... Und warum tust Du das? Um Dich einmal besser zu fühlen als der andere? Bist Du so klein, dass Du andere Lebewesen schlecht reden musst, um Dich besser als der andere zu fühlen? Das bedeutet Konflikte. In Dir und damit mit Deiner Außenwelt. *Du bist wie ein Spiegel* ... Aber Dein Wunsch wird erfüllt. Du wirst immer mehr Konflikte anziehen. Und irgendwann bemerkst Du noch nicht einmal, wie viele Konflikte in Dir sind und Du nach außen transportierst. Und dann läuft alles unterbewusst ab. Und ich sage Dir, das wolltest Du so. Das ist so, weil Du es lebst. Nur, das wirklich Dumme daran ist, dass die anderen genau so von Dir denken. Und damit haben die anderen auch Konflikte, mit sich selbst und im Außen. Und das bedeutet, Konflikte, wo man hinsieht. Und jetzt fragt euch mal, wie Kriege entstehen. „Soll das etwa heißen, ich bin auch noch für die ganzen Kriege verantwortlich?" „Das haut aber jetzt dem Fass das Ei aus der Krone. Das geht aber wirklich zu weit." Höre ich Dich das sagen? Ja? Nun, dann fasse ich diesmal anders zusammen: Dein Denken verändert nicht nur Dich, nein, es verändert auch die Welt. Deine Welt. Und somit nimmst Du auch indirekt Einfluss auf die Welten von anderen Menschen. Warum? Einmischen. Jeder mischt sich doch in die Belange des anderen ein. Eigentlich sind 95 Prozent der Bürger Politiker. Ein Politiker ist ja frei übersetzt jemand, der sich in die Belange von anderen einmischt. Ihr macht nichts anderes als die Regierung auch. Und wenn ihr einen Krieg mit euch selbst führt und ihn nach außen projiziert, dann macht ihr nichts anderes als die Politiker auch. Wie im Kleinen, so im

Großen. Wenn die Welt also voll mit Menschen ist, die aggressiv sind, dann sind Kriege vorprogrammiert. So einfach ist das. Und euer Wunsch erfüllt sich. „Aber das ist doch niemals mein Wunsch.". Nun, ich sage, es ist Dein Wunsch. Achte auf Deine Gedanken, sie werden Deine Worte, achte auf Deine Worte, sie werden Deine Taten. Und so erfüllen sich eure Wünsche. Und das alles entsteht aus Ängsten und Depressionen. Aber dazu später mehr. Euer Denken bestimmt dies alles. Auch so erfüllen sich Wünsche. Verantwortung ist das große Thema. Wer jetzt noch sagt, nein, das ist nicht so, dem ist nicht zu helfen, der soll bitte schön auch so weiterleben. Es ist nichts Verwerfliches, es ist in Ordnung. Nur beschweren darf er sich auch nicht, wenn sein Leben so weitergeht, mit entwerten, abwerten und verurteilen. Und die Konflikte immer da sind. Dann ist das so, und wenn derjenige damit glücklich ist, dann bitte. Es ist nicht mein Leben, es ist Deins. Aber so ist es eben, Verantwortung heißt Macht. Macht über Dein Leben, wenn Du die Verantwortung für alles, was in Deinem Leben geschieht, übernimmst.

Aber genauso funktioniert alles auch andersherum. Wenn jemand voller Liebe denkt, fühlt und allen ein erfolgreiches Leben wünscht, dann wird er selbst dies auch erfahren. Jeder denkt sich selbst irgendwohin. Das heißt, Du kannst Dich auch ins Paradies denken. Du bist nur einen Gedanken weit weg. Warum wiederhole ich das so oft? Weil dies der Schlüssel ist. Das Denken. Wenn wir unser Gehirn benutzen und nicht das Gehirn uns. Wenn wir erst begreifen, dass wir durch urteilen, verurteilen und bewerten Konflikte und Kämpfe erschaffen, dann sind wir den entscheidenden Schritt weiter. Wir erschaffen uns dann praktisch selbst. Mit allen Kämpfen, Konflikten und Kriegen. Aber genauso erschaffen wir uns selbst, wenn wir anfangen, voller Liebe zu denken. Voller Harmonie und Glückseligkeit. In Liebe zu denken und zu fühlen ist der Anfang. Denn wenn wir alles lieben können, dann bewerten wir auch nicht mehr. Wir urteilen nicht mehr. Denn alles ist gut, wie es ist. Dann würden wir dem Leben wieder vertrauen. Wir würden Gott wieder vertrauen. Wir würden wieder bedingungslos lieben. Wenn wir denken, wir können das, dann können wir das auch. Wenn ich will, dann kann ich und ich kann, wenn ich will. Lieben und vertrauen in Gott. Lieben und vertrauen in das Leben. Können wir das noch? In einer Gesellschaft, in der sich fast alles um Kommerz dreht? In einer Gesellschaft, in der Erfolg heißt, jemand anderem zu schaden? Können wir das noch? In einer Gesellschaft, in der Sicherheit gekauft wird? Weil die Menschen unsicher sind, also nicht selbstsicher, das heißt, weil sie kein Selbstvertrauen und kein Vertrauen in das Leben oder zu Gott haben, wird Sicherheit gekauft. Sicherheit, angeboten zum Beispiel von Versicherungen. Und so versichern wir uns das Leben und so vieles mehr. Wir haben Angst und Angst treibt seltsame Blüten mit uns, wenn wir glauben, dass wir uns wirklich Sicherheit kaufen können. Nun, auf eine gewisse Art und Weise tun wir das schon. Wir glauben schließlich daran. Also ist es. Nur wie sicher ist denn diese Sicherheit? Die Versicherungen greifen doch erst dann ein, also Geld wird doch erst dann bezahlt, wenn etwas geschehen ist. Also erwartest Du doch, dass etwas geschehen kann. Und so geschehe nach Deinem Glauben. Nicht falsch verstehen, wer nicht an sich, dem Leben oder Gott glaubt, der schließe bitte solche Sicherheiten weiter ab. Es ist nichts Verwerfliches dabei. Jedoch behaupte ich, wie schon erwähnt, dass wir eine gottlose Gesellschaft geworden sind. Das ist schon harter Stoff, ich weiß. Das Verhalten lässt aber keinen anderen Schluss zu. Wenn wir an Gott glauben würden, dann wüssten wir, dass es keine stärkere Macht als Gott gibt. Und wenn es keine stärkere Macht gibt und ich das weiß, vertraue ich Gott bedingungslos. Und wenn ich Gott bedingungslos vertraue, warum brauche ich dann Versicherungen? Wenn ich weiß, dass Gott mich jede Sekunde beschützt, wenn ich daran glaube, dann kann mir doch nichts geschehen. Dann wird es mir immer gut gehen. Aber die Gesellschaft denkt und handelt anders. Vielleicht so: Vertrauen in Gott ist gut, aber versichern ist besser. Nun, dann wird jeder damit leben müssen. Solange die Menschen das wollen, ist es gut. Für mich macht es keinen Sinn. Ich vertraue Gott. Ich vertraue mir. Ich vertraue dem Leben. So unterschiedlich ist das Denken. Und so unterschiedlich ist auch das Leben.

Versteht das hier Geschriebene richtig: Es gibt nicht nur eine Sichtweise, wie das Leben gelebt werden kann. Es gibt mehr als 8 Milliarden Sichtweisen. Und das ist gut so. Was ich hier mitgeben kann, ist nur eine Anleitung zum Glücklichsein. Was jeder daraus macht, weiß ich nicht. Aber jeder wird dieses Buch für sich verstehen und interpretieren. Soll heißen, jeder einzelne, der dieses Buch liest, wird seine ureigensten Schlüsse daraus ziehen. Jeder für sich. Und das ist auch gut. Denn jeder lebt sein Leben. Das kann keiner für Dich tun. Und Du nicht für irgendjemand anderen. Warum wiederhole ich das immer wieder? Ganz einfach. Damit Du die Bedeutung dieser Worte verstehst. Es soll Dir einfach nur klar werden, dass kein anderer für Dein Leben verantwortlich ist, was auch immer darin geschieht, als Du allein. Begreife und verstehe das. Das ist ein ganz wichtiger Schritt. Auch dieses Buch ist nicht dafür verantwortlich. Nur Du allein. Es liegt nur an Dir was Du daraus machst. Aber welchen Einfluss Du mit Deinem Denken auf das Universum hast, möchte ich Dir in dem folgenden Beitrag verdeutlichen, den ich im Internet gefunden habe:

Das Universum ist ein riesiges Gehirn

Ist unser Gehirn ein „Quantencomputer"? Ist das Universum ein riesiges Gehirn? Was ist Bewusstsein? Ist die Wissenschaft gerade dabei, unser Weltbild für immer zu verändern? Ein Ausflug durch aufregende und inspirierende Theorien zwischen Physik und Philosophie.

Das Gehirn als Quantencomputer

Ist Bewusstsein nur ein elektrochemischer Prozess im Gehirn oder ist es wesentlich mehr? Existiert es vielleicht gar jenseits des Körpers? Diese Fragen stellte sich Wissenschaftsphilosoph Ervin Laszlo und er ist sich sicher, dass dem so ist. Er meint: Das Gehirn ist ein Quantencomputer. Sein Argument: „Ich kenne keine wissenschaftliche Theorie, die erklären könnte, wie das Gehirn allein auf Grundlage elektrochemischer Prozesse seine enormen Leistungen vollbringen sollte." Wie sollen die Steuerung aller Prozesse im Körper, der Verarbeitung der Sinneswahrnehmungen und dem Bewusstsein, denn nur mit der Gedächtnisleistung des Gehirns möglich sein? Das ist nach Ansicht Laszlos mit herkömmlichen Mitteln nicht zu erklären. Wir wissen heute, dass zum Beispiel unter Hypnose fast jede Sekunde unseres Lebens aus dem Unterbewusstsein abrufbar ist, wobei das Gehirn offenbar in der Lage ist, den gesamten sensorischen Input der Situation zu reproduzieren, indem es dieselben Neuronen-Netze wie zum Zeitpunkt der eigentlichen Erfahrung aktiviert. Im Alter von siebzig Jahren müssten 280 Trillionen Bits an Informationen im Gehirn gespeichert sein. Wie das biologisch-chemisch möglich sein soll, weiß bisher niemand.

Ervin Laszlo schlägt deshalb eine neue Sicht auf das Bewusstsein und das Gehirn vor: Was, wenn die Informationen überhaupt nicht im Körper gespeichert werden, sondern jenseits davon?

„Die logische Schlussfolgerung ist, dass der Großteil der Informationen nicht im Gehirn gespeichert wird, sondern in einem riesigen Informationsfeld, welches das Gehirn beinhaltet. Dieses kosmische, natürliche Internet habe ich das Akasha-Feld genannt, da es alles verbindet und das Gedächtnis von allem ist – genau wie die legendäre Akasha-Chronik. Es ist das Akasha-Feld, in das unser Gehirn all die Dinge abspeichert, die wir erleben, und – bis auf das Kurzzeitgedächtnis, das im Gehirn gespeichert ist – liest sie auch von dort wieder aus", schreibt er in seinem Artikel „If your brain is a quantum computer, can it connect you to the world?".

Seine Theorie ist folgende: Unsere Körper sind nicht nur biologische Systeme, sie sind auch Quantensysteme. Das menschliche Bewusstsein, so glaubt er, arbeitet mit Quantenverschränkungen – also mit über Zeit und Raum hinweg verbundenen Quanten, die über Resonanzphänomene miteinander kommunizieren.

„Meine ureigenste Theorie ist, dass dies die Seele regelt. Ich weiß zu wenig über diese Quantensysteme. Aber die Seele transportiert unsere Erfahrungen weiter. Zu einem Gott oder zu anderen Seelen. Dass sich Seelen austauschen und Erfahrungen weitergeben, wird von Wissenschaftlern auch untersucht. Dass es eine Seele gibt, konnte sogar anhand von elektronischen Messungen nachgewiesen werden. Aber wie das alles funktioniert, ist immer noch Theorie."

Aber mit dieser Ansicht steht Ervin Laszlo nicht alleine, auch Schwingungsforscher Alexander Lauterwasser sagte jüngst in einem Interview mit Sein.de: „Das Bewusstsein in seiner höchsten Form ist ein Resonanzphänomen." Einsichten und Ideen werden seiner Ansicht nach nicht im Gehirn produziert, sondern quasi heruntergeladen – und viele Wissenschaftler und Philosophen haben das persönlich genauso empfunden.

Das kosmische Internet

„Ich möchte gerne die Möglichkeit zur Diskussion stellen, dass es eine Art von Internet gibt, das in die Natur eingebettet ist und dass wir über unser Gehirn damit kommunizieren können", fasst Laszlo seine These zusammen. Wie gesagt, alles nur Thesen, aber die Hinweise werden deutlicher.

Unser Gehirn, das ist Laszlos Überzeugung, regelt nicht nur die Abläufe in unserem Körper und Bewusstsein, sondern verbindet uns über ein allgemeines Informationsfeld mit allem, was im Universum existiert. Und durch Resonanzprozesse kann es Informationen in das Informationsfeld hineinsenden und aus ihm herauslesen. „Was ein unwahrscheinlich großer Schritt für die Menschheit wäre, wie das Gehirn funktionieren könnte, wenn wir wirklich direkt über unsere Gedanken mit dem Universum verbunden sind."

Das ist längst nicht so abgehoben, wie es scheint. „Auch wenn es vielleicht verrückt klingt, ich persönlich glaube, dass da zumindest etwas dran ist." Verschiedene Entwicklungen in der Physik bieten immerhin eine Grundlage, auf der man solche Theorien ernsthaft denken kann. Denn auch andere Wissenschaftler überlegen durchaus in ähnliche Richtungen – zum Beispiel Vlatko Vedral in seinem Buch „Decoding Reality". In der renommierten Wissenschaftszeitschrift „New Scientist" erschien 2010 eine Rezension zu diesem Buch, die den Titel „The universe is a quantum computer" trägt. Dort schreibt der MIT-Professor Seth Lloyd:

„Woraus besteht das Universum? Materie oder Energie? Partikel oder Strings? Vlatko Vedrals neuem Buch zur Folge besteht es grundlegend aus Information. Mit anderen Worten: Wenn man das Universum in immer kleinere Teile zerlegt, dann sind die kleinsten Teilchen in Wirklichkeit Bits. [...] Vedral argumentiert, dass wir das gesamte Universum als einen gigantischen Quantencomputer betrachten sollten. So abgehoben das klingen mag, es wird von knallharter Wissenschaft gestützt und zeigt doch, dass diese Theorie zumindest überdenkenswert ist."

Dass Lloyd sich so für die Ideen von Vlatko begeistern kann, hat einen Grund – er hat ebenfalls ein Buch geschrieben, das zu denselben Schlüssen kommt: „Programming the Universe". Das Universum, erklärt Lloyd dort, wurde von der Wissenschaft bisher gründlich missverstanden. Es ist keine schludrige Ansammlung von Teilchen, vielmehr ist das Universum in seiner majestätischen Gesamtheit ein gewaltiger Computer. Alles, was jemals passiert, füttert diesen kosmischen Rechner mit Informationen und sein Output ist das, was wir Realität nennen.

Eine solche Sicht führt zu zwei aufregenden Schlussfolgerungen: Es bedeutet erstens, dass das Universum quasi aus seiner eigenen Entfaltung lernt. Denn seit dem Urknall steigt die Informationsdichte ständig und jedes Ereignis fügt dem Ganzen neue Informationen hinzu. Jede Erfahrung von jedem wird verarbeitet als Information und Lernprozess des Universums. Lloyds Überlegung ist, dass dies sozusagen die treibende Kraft hinter der Evolution sein könnte: Nicht nur wird das Universum notwendig immer komplexer und informationsreicher, es bringt auch immer komplexere Strukturen hervor und die Entstehung von komplexer DNA, Gehirnen und immer höherem Bewusstsein ist letztlich unausweichlich. Und zweitens bedeutet es aber auch, dass jede unserer Handlungen, Gedanken und Gefühle das Universum mitgestaltet: Das Universum wird neu programmiert und neu geordnet und keine Idee, kein Gedanke, keine Liebe geht jemals verloren, sondern lebt fort als Teil des kosmischen Programms.

Fraktale Realität

„Wie dort oben so hier unten", heißt es und tatsächlich müssen wir das bisher Gesagte nur ein bisschen drehen und schon eröffnet sich ein atemberaubender Blick: Ist das Universum nichts als ein gewaltiges Gehirn? Tatsächlich gibt es einige Indizien, die in diese Richtung deuten.

Und jetzt wird es spannend. So sagt das European Southern Observatory (ESO): „Alle aktuellen Computer-Simulationen des frühen Universums haben eines gemeinsam: Die ersten großangelegten Strukturen, die sich im jungen Universum geformt haben, sind lange Fäden, die in angeschlossenen Knoten enden. Diese Modelle sehen in der Regel aus wie ein dreidimensionales Spinnennetz und ähneln den neuronalen Strukturen des Gehirns." Tatsächlich wurden sogar bereits verschiedene solcher Netze entdeckt, zum Beispiel ein Netz von heißen Gasfäden, das sich über viele Lichtjahre erstreckt. Jay Alfred, Autor der Dark Plasma Theorie meint hierzu:

„Die sichtbaren Galaxien im Universum sind nicht isoliert und getrennt, sondern verwoben durch eine fadenförmige, netzartige Struktur – das ist das unsichtbare Gerüst des Universums aus dunkler Materie. Die netzähnliche Struktur ist sowohl ein Markenzeichen der unsichtbaren Dunklen Materie als auch magnetischen Plasmas.“

Seine weiteren Gedanken zum Thema sind atemberaubend:

„Aber es ist nicht nur die Morphologie [die strukturellen Aspekte] der großräumigen Struktur des Universums, die dem menschlichen Gehirn ähnlich ist, sondern auch die Physiologie [d.h. die Funktion]. Diese Filamente tragen Ströme von geladenen Teilchen [Ionen] über große Entfernungen, was magnetische Felder generiert – ähnlich wie bei einer Nervenfaser. Und sie bilden Schaltkreise, ebenso wie die neuronalen Schaltkreise im Gehirn.

Und wenn Nervenenden und Schaltkreise sich verbunden haben, werden auch Informationen ausgetauscht.

Der hohe Grad an Konnektivität ist es, der das Gehirn von einem normalen Computer unterscheidet. Konnektivität zeigt sich auch im kosmischen Netzwerk. Galaxien entstehen, wenn Fäden sich berühren oder einander kreuzen. Ein Netzwerk von Filamenten (darunter Tausende von winzigen fadenförmigen Strömen) sorgt für die Übertragung nicht nur von Energie, sondern auch von Informationen von einem galaktischen Kern zum anderen.“

Dasselbe Prinzip findet sich laut Alfred überall: im Universum, der Erde und unserem Nervensystem. *Und für mich erschließt sich daraus, dass wir alle und alles miteinander verbunden sind.*

Alfred glaubt, dass auch die Erde eine Art Gehirn hat:

„Die Erde scheint ein Gehirn zu haben, aber wie bekommt sie ihre Sinneseindrücke? Eine Möglichkeit ist es, Lebewesen zu erzeugen. Die Myriaden von Lebewesen (einschließlich des Menschen) auf der Erde sind in der Tat die vielen Augen und Ohren der Erde. Die Netzwerke der Ströme in den Gehirnen aller Lebensformen sind ein integraler Bestandteil des Netzes der Strömungen im Gehirn der Erde. Es ist im Interesse des

Universums, Lebensformen zu erzeugen, damit es sehen, hören, schmecken, berühren und riechen kann und sich seiner selbst bewusst wird." *Bewusstsein entwickeln, genau das machen wir ja hier auch. Nichts anderes passiert letztendlich mit der Menschheit auch.*

Diesen Artikel kannst Du ganz und ausführlich lesen unter: *https://www.sein.de/das-universum-ist-ein-riesiges-gehirn/*

„Das ist doch eine faszinierende Erkenntnis. Oder? Und so kommt noch eine neue spirituelle Erkenntnis dazu, die ich Dir auch nicht vorenthalten möchte und die noch zu dem oben aufgeführten Artikel gehört:"

Einheit: Die spirituelle Erfahrung

Die spirituelle Erfahrung der Einheit, der Verbundenheit und des kosmischen Bewusstseins ist vor diesem Hintergrund weitaus weniger mystisch als vielmehr Ausdruck dessen, was das Universum ganz einfach wesentlich ist.

„Wie entsteht die spirituelle Erfahrung? Heute haben wir eine bessere Antwort auf diese Frage, als jemals zuvor. [...] Eine Antwort auf diese Frage wird von jeder Religion gegeben, und heute kann sie auch von der Wissenschaft gegeben werden, wenn auch nur hypothetisch. Wissenschaftler vermuten, dass die spirituelle Erfahrung das Gehirn, mit dem unser Bewusstsein verknüpft ist, zu einem erweiterten Feld an Informationen hin öffnet. Und ich meine damit die Art von Information, die, wie Wissenschaftler heute herausfinden, unter allem in diesem Universum liegt. Information ist das Grundlegende im Universum. Unser aktuelles Modell des Universums besteht nicht aus Materie und Raum, es besteht aus Energie und Information", schreibt Laszlo in „Quantum brain, spirituality, and the mind of God".

Er argumentiert, dass alle spirituelle Erfahrung auf dieser Verbindung mit dem grundlegenden Informationsfeld des Universums beruht – ganz gleich, wie der Einzelne sie interpretieren mag. Ob man diese Verbindung nun zwischen sich und einer der Natur immanenten Intelligenz empfindet (wie etwa Schamanen) oder zwischen sich und einem transzendenten Gott (wie unsere theistischen Religionen) oder ob man sie abstrakter fasst (wie der Buddhismus) – die grundlegende Erfahrung bleibt die gleiche. Und nun ist die Wissenschaft vielleicht erstmals auf dem Weg zu Modellen, die diese Erfahrungen und ihre kosmische Bedeutung im Ansatz auch physikalisch erklärbar machen.

https://www.sein.de/das-universum-ist-ein-riesiges-gehirn/

Meiner Meinung nach will das Universum, also auch Gott, lernen. Lernen, was Gefühle sind, wie Gedanken bei jedem Einzelnen entstehen, was sie bewirken, genauso mit den Gefühlen. Der Glaube, die Überzeugungen des Einzelnen. Alles Informationen. Gehen wir mal davon aus, denn ich tue es ganz bestimmt, dass die Dinosaurier nicht zufällig ausgestorben sind. Denn wenn die Dinosaurier überlebt hätten, würde die Menschheit vermutlich gar nicht existieren. Ich glaube, das war alles so geplant, für mich gibt es keine Zufälle. Denn was für Informationen hätte das Universum denn noch von den Dinosauriern bekommen können? Kaum noch welche. Und ich denke, dass das gleiche Schicksal auch den Menschen irgendwann erreichen wird. Wenn es keine neuen Informationen mehr gibt, das Universum also nichts Neues mehr lernen kann, wird es wahrscheinlich irgendwann eine neue Spezies geben. Und da die meisten Menschen mittlerweile tagein und tagaus immer nur dasselbe machen, Einheitsbrei denken sollen, andere Meinungen nicht mehr akzeptiert werden, was wollen die Menschen und das Universum dann noch lernen? Wir können nur lernen, wenn wir andere Meinungen hören und akzeptieren. Von Menschen, die genauso denken wie der andere, kann man nichts mehr lernen. Wer weiß, wie lange die Spezies Mensch noch da sein wird. Aber bis jetzt sind das alles nur Theorien – doch denkbar ist das schon.

Ja, das Thema Denken. So denken wir uns alles zusammen, was in unserem Leben geschieht. But you can't live a positive life with a negative brain. Und so wird immer Dein Denken mitverantwortlich sein, wie Dein Leben verläuft. Es wird kein Messias kommen, der Dir sagt, wie Du zu leben hast. Nur Du allein entscheidest das. Ich bin geneigt zu glauben, dass die Menschheit es schaffen kann, positiv und glücklich zu leben. Nun, wir werden alle sehen, wohin der Weg führt. Solange wir an einem System mit Bewertungen, an Abwertungen, Urteilen und Verurteilen festhalten, werden die Menschen Konflikte in ihr Leben ziehen. Und wohin dieser Weg führt, haben wir ja jetzt mehr als 5 000 Jahre gesehen. Konflikte sind Kämpfe und Kriege mit sich und anderen. Und die Kriege in der Welt? Wir haben die Uno. Eigentlich eine Friedensorganisation. Doch was macht die Uno? Entsendet Soldaten in Kriegsgebiete, ausgestattet mit Waffen. Und versucht, mit Krieg Frieden zu stiften. Ein unmögliches Unterfangen. Und so bekommen wir immer mehr Kriegsschauplätze. Und die Uno muss eingreifen. Solange wir alle Krieg denken, Konflikte haben, kann sich nichts zum Positiven wenden. Wie auch? Aber so können sich immer mehr Leute auf die Schulter klopfen. Wir haben etwas getan. Klasse. Ganz große Klasse. Aber diejenigen, die wirklich etwas tun, sind die, die voller Liebe denken und fühlen. Die einfach liebevolle Gedanken an alle Lebewesen aussenden. Jeden Morgen fünf Minuten und jeden Abend fünf Minuten. Damit helfe ich mehr als jeder andere. Aber warum wird das nicht gemacht? Ganz einfach. Weil das keiner mitbekommt, weil unser Ego dafür nicht gelobt wird. Weil uns keiner auf die Schulter klopft, hast Du toll gemacht. Ich komme damit nicht ins Fernsehen. Und so haben wir weiter Kriege, Konflikte, so weit das Auge reicht. Ob diese Konflikte im Großen sind oder im Kleinen, macht keinen Unterschied. Deine Konflikte sind groß genug für Dich. Und auch Du hast bestimmt schon versucht, mit den Konflikten in Dir Konflikte von anderen zu lösen. Nun, das dürfte gescheitert sein. Das war vor 2 000 Jahren nicht möglich, das ist heute noch so und wird auch in 2 000 Jahren noch nicht möglich sein. So lebst Du mit Deinen Konflikten. Und alles entstanden aus Bewertungen, Urteilen und negativen Sichtweisen und negativem Denken. Frage Dich: „Was will ich, was will ich wirklich?“ Fängst Du an, die Verantwortung für alles zu übernehmen, was in Deinem Leben geschieht? Oder bleibst Du lieber weiterhin das Opfer? Nochmal, ich werde es niemals begreifen, warum Menschen unbedingt Opfer sein wollen. Ich werde nie verstehen, warum Menschen darum sogar kämpfen, machtlos zu sein. Jeder kann das tun, was ihm gefällt. Diese Macht hast Du. Du hast die Macht, ein Opfer zu sein und Du bist es. Machtlose Opfer haben wir ja genug auf dieser Welt. Und diese Gesellschaft zeigt uns auch, dass diese Menschen wohl auch gar nicht anders leben können. Du wirst immer wieder hören, dass das Leben hart ist, kein Zuckerschlecken. Die Menschen, die das behaupten, erleben es auch genau so. Und von ihrem Standpunkt gesehen haben sie auch recht. Nur ist das deren Standpunkt. Du hast jetzt zwei Möglichkeiten. Möglichkeit Eins: Du sagst Dir, dass sie recht haben, oder Möglichkeit Zwei, Du sagst Dir, das ist alleinig deren Erfahrung. Ich mache meine eigenen Erfahrungen. Du hast die Wahl. Genauso hast Du die Wahl, auszusteigen oder weiterzulesen. Es liegt an Dir, wofür entscheidest Du Dich?

Schau doch mal, wie es weitergeht. Denken ist so wichtig. Aber wie sieht es mit dem nächsten Thema aus? Mit Deinem Fühlen?

Dein Leben – Dein Fühlen

So wie dem Denken, kommt auch dem Fühlen eine große Bedeutung zu. Denn unser Denken wird ja auch durch unser Fühlen mitbestimmt. Unser Fühlen wird immer dafür Sorge tragen, dass unser Gehirn weiß, was es zu tun hat. Und so teilen sich auch die Gefühle erst mal in zwei Kategorien auf, wie beim Denken auch: in positive oder negative Gefühle. Die Unterschiede dürften zwar jedem klar sein, aber ich erkläre sie trotzdem. Wenn Du Dich schlecht fühlst, wird Dir das negative, ängstliche Gedanken hervorrufen. Wenn Du Dich positiv, stark und mächtig fühlst, dann wird es in Dir positive Gedanken hervorbringen. Wie aber kannst Du steuern, was Du fühlst? Auch darauf gehen wir hier ein. Aber zuerst einmal Folgendes: Welche zwei Begriffe steuern wie keine anderen Begriffe unsere Gefühle? Ja, genau. Liebe und Hass. Liebe ist ein so mächtiges Gefühl, das sich auch sofort in uns widerspiegelt. Das Gleiche gilt aber auch für den Hass. Diese Auswirkungen sind eklatant wichtig, aber auch genauso unterschiedlich in unserer Ausstrahlung. Wenn wir Hass verspüren, dann sind wir innerlich und äußerlich vollkommen verkrampft. Wir verspüren nichts anderes mehr. Uns wird vieles einfach nicht gelingen. Wir verkrampfen. Und wenn man das *r* aus dem Wort weglässt, dann kommt nur *Kampf* dabei heraus. Also Kampf gleich Krieg und Konflikt. Nun, egal wen oder was wir hassen, wir haben Konflikte. Und Konflikte lassen uns verdammt schlecht fühlen. Ein Kreislauf, den ich nicht brauche. Aber ich schreibe dieses Buch ja für Dich. Wie sieht es bei Dir aus? Brauchst Du das? Wenn nein, dann wirst Du gleich verstehen, welche Auswirkungen der Hass auf Deinen Körper hat. *Vielleicht hast Du schon vom japanischen Wissenschaftler Dr. Masaru Emoto und seiner Arbeit mit Wasserkristallen gehört. Seine Bücher sind allesamt Bestseller. Es war nicht weiter überraschend, dass reines Wasser schöne sechseckige Kristalle bildete und unreines oder chemisch behandeltes Wasser, Wasser aus umgekippten Seen oder Leitungswasser unordentliche Kristalle erzeugte.*

Er stellte aber noch viel mehr fest: Wasser, das einer schönen Musik ausgesetzt war, bildete schöne Kristalle – und Wasser, das einer aufwühlenden Musik ausgesetzt war, tat dies nicht. Noch überraschender war, dass Wasser, das positiven und liebevollen Absichten ausgesetzt war, ebenfalls schöne Kristalle bildete. Negative Absichten führten zu Unordnung.

Er führte sein Experiment durch, indem er Worte aufschrieb, die eine Emotion beschrieben. Das Blatt Papier mit den entsprechenden Worten klebte er an den Wasserbehälter.

Nun wird auch der abgehobendste Mystiker nicht behaupten, dass Wasser lesen könne, Japanisch schon gleich gar nicht. Es kann sich also um nichts anderes handeln als um die Übertragung der emotionalen Energie des Experimentators auf das Wasser.

Warum ist das so wichtig?

Unser Körper besteht ebenfalls überwiegend aus Wasser. Mit Dr. Emoto zeigt uns also wieder einmal jemand, welche physischen Folgen unsere Emotionen haben (Emotionen und Gefühle sind nicht dasselbe). „Aber fast das Gleiche. Unter dem Begriff Gefühle ordnen wir diejenigen Emotionen ein, für die wir einen Namen kennen. Gefühle sind also lediglich ein Teil unserer Emotion. Freude, Trauer oder Liebe sind nach aussen hin nicht unbedingt wahrnehmbar. Emotionen, dieses Wort stammt aus dem Englischen und bedeutet übersetzt etwa Bewegung, sie bewegen Dich also sehr und Du überträgst sie dadurch nach aussen. Wie zum Beispiel die Freude. An sich ein Gefühl, aber wenn Du mit der Freude, Zufriedenheit, Glück und Anerkennung empfindest, wird die Freude eine Emotion. Weil sie dann nach aussen wahrnehmbar wird. Durch koerperliche Reaktion. Da dann auch Dein Verstand mit im Spiel ist und durch den Denkprozess Deine Emotionen bewertet, kannst Du sie unbewusst besser verstehen und interpretieren. Das alles findet auf der reinen Gefühlsebene nicht statt.

Aber nun weiter im Text."

Können Sie sich vorstellen, welche Worte zu den schönsten Kristallen geführt haben?

Lassen wir Dr. Emoto selbst zu Wort kommen:

„An ein Foto erinnere ich mich besonders gut. Es zeigte das schönste Kristall, das ich bisher gesehen hatte. Entstanden war dieses

Kristall, als ich das Wasser den Worten ‚Liebe und Dankbarkeit' aussetzte. Es war so, als hätte das Wasser vor Freude gejubelt. Der Kristall war so schön, dass ich mit Fug und Recht sagen kann, dass sich mein Leben seitdem verändert hat. Wasser hat mir die Zartheit der menschlichen Seele aufgezeigt, die Auswirkung, die Liebe und Dankbarkeit auf die Welt haben können." Nach weiteren Versuchen mit diesen Emotionen schrieb Dr. Emoto:

„Natürlich hat bereits das Wort ‚Liebe' alleine die Kraft, solche Kristalle hervorzubringen. Liebe und Dankbarkeit zusammen jedoch verleihen den Kristallen eine einzigartige Tiefe und Feinheit, einen diamantenähnlichen Glanz. Ich habe auch entdeckt, dass die Kristalle, die aufgrund der Worte Liebe und Dankbarkeit gebildet wurden, mehr wie ‚Dankbarkeitskristalle' aussehen als wie ‚Liebeskristalle'."

Was lässt sich daraus schließen?

Die Macht der Dankbarkeitsschwingung ist sogar noch stärker als die Liebe. Dr. Emoto kam zu folgendem Fazit:

„Meines Erachtens ist doppelt so viel Dankbarkeit wie Liebe das Gleichgewicht, das wir anstreben sollten."

Er sagt nicht, dass wir weniger lieben sollten, er sagt nur, dass wir mehr Dankbarkeit pflegen sollten!

„Wir sollten alle viel mehr lernen, für alles im Leben dankbarer zu sein. Letztendlich auch für die sogenannten schlechten Erfahrungen. Aber gibt es überhaupt schlechte oder gute Erfahrungen? Oder letztendlich nur Erfahrungen, also Erkenntnisse? Denkt mal darüber nach, denkt intensiv darüber nach."

Wallace Wattles hatte das schon vor hundert Jahren erkannt, als er sagte:

„Der dankbare Geist ist stets auf das Beste hin ausgerichtet. Deshalb wird er auch der Beste werden. Mit Ihren Emotionen formen Sie Ihren Körper."

Dieser Bericht ist zu lesen unter: *www.i-bux.com/Liebe_und_Dankbarkeit.html*

Da der menschliche Körper zu circa siebzig Prozent aus Wasser besteht, hast Du Dir vielleicht noch keine Gedanken darüber gemacht, was Du Deinem Körper antust, wenn Du Hassgefühle, Angst oder Zweifel hast. Alles im Universum ist

Energie. Wir wissen, auch Wasser ist Energie. Und genauso bestehst auch Du zu circa siebzig Prozent aus Wasser. Deine Zellen bestehen größtenteils aus Wasser. Das Zentrum jeder Deiner Zellen besteht daraus. Und jede Zelle ist von einer Wasserschicht umgeben und eingebettet. Kommst Du zu demselben Schluss wie ich? Wenn Du Deinen Körper so malträtierst, entziehst Du ihm Energie. Wenn das Wasser in Deinem Körper nur annähernd so reagiert wie das Wasser in den Forschungen von Dr. Masaru Emoto, na denn mal Prost. Damit tust Du Deinem Körper Schlimmes an. Jetzt habe ich den Körper verdeutlicht. Anhand der Forschungen von Dr. Emoto. Aber wie sieht es denn mit Deiner Seele aus? Auch das steht schon angesprochen in dem Bericht. Die Seele ist ein zartes Konstrukt. Warum ist das so? Aus dem einfachen Grund, weil immer erst die Seele betroffen ist. Sie gibt die Informationen zwar wertfrei an das Gehirn weiter, aber Deine Gefühle sind nun mal nicht gut. Deine Gefühle sind katastrophal. Und so, wie Du Dich innerlich fühlst, so gibst Du das alles auch an die Außenwelt weiter. Wie innen, so außen. Wie oben so unten. Das bekommen dann Deine Mitmenschen, Tiere, Pflanzen und so weiter zu spüren. Ja, sie spüren dies. Und fühlen sich dann auch schlecht. Und Deine Mitmenschen auch, denn sie sehen dies auch noch und können ja auch mitfühlen. Und so ist das alles ein gewaltiger Kreislauf. Das ist wie im Wasser, eine kleine Welle kann große Auswirkungen haben. Hier geht es nebenbei dann auch noch um Deine Gesundheit. Denn wenn Du Dich so richtig mies, aggressiv und voller Hass fühlst, glaubst Du, Dein Körper registriert das nicht? Doch, tut er. Und er wird, auf Dauer gesehen, Dir auch ein paar Botschaften senden, mit Krankheiten. Ist so. Je öfter schlechte Gefühle da sind, desto öfter ein paar Krankheiten. Verstehst Du diese Botschaften nicht, wird es immer heftiger. Dann kommen irgendwann auch mal schlimmere Krankheiten. Und irgendwann frisst Dich dann etwas auf. Innerlich. Viele Menschen fragen sich immer öfter, warum bekommen immer mehr Lebewesen Krebs? Nun, ich bin kein Arzt, ich bin kein Wissenschaftler, aber meiner Meinung nach liegt dies auf der Hand. Unglückliche Menschen bekommen Krebs. Oder andere sogenannte „unheilbare" Krankheiten. Der Krebs frisst Dich innerlich auf. Was war es, was diesen Menschen innerlich so zerfressen hat, dass der Körper so reagiert? Ich weiß es nicht und muss es auch nicht wissen. Ich muss nur wissen, dass Glücklichsein der Schlüssel zur Gesundheit ist. Für mich heißt unheilbar *heilbar von innen*. Was will ich damit sagen? Anstatt immer zu sagen: „Ich bin krank", ist es für mich belegt, dass derjenige, der sagt: „Ich bin gesund", auch gesund ist. Und wer von krank spricht, auch krank ist. Was willst Du, mein lieber Leser?

Alle Lebewesen, die Hass, Ärger, Neid, Zweifel und Angst in ihrem Gefühlsrepertoire haben und das auch so leben, haben auch irgendwelche Beschwerden. Und auch bei dem Wort Beschwerden, nimmt man nur einen Buchstaben heraus, nämlich das *d*, wird daraus *beschweren*. Und so beschweren sich die Menschen über ihre Beschwerden. Ist das nicht grausam? Für mich schon. Das ist Machtlosigkeit in Reinkultur. Wer will den sowas? Und doch betteln die Menschen förmlich darum, das Opfergefühl leben zu dürfen. Nun, wer dies will ...

Wer das nicht will, der wird sich fragen, wie kann ich denn meine Gefühle ins Positive wandeln? Wie kann ich endlich glücklich leben? Folgendes möchte ich dazu anmerken: Wenn es dieses Buch nicht geben würde, dann würdest Du vermutlich daran denken, etwas ändern zu wollen. Also überlege Dir gut, was Du möchtest. Denn wenn Du nicht mit aller Konsequenz etwas ändern möchtest, wirst Du es auch nicht. Verstanden? Ich bin da sehr deutlich, da alles andere keinen Sinn ergibt. Halbseidenes wird Dir keinen Erfolg bringen.

Aber nun zu Deinen Gefühlen. Wenden wir uns der einfachsten Struktur zu, den Zweifeln. Warum zweifelt jemand? Warum hast Du Zweifel? Ich denke, weil Dein Selbstvertrauen nicht besonders groß ist. Anders ausgedrückt: Du hast kein Selbstvertrauen. Kein Selbstvertrauen zu haben heißt, sich selbst nicht vertrauen.

Nur, wenn man sich selbst nicht vertraut, kann man auch keinem anderen vertrauen. Ein Kreislauf. Und wenn ich niemandem traue, dann bin ich im Endeffekt ein einsamer Mensch.

Oberflächlich magst Du Freunde haben. Aber wie sieht es wirklich aus? Beantworte Dir die Frage selbst. Aber ehrlich. Frage Dich: Wie gehst Du an Sachen heran? Immer mit Mut, „ich kann das"? Oder doch mit Unsicherheit? Geht vieles schief? Wenn vieles davon wahr ist, dann dürftest Du jetzt ein schlechtes Gefühl haben. Beobachte dieses Gefühl. Frage es, wo es her kommt, wo du es überall fühlst. Und lass es zu. Diese Zweifel, lass sie zu. Und sage Dir, dass Du sie spüren willst. Immer mehr. Und nun fange an, dieses Gefühl zu lieben. Ja, liebe es. Denn alles, was Du liebst, macht Dir keine Angst. Und alles, was Du liebst, macht Dich stark. Und wenn Du stark bist, hast Du keine Zweifel. Also liebe dieses Gefühl von Zweifel und sage ihm: „Du kannst gehen. Ich weiß, es gibt Dich und Du gehorst zu mir. Aber Du nagst nicht mehr an mir. Du, Zweifel, bist jetzt machtlos. Also hebe Dich hinfort." Und Du wirst sehen, wie die Zweifel verschwinden. So einfach kann das sein. Und wenn Du einfach denkst, dann kann einfach einfach einfach sein. Kapiert? Hach, ist das ein Spaß, das hier zu schreiben.

Können Gefühle unsere Macht wirklich beeinflussen?

O ja. Und wie. Machtvoll oder machtlos. Selbstverständlich sind unsere Gefühle daran beteiligt, ob wir machtvoll oder machtlos sind. Wie fühlen wir uns denn, wenn wir uns machtlos fühlen? Kraftlos, ohnmächtig, manchmal erstarrt? Wir können uns doch kaum noch bewegen. Wir haben ja keine Macht mehr. Wir können es nur hinnehmen. Aber was tun die meisten Menschen? Sie fangen an zu kämpfen. Sie kämpfen um etwas, gegen etwas. Und es gibt Menschen, die behaupten, sie kämpfen für etwas. Und das ist der größte Schwachsinn, den es gibt. Sie behaupten, sie müssen für die Liebe kämpfen?

Was ist das denn? Ein Kampf ist ein Kampf oder Konflikt. Und Liebe ist einfach Liebe, bedingt durch sich selbst, und will gelebt werden. Aber was hat Kämpfen bitte schön mit dem Leben und der Liebe zu tun? Ich höre Dich schon sagen: „Aber kämpfen gehört doch zum Leben. Das hat man mir doch so beigebracht und erlebt habe ich dies auch. Immer mehr im Leben. Ich muss doch kämpfen, wenn ich etwas erreichen will. Die anderen tun es doch auch." Aha. Soso. Und was die anderen tun, musst also auch Du tun? Schon wieder abhängig? Also machtlos? Ich kann Dir dann nur sagen: „Dann ist es so." Wer glaubt, dass dies so ist und glaubt, dass er das immer so leben muss, der soll das tun. Das steht jedem frei. Jeder hat die Macht, sich machtlos zu fühlen und zu machen. Ausnahmslos jeder. Aber genauso hat jeder Einzelne die Macht, sich machtvoll zu fühlen und zu sein. Ist das nicht herrlich gerecht? Wie Jesus schon sagte: Jedem geschehe nach seinem Glauben. Und wenn Du glaubst, kämpfen zu müssen, dann wird das Leben Dir recht geben. Dann kämpfe. Ich ziehe es vor, zu leben, zu lieben. Und Liebe ist ein so wunderbares Gefühl. Und wollen wir nicht alle Liebe? Wollen nicht alle Frieden? Warum haben wir noch keinen Frieden überall auf der Welt? Weil alle kämpfen? Denk mal drüber nach. Das ist nichts als reine Logik. Denn wenn ich kämpfe, habe ich Konflikte in mir. Und was haben Konflikte und Kämpfe mit Frieden zu tun? Sie sind das genaue Gegenteil. Schaffe Frieden in Dir und Du hast Frieden im Außen. Denn wie, bitte schön, soll sich der Frieden bei Dir zeigen, wenn durch Deine Konflikte und Kämpfe, also Kriege in Dir, kein Platz für Frieden ist? Wie soll etwas zu Dir kommen, das Du innerlich eigentlich ablehnst? Und alle reden nur vom Frieden. Schafft Frieden in euch, hört auf, zu vergleichen oder verurteilen, dann habt ihr Frieden und Liebe. Denn im Wort *vergleichen* steckt das Wort *Leichen*. Ich denke, davon gibt es im Krieg genug. Und Du hast *Leichen* in Dir. Weil Du Krieg in Dir hast. Und in dem Wort *verurteilen* steckt das Wort *Teilen*. Und was geteilt ist, ist nicht mehr ganz. Und was nicht mehr ganz ist, ist kaputt, nicht mehr heile. Und was geteilt ist, ist auch getrennt. Und was getrennt ist, ist nicht mehr zusammen. Also ist dann alles gespalten. Und somit haben wir niemals Einheit. Wir haben immer das Duale, Zweiheit. Wenn das der Sinn des Lebens sein soll, na dann mal gute Nacht!

Liebe kennt das Trennen nicht. Was sich liebt, wächst zusammen. Und in der Liebe ist niemals etwas getrennt, alles ist eins. In der wahren Liebe … Aber dazu später mehr.

Was aber sagte Jesus? „Wenn ihr ungläubig bleibt, wird euch das Himmelreich niemals zuteil." Jesus sagte aber auch: „Wenn ihr in das Himmelreich wollt, müsst ihr sein wie die Kinder." Was meinte er damit? Sein wie die Kinder? Und was ist das Himmelreich? Nun, das Himmelreich ist hier. Nur einen Gedanken weit weg. Habe ich schon erwähnt. Aber sein wie die Kinder? Wie sind denn Kinder? Was tun Kinder denn? Richtig. Sie spielen. Warum spielen Kinder? Weil sie spielen. Weil sie einfach spielen wollen. „Na und?", höre ich Dich sagen. „Was ist daran besonders?" Eben, eigentlich nichts. Und doch. Wenn Kinder spielen, dann spielen Kinder. Dann denken sie an nichts anderes als spielen. Anders ausgedrückt: Sie leben im Hier und Jetzt! Und genau das meinte Jesus. Leben im Hier und Jetzt. Nicht in der Vergangenheit und nicht in der Zukunft. Denn wenn ich in der Vergangenheit lebe, habe ich Depressionen und wenn ich in der Zukunft lebe, dann habe ich Ängste. Also wenn Du mit Deinen Gedanken ständig zwischen Vergangenheit und Zukunft hin- und herspringst, dann lebst Du zwischen Depressionen und Ängsten. Denn wenn Du im Hier und Jetzt lebst, geht es Dir gut. Und was erwähnte ich schon? Gott will, dass es Dir gut geht. Also leben im Hier und Jetzt. Eine kleine Geschichte über einen Zenmeister wird hier Aufschluss geben. Ich weiß leider nicht, wer diese Geschichte schrieb, aber ich fand sie im Internet. Ich will sie Dir mit auf Deinen Weg geben.

Eine Zen-Geschichte zur Zufriedenheit

Es kamen einmal ein paar Suchende zu einem alten Zenmeister. „Herr", fragten sie, „was tust du, um glücklich und zufrieden zu sein? Wir wären auch gerne so glücklich wie du."
Der Alte antwortete mit mildem Lächeln: „Wenn ich liege, dann liege ich. Wenn ich aufstehe, dann stehe ich auf. Wenn ich gehe, dann gehe ich und wenn ich esse, dann esse ich."

Die Fragenden schauten etwas betreten in die Runde. Einer platzte heraus: „Bitte treibe keinen Spott mit uns. Was du sagst, tun wir auch. Wir schlafen, essen und gehen. Aber wir sind nicht glücklich. Was ist also dein Geheimnis?"
Es kam die gleiche Antwort: „Wenn ich liege, dann liege ich. Wenn ich aufstehe, dann stehe ich auf. Wenn ich gehe, dann gehe ich und wenn ich esse, dann esse ich."
Die Unruhe und den Unmut der Suchenden spürend fügte der Meister nach einer Weile hinzu: „Sicher liegt auch ihr und ihr geht auch und ihr esst. Aber während ihr liegt, denkt ihr schon ans Aufstehen. Während ihr aufsteht, überlegt ihr, wohin ihr geht und während ihr geht, fragt ihr euch, was ihr essen werdet. So sind eure Gedanken ständig woanders und nicht da, wo ihr gerade seid. In dem Schnittpunkt zwischen Vergangenheit und Zukunft findet das eigentliche Leben statt. Lasst euch auf diesen nicht messbaren Augenblick ganz ein und ihr habt die Chance, wirklich glücklich und zufrieden zu sein."
Ich konnte leider keinen Urheber/Verfasser/Autor finden.

Ich glaube, dies trifft es ziemlich genau. Und was ist Zufriedenheit? Nichts anderes als glücklich sein. Und glücklich sein bedeutet Liebe, Frieden, Harmonie, Dankbarkeit und Leben! Willst Du das auch? Dann nimm Dir das zu Herzen. Fange an zu leben. Sei dankbar, für alles. Und ich meine für alles. Ich bin nicht nur überzeugt, dass dies alles der Schlüssel zum „Himmelreich" ist, ich weiß es auch. Ich lebe dies und bin, seit ich mit meiner Vergangenheit im Reinen bin und meine Zukunft einfach Zukunft sein lasse, einfach Glücklich. Verurteilen und entwerten mag ich nicht mehr. Alles ist. Weder gut noch schlecht, es ist. Punkt. Und damit freue ich mich auf jeden Tag. Alles in allem ist alles, was ich bisher schrieb, schon genug, um ein glückliches Leben zu führen. Aber es geht noch weiter. Willst Du noch mehr wissen? Na dann, lies weiter. Wer hier aufhören möchte, dem steht dies frei. Du kannst dieses Buch hinterher als den größten Humbug ansehen oder es als nichtssagend weglegen. Oder Du kannst es als das Beste ansehen, was Dir passieren konnte. Es steht Dir frei. Du bestimmst auch dies mit Deinem Denken und Fühlen.

Beleidigt?

Was fühlst Du denn, wenn jemand versucht, Dich mit Worten zu beleidigen? Versuchst Du Dich automatisch zu verteidigen? Wirst Du wütend und begehrst auf? Bringt Dich das aus der Fassung? Weckt es in Dir Emotionen, die Du dann einfach nicht mehr unterdrücken kannst? Oder lässt es in Dir sogar so große Wut entstehen, dass Du anfängst Dein Gegenüber zu hassen? Kommt das alles so ungefähr hin? Oder reagierst Du ganz gelassen, wenn Dich jemand übelst beschimpft? Ich denke, Letzteres wohl eher nicht. Denn dann wärst Du schon einen großen Schritt zu Deiner inneren Zufriedenheit gegangen. Aber es ist der einzig richtige Weg. Stell Dir mal vor, Dich beschimpft und beleidigt jemand aufs Übelste. Und Du entgegnest ganz ruhig und gelassen, mit einem wunderschönen Lächeln auf den Lippen: „Meinst Du mich? Mir geht es hervorglänzend, und Dir?“ Was glaubst Du, wie der andere aus der Wäsche schaut? Aber so was von … Das bekommt der kaum gewechselt. Der schäumt noch mehr. Und dann lächel noch mehr. Und glaube mir, wenn der andere dann die Fassung verliert und anfängt, richtig rumzuschreien, wird er gehen. Wutschnaubend. Aber Dir geht es gut. Wünsche ihm noch alles Gute. Und Du hast Deinen Frieden. Was kann es Schöneres geben? Du lächelst immer noch und der andere ist wunderbar aufgeregt. Nun, das sind die Momente, wo Du in Deiner Mitte bist. Wo Du die Ruhe selber bist. Zentriert ruhst Du in Dir selbst. Ich glaube, das wird das erste Mal sein, dass Du so richtig genießen kannst. Und das solltest Du auch. Aber nicht in dem Du zu Dir sagst, das geschieht dem anderen recht. Nein, wünsche ihm von Herzen alles Gute. Genieße es, weil Du es geschafft hast, in Deiner Mitte zu bleiben. Das ist das Leben. Unter anderem. Aber was ist das Leben denn? Auch dazu möchte ich Dir eine kleine Chinesische Weisheit erzählen, die ich vor einiger Zeit gelesen habe. Es ist die Geschichte von …

Ein Weiser und seine Schüler

> *Einen Weisen im alten China fragten einmal seine Schüler: „Du stehst nun schon so lange vor diesem Fluss und schaust ins Wasser. Was siehst Du denn da?" Der Weise gab keine Antwort. Er wandte den Blick nicht ab von dem unablässig strömenden Wasser. Endlich sprach er: „Das Wasser lehrt uns, wie wir leben sollen. Wohin es fließt, bringt es Leben und teilt sich aus an alle, die seiner bedürfen. Es ist gütig und freigiebig. Die Unebenheiten des Geländes versteht es auszugleichen: Es ist gerecht. Ohne zu zögern in seinem Lauf stürzt es sich über Steilwände in die Tiefe. Es ist mutig. Seine Oberfläche ist glatt und ebenmäßig, aber es kann verborgene Tiefen bilden. Es ist weise. Felsen, die ihm im Lauf entgegenstehen, umfließt es. Es ist verträglich. Aber seine Kraft ist Tag und Nacht am Werk, das Hindernis zu beseitigen. Es ist ausdauernd. Wie viele Windungen es auch auf sich nehmen muss, niemals verliert es die Richtung zu seinem ewigen Ziel, dem Meer, aus dem Auge. Es ist zielbewusst. Und sooft es auch verunreinigt wird, bemüht es sich doch unablässig, wieder rein zu werden. Es hat die Kraft, sich immer wieder zu erneuern. Das alles", sagte der Weise, „ist, warum ich auf das Wasser schaue. Es lehrt mich das rechte Leben!"*
> Ich konnte leider keinen Urheber/Verfasser/Autor finden.

Was lernst Du daraus? Was sind Deine Erkenntnisse? Meine sind recht einfach daraus zu ziehen. Ich brauche mich nur in den Fluss des Lebens zu begeben und mich immer mit dem Fluss zu bewegen, dann fließt mein Leben. So wie mein Blut durch die Adern fließt und sich in einem Kreislauf bewegt, bewegt sich der Fluss des Lebens. Meines Lebens. Kein Kampf, trotzdem stark. Immer friedvoll und immer kraftvoll. Keine Hindernisse, denn ich umgehe sie. Mutig auch mal abwärtszugehen, ich weiß da unten ist auch ein Boden. Immer zielbewusst, immer fixiert auf das eine Ziel. Immer offen für alle Wege, Freude und Leben bringend fließe ich liebevoll in meinem Lebensstrom. Das ist wundervoll. Für mich. Wer dies nicht will und lieber weiter den Prellbock spielen will, für alles kämpfen will, gegen den Strom schwimmen will, der muss dies tun. Es ist nichts Verkehrtes daran. Nichts Anstößiges oder Unehrenhaftes. Es ist nur anstrengend. Mehr nicht. Alles dauert eben länger und ist mühseliger. Das ist alles. Wie immer, Du hast die Wahl.

Aus dieser Geschichte entnehmen wir jetzt, wie das Leben sein kann. Wenn jemand dies so will, kann er das auch erreichen. Ein Leben, das fließt. Viele Menschen träumen davon, wissen aber nicht, wie sie es erreichen können. Das ist ein weiterer Baustein dazu. Ein sehr wichtiger. Das umzusetzen ist Freude pur, ja, das ist auch Glück. Unter anderem. Aber das Glück will auch erhört werden. Soll heißen, Glück ist kein Zufall, Glück ist eine Einstellung.

Was ist Glück?

Ja, Du hast richtig gelesen, Glück ist eine Einstellungssache. Glück ist eine Entscheidung. „Nein, das glaube ich jetzt nicht. Das kann nicht sein. Warum haben denn manche Glück und andere nicht? Ich weiß, Du hast geschrieben, es gibt keine Zufälle. Aber Glück muss doch ein Zufall sein?“ So oder ähnlich könnte Deine Aussage sein, richtig? Und ich sage Dir: Glück ist kein Zufall, denn es stimmt, es gibt keine Zufälle. Denn wenn Du beschließt, glücklich zu sein, wer kann Dich dann daran hindern? Stimmt. Nur Du selbst. Wenn Du Dich dazu entschlossen hast, glücklich zu sein, dann bist Du es. Du kannst denken, was Du willst. Schon vergessen? Und wenn Du beschlossen hast, traurig zu sein, dann war das auch Deine Entscheidung. Deine Entscheidung. Immer. Das Glück ist also nicht abhängig davon, ob Du es zufällig triffst, es kommt zu Dir, wenn Du es erwartest. Und zwar JETZT! Auch dazu eine kleine Geschichte, die ich im Internet fand. Und zwar folgende:

Das Glück ist ein Schmetterling

Es sprach der Meister zu seinen Schülern: „Das Glück ist ein Schmetterling. Jag ihm nach und er entwischt Dir, setz Dich hin und er lässt sich auf Deiner Schulter nieder."
„Was soll ich also tun, um das Glück zu erlangen?", fragte jemand der Zuhörenden.
„Hör auf, hinter ihm her zu sein."
„Aber gibt es nichts, was ich tun kann?"
„Du könntest versuchen, Dich ruhig hinzusetzen, wenn Du es wagst."
Anthony de Mello aus „Gib deiner Seele Zeit"
Ich konnte leider keinen Urheber/Verfasser/Autor finden.

Die Lehre daraus? Das Glück kommt zu Dir, wenn Du es einfach erwartest und nichts tust. Jagst Du ihm nach, wird es nicht zu Dir kommen. Aber nicht, weil es schneller ist als Du, sondern langsamer. „Wie soll ich das denn verstehen?" Ganz einfach. Auch dazu erzähle ich Dir eine kleine Geschichte, die mir mal eine wirklich gute Freundin erzählt hat:

Es war einmal ein junger Mann, sehr energievoll und ungestüm. Er war immer auf der Suche nach dem Glück. Es kam immer nur wie Zufall kurz auf ihn zu und verschwand dann wieder. Irgendwann war er es leid, er jagte dem Glück permanent nur noch hinterher. Er suchte es überall und rannte und jagte. Jahrelang. Aber er konnte es nicht finden. Eines Tages brach er erschöpft und weinend zusammen. Er weinte herzzerreißend. Er hatte das Glück gejagt und gesucht, jedoch niemals gefunden. Und während er da so lag und weinte, kam irgendwann später jemand auf ihn zu und setzte sich völlig außer

Atem neben ihn. Nachdem der Atem des Fremden sich etwas beruhigt hatte, sagte er zu dem jungen Mann: „Gut, dass ich Dich hier treffe. Ich bin das Glück und suche Dich schon überall. Aber Du warst die ganze Zeit so schnell unterwegs, dass ich Dich einfach nicht erreichen und einholen konnte. Aber es ist ja alles gut, ich habe Dich jetzt gefunden!"

Frage Dich selbst: Muss es erst so weit kommen? Musst Du erst zusammenbrechen und aufgeben, bevor dass Glück Dich erreichen kann? Oder willst Du doch lieber in Deiner Mitte ruhen und dem Leben vertrauen? Denn wenn Du dem Leben vertraust, kann das Leben auch Dir vertrauen und alles kommt zurück. So einfach kann das Leben sein. Aber ich weiß, Du hast immer noch Zweifel? Eigentlich keine Zweifel, eher Dreifel? Oder sogar Vierfel? Tja, dann hast Du zwei Möglichkeiten. Steige hier aus oder fahre mit mir weiter. Du hast die Wahl.

Hast Du Dich schon mal gefragt, warum ich Dir immer wieder diese Aussage biete, „Du hast die Wahl"? Weil es so ist. Und ich tue dies, damit Dir deutlich wird, dass Du immer die Wahl hast. Es ist immer Deine Entscheidung, was Du tust. Und wenn Du das begriffen hast, verstanden hast, dass in Deinem Leben nichts geschieht, was Du nicht vorher gedacht hast, dann verstehst Du schon mal die Hälfte. That's the half way, wie der Amerikaner sagen würde. Alles, was in Deinem Leben geschehen ist, hast Du mit Deinem Denken genauso angezogen. Und je eher Du das begreifst, umso eher wirst Du ständig glücklich sein und mit dem Strom schwimmen, nicht dagegen. Was willst DU?

Ich erzähle die ganze Zeit von Geschichten, wahren Begebenheiten, Parabeln oder Fabeln über das Leben. Die meisten stammen aus dem Orient. Warum wissen denn die Menschen aus dem Fernen Osten so viel mehr über diese Lehren? Weil sie zuhören und auch leben können. Und warum wir nicht? Weil wir nicht GLAUBEN.

Wie ich schon erwähnte, wir sind eine gottlose Gesellschaft geworden. Gerade im Christentum wird Liebe und Nächstenliebe doch eigentlich GROSS geschrieben. Eigentlich etwas Wunderbares. Aber sprich doch mal in einem Land wie Deutschland über die Liebe. Ich bin jedes Mal baff erstaunt, wie die Menschen reagieren, wenn man über Liebe spricht. „Liebe, ist ja alles ganz schön und gut, aber wer praktiziert diese denn noch? Ich tue jedem gerne einen Gefallen, aber ausnutzen lasse ich mich nicht. Wenn der mir dann nicht auch einen Gefallen tut, dann mache ich für den nichts mehr. Ich liebe meine Frau/Mann, aber alles hat seine Grenzen." Kommt das bekannt vor? Nein? Dann geh noch mal in Dich. Sei ehrlich zu Dir selbst. Nicht zu mir. Aber ich weiß, dass es so ist. Manche Menschen lachen Dich sogar aus, wenn Du davon sprichst, dass wir doch alle liebevoller und gütiger miteinander umgehen sollten. Das wäre ja weltfremd. Und sie lachen sogar noch mehr, wenn Du ihnen sagst, dass wir uns doch alle lieben sollten. Diese Menschen sagen dann voller Verlegenheit: „Aha, jetzt sollen wir uns sogar noch lieben." Ja, was ist das denn, bitte schön? Also die Menschen, die sich lieben und auch dies sogar leben, die müssen sich dafür sogar jetzt schämen? Ich selbst habe auf Facebook sehr viele positive und liebevolle Worte und Bilder gepostet. Es hatte vieles mit Liebe und positivem Denken zu tun. Als eine meiner Verwandten in Deutschland dies zum ersten Mal sah, und das war bei einem Friseurbesuch, bei welchem ihr wohl die Friseurin, auf Wunsch meiner Verwandten, auf einem Laptop mein Profil auf Facebook zeigte, war meiner Verwandten peinlich, was ich auf Facebook gepostet hatte. Das muss man sich mal vorstellen, positives Denken und Liebe sind peinlich. In was für einer Gesellschaft leben wir eigentlich? Wenn in einer christlichen Gemeinschaft Liebe peinlich ist, über Liebe reden tabu ist, was bleibt uns dann noch? Ich bin echt schockiert. Ich kann dies nicht verstehen. Entweder wir sind Christen oder wir sind es nicht. Und Liebe ist in der Bibel wirklich das Ein und Alles. Die Liebe zu uns selbst und auch die Nächstenliebe sollten eigentlich auch bei uns groß geschrieben werden. Aber in Deutschland ist es peinlich und teilweise für die Menschen unerträglich, sich selbst zu lieben. Dies wird wohl mit Egoismus verwechselt. Und das eine hat mit dem anderen aber auch gar nichts zu tun. Immer öfter ist mir aufgefallen, dass die Menschen sich nicht trauen, das zu sagen, was wirklich wichtig wäre. Nämlich: Ich liebe mich selbst! Ich frage mich warum.

Den Nächsten zu lieben, das ist in Ordnung. Aber nicht sich selbst. Nur, ich kann den anderen, den Nächsten gar nicht lieben, ohne mich selbst zu lieben. Wie soll das gehen? Ich kann doch gar nichts geben, was ich nicht auch habe. Wenn ich doch gar keine Liebe für mich habe, wie soll ich dann auch den anderen lieben? Das funktioniert nicht. Das ist unmöglich. Und das sehe ich auch immer wieder. Wie schon erwähnt, einen Gefallen tue ich jemanden nur, wenn der mir auch einen tut. Die Menschen trennen, teilen, verurteilen und stellen Bedingungen. Bedingungen an die Liebe, Nächstenliebe. Aber was hat denn Liebe mit Bedingungen zu tun? Hat Gott jemals Bedingungen gestellt? Gott liebt alles und jeden. Warum nicht auch Du? Weil Du vom moralischen Standpunkt gesehen keinen Verbrecher oder Mörder lieben kannst? Ja, das ist richtig. Dein Ego kann es nicht. Deine Seele schon. Aber was haben die Menschen im Laufe des Lebens immer mehr gelernt? Ego denken. Nur das Gehirn kann alle Probleme lösen. Nur unser Verstand kann alle Missverständnisse und Zweifel beseitigen. Wir Menschen haben noch niemals zuvor in der Geschichte der Menschheit so viel gewusst, wie in der heutigen Zeit. Unser Gehirn ist mit Wissen vollgestopft. Da stellt sich mir doch die Frage: Wenn wir unsere Probleme doch angeblich nur mit dem Verstand lösen können, warum haben wir dann überhaupt noch Probleme, Konflikte, Zweifel, Ängste und Kriege? Und zwar mehr, als wir jemals zuvor hatten? Das kann doch nur bedeuten, je mehr wir wissen und je mehr wir daran glauben, dass die Probleme der Welt nur mit unserem Verstand zu lösen sind, umso mehr Probleme, Konflikte, Kriege haben wir. Und genau das ist es auch, was die Menschen leben. Konflikte, Kriege, Probleme und Ängste. Ich frage mich, ist es das, was die Menschheit wirklich will? Es wird Menschen geben, die sagen werden, dass sie natürlich die Probleme mit dem Verstand lösen müssen, wie denn sonst. Natürlich werden sie das tun müssen. Sie stecken schon so tief in ihrem Sumpf, da kommen sie vermutlich nicht mehr raus. Und sie haben ja auch recht. Sie bekommen ja auch das eine oder andere Problem mit dem Verstand gelöst. Aber sie kreieren sich dann auch gleich wieder zwei neue. Sie haben kein Vertrauen in die Liebe. Sie haben kein Vertrauen in das Leben. Sie haben kein Vertrauen zu Gott. Und wie sollen sie auch dann wirklich glücklich leben können? Sie lieben sich selbst nicht, denn das Leben bedeutet ja Probleme. Glaubst Du wirklich, dass Gott will, dass Du Probleme, Konflikte oder Ängste hast? Glaubst Du das wirklich? Dann lass Dir gesagt sein, dass dies nur in Deiner Welt so ist. Wenn Du das wirklich glaubst, dann lebst Du das auch. Du bist schließlich die Summe Deiner Erfahrungen. Du bist Deines Glückes Schmied. Du liebst oder Du liebst nicht. Du entscheidest das. Was immer Du willst, was immer Du denkst und fühlst, letztlich wirst Du Dir daraus Deine Erfahrungen erschaffen.

Aber wenn wir Christen sind, ist es dann nicht unsere Aufgabe, vielleicht sogar unsere Pflicht, alles und jeden zu lieben? In der Bibel steht geschrieben: „Liebe Deinen Nächsten wie Dich selbst!“ Wie auch immer Du diese Aussage für Dich interpretieren magst, aber ich komme zu dem Schluss, dass ich mich ja selbst lieben muss, bevor ich überhaupt meinen Nächsten lieben kann. Das geht ja gar nicht anders. Also hat Gott es doch so gewollt, dass wir uns selbst lieben. Und wenn ich Liebe für mich empfinde, dann bin ich ja auch voller Liebe. Und wenn ich voller Liebe bin, dann kann ich auch Liebe für andere empfinden. Und nur dann kann ich auch Liebe geben. Anders ist es nicht möglich. Aber es gibt Menschen auf dieser Welt, die schämen sich dafür, sich selbst zu lieben. Noch schlimmer, die schämen sich sogar dafür, über Liebe zu sprechen. Und jetzt kommt es noch dicker, sie sprechen dann lieber über Probleme, Konflikte und Kriege. Das muss man sich mal vorstellen. Es wird lieber über das Negative gesprochen, anstatt über das Positive. Wie krank ist das denn? Wie fühlst Du Dich denn dabei? Fühlst Du Dich toll und gut, wenn Du Dich über Kriege, Konflikte, Probleme aufregst? Krankheiten sind die Folge … Heute weiß doch angeblich immer schon jeder, was der andere sagen wird oder denkt. Wenn ich einmal erfahren habe, wie der andere reagiert, dann nimmt mein Ego automatisch sofort an, dass das immer so ist. Das wird dann zu meiner Erfahrung. Warum? Weil ich es doch dann auch genauso erwarte. Und so passiert es mir dann immer wieder. Und ich nehme mir die Chance, neue Erfahrungen zu machen. So lange, bis ich mein Denken verändere. Erst dann kann ich neue Erfahrungen machen. Aber was tun die meisten Menschen? Sie befinden sich in diesem engen Gefängnis. Sie wollen überhaupt keine neuen und besseren Erfahrungen machen. Wenn alles beim Alten bleibt, befinde ich mich ja im gewohnten Fahrwasser. Alles bleibt, wie es ist. Ich reibe mich zwar immer weiter mit hausgemachten Problemen auf, aber das ist egal. Hauptsache, ich mache keine neuen Erfahrungen. Was soll der Blödsinn? Das Schlimme daran ist, dass diese Menschen behaupten, sie machen doch neue Erfahrungen. Doch wenn sie einmal genauer hinschauen würden, sind das alte Erfahrungen in neuen Gewändern. Also eigentlich genau das Gleiche immer und immer wieder. Keine neuen Wege, keine neuen Richtungen, alles immer das Gleiche. Ich weiß ja schon, wie der und der reagieren wird. Ich weiß ja schon, wie der denkt und was er sagen wird. Ein Teufelskreis. Und das leben die meisten Menschen tagaus tagein. Tagein tagaus. Und wieder umgekehrt. Na, was für eine Überraschung. Grandios.

Aber liebe ich mich mit dieser Einstellung wirklich selbst?

Liebe sollte eigentlich immer für jedes Lebewesen an erster Stelle stehen, zusammen mit Dankbarkeit. Wenn ich mein Leben liebe und dafür jede Sekunde wirklich dankbar bin, dann habe ich ein unglaubliches Glücksgefühl in mir. Und es sehr nahe bis zur vollkommenen Glückseligkeit. Ist es das, was Gott für jedes Lebewesen möchte, Glückseligkeit? Meiner Meinung nach kann es nicht anders sein. Und das Schöne ist, wir selbst haben die Macht, es auch zu erreichen. Wir selbst. Also auch Du. Willst Du das?

Liebe und Dankbarkeit sind mit die stärksten Gefühle, die man haben kann. Aber Vorsicht, auch die Angst ist mächtig. Die Angst kann sogar jede Liebe und Dankbarkeit vergessen machen. Denn wenn es Angst hat, denkt und handelt dieses Lebewesen irrational. Dann ist kein kontrolliertes Denken mehr möglich. Dann ist keine kontrollierte Handlung mehr möglich. Dann werden plötzlich Szenarien im Kopf gebildet, das ist schon fast der pure Wahnsinn. Und diese Angst lässt alles andere vergessen. Dein Adrenalin steigt an und an, Dein Unterbewusstsein bereitet sich schon auf Kampf vor, aber da kommt nichts. Da ist ja nichts, gegen das es zu kämpfen gilt. Und so behält Dein Körper das Adrenalin in sich und es baut sich sehr langsam ab. Machst Du das permanent, vergiftest Du irgendwann Deinen Körper. Ist es das, was Du willst? Angst ist wie eingangs schon erwähnt, zu gar nichts nütze. Außer dazu, Liebe und Dankbarkeit zu verdrängen. Nur Du selbst kannst fühlen, wie es Dir geht. Kein Arzt, nicht Deine Frau oder Dein Mann, nicht Deine Familie. Ich weiß, dass ich ganz alleine fühlen kann, wie es mir geht, ich also auch alleine dafür verantwortlich bin, wie es mir geht. Meine Gefühle und Gedanken bestimmen dies. Wenn es anders wäre, welchen Sinn hätte dann das Leben? Natürlich, an erster Stelle für den Sinn des Lebens steht die Glückseligkeit. Aber wie kann ich diese denn erreichen? Nur durch meine Gefühle und Gedanken. Wenn ich wirklich glücklich bin, dann ist die Chance auf Gesundheit ein Vielfaches höher, als wenn ich ständig und immer unglücklich bin. Ich möchte hier an dieser Stelle einmal erwähnen, dass ich mir für jedes Lebewesen Gesundheit wünsche, und dass ich auch wirklich daran glaube, aber ich niemandem von einem Arztbesuch abrate, wenn sich jemand dazu berufen fühlt, zum Arzt zu gehen. Ich glaube auch, dass Medizin in vielen Fällen sehr hilfreich ist, aber die Unterstützung Deiner positiven Einstellung, Dein positives Denken, Deine Glückseligkeit werden Dir ungeahnte Dienste für Deine Gesundheit erweisen. Sei dankbar für Deine Gesundheit, selbst dann, wenn Du sie zurzeit gar nicht fühlen magst. Sie kommt umso schneller. Sei voller Liebe zu Dir selbst, Dein

Leben wird es Dir danken. So kannst Du neue Erfahrungen sammeln. So wie ich einmal mit meinem damals über alles geliebten Kater Damien. Ich erzähle euch jetzt davon.

Mein Kater Damien

Mein Damien wurde am 27.08.1994 geboren. Ich kannte ihn zu dieser Zeit noch nicht. Er war wohl sehr verspielt. Aber auch wohl scheu. Er sollte von seinen Züchtern verkauft werden. Aber irgendwie rutschte er durch dieses Raster. Er konnte sich immer wieder gekonnt davor drücken, verkauft zu werden. Und so wurden seine Schwestern und Brüder verkauft. Und dieser Züchter stellte mir dann diesen Kater vor, brachte ihn dann zu mir. Ich sah ihn und wollte nochmal darüber schlafen. Und ich bin zwei Wochen später zu dem Züchter gefahren. Ich trank mit ihm Kaffee und schwupps saß Damien bei mir auf dem Schoß. Er mauzte einmal, rollte sich danach zusammen und schlief auf meinem Bein ein. Ja, ich wollte ihn haben. Aber er suchte mich aus. Als ich gehen wollte, brauchte ich fast keinen Korb für ihn, er wollte sowieso mit. Und ab diesem Tag lief er mir immer hinterher. Er schlief immer an meinem Kopf, legte sich im Bett zu mir. Wenn es kalt war, musste ich ihn sogar zudecken, aber nur genauso, wie mich selbst, soll heißen, der Kopf blieb immer draußen. Er war etwas ganz Besonderes. All die Jahre war er der treueste, beste Kater, den man sich nur wünschen konnte. Zwei Jahre später hatte ich auch eine Hündin bekommen, eine pechschwarze Schäferhündin. Mein Kater Damien war schneeweiß. Ein lustiges Dream-Team. Sie verstanden sich super und Damien war der Boss. Es gab eine Zeit, da ging Damien sogar mit mir und meiner Hündin Anka spazieren. Damien und Anka. Und Anka hat Damien gegen andere Hunde verteidigt. Diesen Kater wollte jeder haben. Doch Anka hat aufgepasst, den konnte keiner klauen. Als Damien drei Jahre alt war, wurde bei ihm ein Herzfehler diagnostiziert. Sein Herz wuchs und wuchs, er bekam Herztabletten, damit das Herz klein blieb. Aber die Ärzte sagten zu mir: „Wenn Ihr Kater zehn oder zwölf Jahre alt wird, seien sie froh." Ich beschloss, die Zeit mit ihm zu nutzen, und jeden Tag bekam er seine Herztablette. Immer ein Achtel. Aber er blieb der, der er war. Er veränderte sich nicht. Er wurde älter und älter. Zehn oder zwölf Jahre, ha, das ist mein Damien, er wurde 17 Jahre alt. Und als Damien schon 16 Jahre alt war, bekam er einen Tumor in der Mundhöhle. Es wirkte sich so aus, dass er weder essen noch trinken konnte. Mein Tierarzt sagte mir, dass dieser Tumor inoperabel wäre und Damien unweigerlich sterben müsse. Es wäre besser, ihn jetzt einzuschläfern, damit er nicht leiden muss. Doch ich sagte ihm, das komme nicht infrage. Er schafft das. Der Tierarzt schaute mich dann nur an und meinte: „Das ist die vierte Katze in diesem Jahr, die diesen Tumor hat und die anderen drei sind alle daran gestorben." Ich sagte ihm: „Das ist mir egal. Ich weiß, er schafft das." „Okay", sagte er, „dann kann ich ihm nur eine Cortison-Spritze geben, um die Schmerzen und Schwellung zu lindern." Aber dann sagte mein Tierarzt noch zu mir: „Ihre Einstellung gefällt mir." „Danke", sagte ich. Damien bekam die Cortison-Spritze und ich ging mit ihm nach Hause. Sofort zu Hause angekommen, legte ich mir meinen Kater auf meine Brust und sagte ihm eine ganze Weile: „Du bist vollkommen heil und gesund. Du bist der beste Damien im ganzen Universum. Ich weiß, Du schaffst das." Das machte ich mehrmals am Tag, voller Glauben, er schaffe das auch. Nach einer Woche sollte ich nochmal zur Nachuntersuchung kommen. Ich denke, weil mein Tierarzt davon ausging, dass er ihn nun einschläfern müsse. Er fragte mich dann auch: „Hat Damien etwas trinken und essen können?" Ich sagte: „Ja." Darauf schaute er sich wirklich fünf Minuten Damiens Mundraum an. Und bei Gott, ich schwöre, ich habe in meinem ganzen Leben niemals wieder einen solchen lieben und geduldigen Kater oder auch Katze gesehen. Er ließ das alles in Seelenruhe über sich ergehen. Und nach diesen fünf Minuten drehte sich der Doktor kopfschüttelnd zu mir um und fragte mich: „Wo ist denn der Tumor geblieben? Ich kann ihn nicht mehr finden." er drehte sich um und begutachtete das Ganze nochmal. „Da ist nur noch ein ganz kleines Bisschen, sowas habe ich noch nicht erlebt." Ich sagte daraufhin nur: „Ich habe Ihnen gesagt, er schafft das." Er bekam dann noch eine kleine Cortison-Spritze und wir gingen wieder. Eine weitere Woche später war der Tumor ganz verschwunden. Ich habe einfach daran geglaubt. Fest und unerschütterlich. Es gab keine Medizin, es gab keine Hoffnung. Und ein 16 Jahre junger Kater, der einen Herzfehler hatte, ist nicht gerade die beste Voraussetzung, um unerschütterlich daran zu glauben, dass er das schafft. Oder? Aber ich weiß heute, dass der Glaube an etwas Großes, an so Großes wie Gott, wirklich und wahrhaftig Berge versetzen kann. Ich erzähle Dir diese Geschichte, damit Du weißt, dass alles wirklich heilbar ist, sogar, dass alles möglich ist. Alles ist möglich, wenn Du daran glaubst. Es liegt an Dir allein, was wirklich für Dich möglich ist. Ich wiederhole mich jetzt schon wieder, ich weiß. Doch es bleibt dabei, für mich heißt unheilbar: heilbar von innen. Für mich heißt unmöglich: jetzt erst recht. Nicht verbissen, sondern mit aller Seelenruhe. Mein Damien hat mir vieles gezeigt. Er hat mir vieles beigebracht. Wenn im Haus eine Fliege oder Motte unterwegs war, wer hat sie zu über achtzig Prozent bekommen? Damien. Er zeigte mir: Nicht die Schnellsten und Ungeduldigsten haben den Erfolg, sondern die Geduldigsten. Nicht die Schnellsten, sondern die Ruhigsten sind die Erfolgreichsten. Begierde, mit Geduld gemixt, ist ein Schlüssel zum Erfolg. Ich hatte mal sechs Katzen. Ich habe niemals eine meiner Katzen vernachlässigt. Auch nicht meine Hündin. Jede und jeder hat immer etwas bekommen. Alle wussten das. Und doch hatten sie nur Gier auf Leckerchen. Außer Damien und Anka. Die beiden hatten Vertrauen. Vertrauen in das Leben. Diese beiden haben mir gezeigt, wie gerecht das Leben ist. Ich habe jede einzelne so wahnsinnig liebgehabt, ich denke an jede heute noch mit Freude zurück. Aber Damien und Anka zeigten mir, wie man mit Liebe und Dankbarkeit alles bekommt, was man will. Wie man mit Ruhe und Gelassenheit alles erreicht. Sie zeigten mir, was bedingungslose Liebe ist.

Bedingungslose Liebe?

„Was ist das denn? Bedingungslose Liebe? Wie soll das denn funktionieren? Das geht ja gar nicht, da macht ja dann jeder, was er will. Das kann ich mir nicht vorstellen. Vielleicht im Märchen oder im Film. Aber doch nicht in der Realität." Könnte so Deine Aussage ungefähr sein? Ich denke schon. Aber was wäre wenn ...

- *... Dir jemand sagen würde, das ist die einzige Form der Liebe, die Dich glücklich macht?*
- *... Dir jemand sagen würde, dass dies die einzige Möglichkeit ist, wirklich jemanden so zu akzeptieren, wie er ist?*
- *... Dir jemand sagen würde, dass das die einzige Möglichkeit ist, ohne Konflikte und Streit in einer Beziehung zu sein? (Ich habe damit nicht gemeint, dass man nicht anderer Meinung sein darf)*
- *... Dir jemand sagen würde, dass Du nur so die Möglichkeit hast, selbst genauso akzeptiert zu werden, wie Du bist?*
- *... Dir jemand sagen würde, dass Du genau das alles in Dir hast und Deine Seele auch genau das leben will, es aber einzig und allein nur an Deinem Ego scheitert?*

Was wäre denn, wenn Gott will, dass Du bedingungslos liebst? Ich weiß, dass es Dir vielleicht schwerfällt, das zu glauben. Aber denke darüber nach, ist es nicht genau das, was sich die meisten Menschen wünschen? Warum tun es dann nur ganz wenige? Weil Du denkst, das ist realitätsfremd? Das kann nicht funktionieren, weil jeder dann ja den anderen hintergehen würde, weil jeder dann den anderen betrügen würde? Blindes Vertrauen ist naiv? Und Naivität wird immer bestraft? Das Kuriose ist, Du hast recht. Denn Du bekommst das auch. Und Du fühlst das auch so. Hat Dir die Vergangenheit doch gezeigt. Und damit lebst Du schon wieder in der Vergangenheit und lässt es einfach nicht zu, neue schöne Erfahrungen zu machen. Vielleicht bin ich ein großer Optimist, dass ich an das alles glaube.

Vielleicht denken auch viele, ich sei realitätsfremd. Aber jeder kann darüber denken, was und wie er will. Ich bin so und lebe dies auch. Ich praktiziere es, bin glücklich und voller Liebe und Dankbarkeit. Ich freue mich über jede einzelne Sekunde. Und während ich hier sitze, spüre ich mit jeder einzelnen Faser, dass alles richtig ist. Ja. Ich bin dann lieber ein Optimist. Anders gesagt: Wenn schon Mist – dann lieber Opti-Mist ... Pessimisten hingegen bezeichnen sich sehr häufig als Realitätsmenschen. Sie bezeichnen Optimisten als Visionäre, fernab jeder Realität, Verrückte, und so weiter. Aber Optimisten sind Menschen, die die Realität sehen und dann aber loslassen, das heißt akzeptieren, was jetzt ist. Damit hat es sich. Sie beschäftigen sich nicht weiter damit, wenn die Realität nicht so ist, wie sie sie haben wollen. Sie wollen so schnell wie möglich und ökonomisch die Realität so, wie sie ihnen gefällt. Das Verrückte dabei ist, sie schaffen das auch. Es ist die Sichtweise, wie man an etwas herangeht. Mit dem Verstand oder mit dem Herzen. Pessimisten verharren in dieser für sie negativen Welt, Optimisten verändern sie zu ihren Gunsten. Wenn Du Deine Sichtweise veränderst, dann verändert sich Deine Welt. Das ist so einfach. Als Beispiel für die verschiedensten Sichtweisen möchte ich Dir eine kleine Parabel erzählen:

Sichtweisen?

Vier Gelehrte, die blind waren, wollten herausfinden, wie ein Elefant aussieht.
Der erste Weise ertastete den Rüssel des Elefanten und meinte, dass ein Elefant wie ein langer Arm aussehen müsse.
Der zweite Gelehrte ertastete das Ohr und meinte, ein Elefant sei wie ein großer Fächer.
Der dritte Gelehrte, der die Beine ertastete, meinte, ein Elefant sei wie die Säulen eines Palastes.
Der vierte Weise, der den Schwanz ertastete, beschrieb den Elefanten als ein dickes langes Seil.

Die darin enthaltene Weisheit

Dir ergeht es wie diesen Gelehrten.

Du glaubst, dass das, was Du siehst, die Realität ist – und dabei siehst Du doch nur einen Ausschnitt. 92 Prozent der Wirklichkeit sind für unsere Augen unsichtbar. Das heißt, dass wir tatsächlich nur acht Prozent der Realität wirklich sehen können. Aufgrund Deiner Vorurteile, Interessen und Erwartungen siehst Du nämlich immer nur den Teil der Realität, der mit Deinen Vorurteilen und Einstellungen übereinstimmt. Du siehst, was Du erwartest oder befürchtest! Und nicht nur das. Wir tun auch noch so, als ob die anderen 92 Prozent der Wirklichkeit gar nicht vorhanden sind. Und das, obwohl wir wissen, dass es sie wirklich gibt. Und so hat jeder seine eigene Wahrnehmung. Doch diese Wahrnehmung ist gar nicht mal so wahr. Du vertraust Deiner Wahrnehmung mehr als der Wirklichkeit. Und diese Wahrnehmung formst Du nach dem, was Du schon kennst. Du bist eigentlich blind für die Wirklichkeit mit all ihren verschiedenen Wahrheiten. Du bist blind für die komplette Farbpalette, siehst niemals die Nuancen darin und dennoch tust Du so, als wüsstest Du Bescheid, worüber Du sprichst. Du siehst die Welt begrenzt. Du siehst die Welt wie jemand, der einen Grauschleier vor seinen Augen hat. Dein Blick ist getrübt von Deinem Pessimismus. Wenn Du davon überzeugt bist, dass alle Menschen schlecht sind, dann sind auch alle Menschen schlecht. Und Du wirst dann auch keine guten Menschen sehen. Wenn Du überzeugt bist, das Leben sei eine Qual, dann quält Dich das Leben auch. Dann wirst Du wundervolle Dinge nicht sehen oder nur sehr selten erleben. Wenn Du pessimistisch bist, dann bist Du blind für Lösungen. Dann siehst Du überall nur Probleme.

Verändere Deine Sichtweise und Deine Welt verändert sich. Verändere Dein Denken und Deine Welt wird schön. Verändere Deine Einstellungen und das Leben fließt so einfach.

Lege Dein Vorurteil – wie etwas angeblich ist – einfach ab.

Selbstwertgefühl stärken! Selbstvertrauen aufbauen!

Es mag sein, dass dies alles sehr schwer zu verdauen ist. Es mag sein, dass Dein Leben Dir bisher immer etwas anderes gezeigt hat. Kämpfen, kämpfen, kämpfen. Nur, Kämpfe sind Kämpfe in Dir, die Dich zu Konflikten führen. Liebe, bedingungslose Liebe, erfordert Mut. Alles in Deinem Leben so zu lassen, wie es ist, erfordert keinen Mut, nur etwas Dummheit und Angst. Deine Sichtweise, Deine Denkweise, Deine Gefühle bestimmen Deine Realität. Also, wann fängst Du an, wirklich glückselig zu leben und dem Leben zu vertrauen? Wann vertraust Du endlich Gott?

Moral

Was ist eigentlich diese Moral, die immer wieder erwähnt wird? Und dieses unmoralisch und moralisch, wer hat das eigentlich kreiert? Natürlich der Mensch. Nur, in der Natur gibt es keine Moral. Für Gott gibt es keine Moral. Nur für unser Ego. Und für unser Ego ist das auch wichtig. Warum? Unser Ego braucht etwas, woran es sich ausrichten kann. Gesetzmäßigkeiten, damit es beurteilen, verurteilen und bewerten kann. Und dafür ist die Moral genau das Richtige. Wo kämen wir denn hin, wenn jeder Mensch voller Glück so leben könnte, wie er wollte? Das geht ja mal gar nicht. Wir sind so negativ programmiert, dass wir unbedingt denken müssen, dass irgendjemand unbedingt etwas Schlechtes tun wird. Und das Schlimme daran ist, das sogenannte „Schlechte" ist auch wieder eine Bewertung und Beurteilung. Na, das ist ein Kreislauf. Und wer bestimmt, wenn wieder mal etwas unmoralisch ist? Der Mensch. O Gott. Hilf uns. Was für den einen unmoralisch ist, ist für den anderen noch lange nicht unmoralisch. Und wenn dann daraus ein Streit entwächst, dann geht man vor Gericht und dann muss halt ein Richter entscheiden, was ist nun unmoralisch oder moralisch. Und so wird wieder ein neuer Artikel im Gesetzbuch verankert. Der Mensch macht und schafft Gesetze, die Bücher werden immer dicker und er merkt überhaupt nicht, welchen Zwängen er sich damit unterwirft. Millionen von Gesetzen und Erklärungen. Das Leben könnte so einfach sein. Wenn jeder jeden so sein lassen könnte, wie er sein will, und wir alles mit Liebe betrachten würden, dann bräuchten wir keine Gesetze. So könnte es sein, wenn alle Menschen voller Liebe denken und fühlen würden, wir alle glücklich und zufrieden wären. Kein Wunder, ohne Gesetze ... Jaja, diese Moralvorstellungen.

Was hat Moral mit Gefühlen zu tun?

Eine ganze Menge. Aber woher kommen diese Moralvorstellungen? Woher kommt die Moral? Ich denke, diese Frage lässt sich nicht eindeutig klären. Ich glaube aber, dass Moralvorstellungen mit der Zeit durch Zweifel kamen. Zweifel, ob wirklich alles gut ist. Der Ursprung von Gut und Böse. Nur wirft das immer wieder dieselbe Frage auf: „Was ist denn überhaupt gut oder böse und wer entscheidet das?" Kurz, dafür gibt es ja heute Gesetze. Also Menschen haben dies entschieden. Aber in jedem Land haben wir andere Moralvorstellungen. Klar, in vielen Punkten gleich, aber in anderen Punkten auch verschieden. Und schon treten wieder Konflikte auf. Was für den einen verwerflich ist, ist für den anderen in Ordnung. Ein Krieg gegen einen Tyrannen ist für den einen gut und für den anderen verwerflich. Wir sind also objektiv betrachtet völlig zerstritten. Aber, wir können uns ja wenigstens auch noch darüber streiten. Au ja, noch mehr Konflikte.

Ich denke auch, dass die religiösen Oberhäupter, die im Namen der Kirche regierten, der Moral letztlich ihren Stempel aufdrückten, um die sogenannten niederen Menschen in Angst zu halten. Was alles im Namen der Kirche, oder auch der anderen Religionen für gut und moralisch wertvoll befunden wurde und auch heute noch wird, ist wirklich lehrreich. Ich weiß nicht, ob es moralisch wertvoll ist, wenn der Papst in Afrika Kondome verbietet, ich weiß auch nicht, ob es moralisch wertvoll ist, eine Frau zu steinigen, nur weil sie mit einem anderen Mann Sex hatte und somit für die Gesellschaft fremdgegangen ist. Welchen moralischen Sinn haben Kriege und Sanktionen? Im Namen der Menschlichkeit andere Menschen mit Sanktionen zu bestrafen versuchen, ergibt für mich keinen Sinn. Jemanden mit Gewalt oder Erpressung zu irgendetwas zwingen zu wollen, ist für mich auch kein guter Weg. Es gib viele Beispiele, die ich hier noch aufführen könnte, und ich frage mich, ob und wer denn jetzt moralisch denkt. Aber ich will dies nicht verurteilen. Jeder muss da selbst mit sich ins Reine kommen. Aber diese sogenannte Moral ist für mich ein Grund mehr, lieber mit allem und jedem, auch und vor allem mit mir selbst, liebevoll und dankbar umzugehen. Moral dient meiner Meinung nach nur jemandem, der einem anderen schaden möchte. Aber wenn wir alle einmal begriffen haben, dass wir alle miteinander verbunden sind, alle miteinander liebevoll und harmonisch umgehen können, dann hat sich das mit der Moral ganz schnell von allein erledigt. Denn dann ist alles gut und friedvoll, solange die Menschen aber glauben, ihre Probleme mit dem Hirn lösen zu müssen, wird es immer wieder neue Moralvorstellungen geben, da immer wieder mal jemand kommt, dem irgendetwas nicht gefällt und das dann als unmoralisch darstellt. Und irgendein Richter wird dem vielleicht dann recht geben und wir haben wieder einen Paragraphen mehr. Klasse. Dann ist das halt so. Ich werde trotzdem daran glauben, dass die Menschheit in der Lage ist, friedvoll und harmonisch miteinander zu leben! Und schon wieder stelle ich Dir die Frage: „Was willst Du, mein lieber Leser?"

Wenn Dir jemand also sagt, dass das, was Du tust oder getan hast, nicht moralisch einwandfrei ist, dann möchte Dir dieser Mensch vermutlich ein schlechtes Gewissen einreden. Und wahrscheinlich sollst Du Dich dann auch noch schlecht fühlen. Aber wie unmoralisch ist das denn? Es ist so wunderbar, dass alles, was ich einem anderen vorwerfe, in mir selbst verurteile. Und so gebe ich dieses Verurteilen einfach weiter, indem ich einen anderen verurteile und so weiter. Ich denke, wenn wir uns selbst schlecht fühlen, dann sehen wir mehr moralisch verwerfliche Dinge, als wenn wir uns richtig gut fühlen. Soll heißen, auch hier gilt immer das Gleiche: Entscheidungen, ob etwas moralisch gut oder schlecht ist, trifft nur der Mensch. Und der Mensch entscheidet das nur aus seiner Gefühlslage heraus. Zur Erinnerung. Gott kennt keine Moral. Die Natur kennt keine Moral. Der Mensch macht so etwas. Und wir wollen nicht verstehen, dass erst die Moral mit all ihren Entwertungen und Verurteilungen Konflikte erschafft. Und dabei liegt das auf der Hand. Das ist reine Logik. Und so verstricken wir uns immer mehr und kreieren wirklich gut immer mehr neue Probleme und Konflikte. Darin sind wir Menschen einfach unschlagbar. Die Frage ist doch nur: Wollen wir so weitermachen oder endlich liebevoll mit Mut und Courage einen Weg voller Freude, Frieden, Harmonie und Liebe gehen? Aber ist das nicht auch moralisch? Nichts auf diesem Planeten ist ohne sein Gegenteil wahr. Alles hat immer zwei Seiten. Aber das erkläre ich ausführlich in meinem nächsten Buch. Versprochen.

Ich höre zwischenzeitlich immer wieder, dass das unmöglich wäre, da die anderen ja gar nicht mitmachen werden. Nun, die anderen kannst Du nicht ändern. Aber Dich selbst. Und wenn keiner den Anfang macht, was kann sich ändern? Unmöglich heißt auf Englisch: impossible. Der Amerikaner hat daraus ein tolles kleines Akronym gemacht. Aus „impossible" wurde „I'm possible". Oder noch ein etwas anderes kleines Wortspielchen, das jedem das wahre Leben verdeutlichen kann: *Präsens* bedeutet ‚Gegenwart' und stammt aus dem Lateinischen. Es ist aber auch mit dem englischen Wort *present* verwandt auch aus dem Lateinischen. Das Wort *present* bedeutet ‚Geschenk' sowie auch Gegenwart, anwesend sein. Und wenn ich jetzt beides zusammenbringe, dann ergibt sich daraus Folgendes: „Die Gegenwart ist ein Geschenk". Und jeder hat das Recht, seine Gegenwart zu leben.

Ich liebe solche Wortspielchen. Sie zeigen mir immer, was alles möglich ist. Jeder, der daran glaubt, dass alles, ja wirklich alles, möglich ist, wird in seinem Leben auch sehr viele Möglichkeiten haben. Wer glaubt, dass vieles unmöglich ist, wird auch damit bestätigt werden und nur wenige Möglichkeiten haben, sich zu verwirklichen. Denn wenn Du, mein lieber Leser, alles immer nur von anderen abhängig machst, dann wird es schwer, Dein Leben selbst zu bestimmen. Der Dalai Lama hat einmal gesagt: „Solange Du glaubst, dass an allem immer nur die anderen schuld sind, wirst Du viel leiden."

Negative Erfahrungen – gibt es so etwas überhaupt?

Wenn Du die meisten Menschen fragen würdest, wäre wohl ein eindeutiges „Ja" die Antwort. Ich aber sage: „Nein". Es gibt eigentlich keine negativen Erfahrungen. Es gibt Erfahrungen. Doch wenn wir etwas Negatives fühlen, sagt uns unser Gehirn sofort: „Das will ich nicht noch mal erfahren." Was zur Folge hat, dass Du es aber nochmal erfährst, weil Du versuchst, etwas zu vermeiden. Du kannst aber nichts vermeiden. Du kannst nur etwas tun oder erschaffen. Und so setzt das Gehirn diese Erfahrung als eine negative Erfahrung fest. Doch in Wirklichkeit kannst Du ja auch daraus lernen. Du kannst daraus lernen, dass Du dies zwar nicht mehr willst, aber die zweite Stufe, die wichtige Stufe, die nehmen die meisten nicht. Die Stufe, auf der Du Dir klar wirst, was Du wirklich willst. Solange Du aber auf der ersten Stufe bleibst, so lange wirst Du das alles wieder erleben. Nochmal einfach gesagt: „Energy flows, where attention goes." Wenn Du also weißt, was Du wirklich willst, wirst Du feststellen, dass Du eine Entscheidung getroffen hast. Und aus dieser Entscheidung heraus erfolgt eine Handlung. Und das ist das Leben. Denn falsche Entscheidungen gibt es nicht. Alles ist gut, denn Du lernst daraus. Aus Deinen Entscheidungen. Aber Du lernst niemals aus sogenannten Fehlern. Für mich gibt es keine Fehler. Alles ist. Weder gut noch schlecht. Es ist.

Und so sage ich Dir, dass Du grundsätzlich immer Erfahrungen machst, die Dich weiterbringen, die Dir weiterhelfen.

Manches verstehst Du nicht, siehst es als schmerzvoll und verletzend an, andere Erfahrungen erfreuen Dich. Aber neue Erfahrungen kannst Du nur machen, wenn Du die alten Erfahrungen nicht katalogisierst, kategorisch verurteilst. Nur wenn Du Dich immer wieder Neuem stellst, kannst Du neue Erfahrungen sammeln. Also sind für mich alle Erfahrungen einfach nur Erfahrungen, nicht negativ oder positiv, einfach Erfahrungen. Ob dies privat oder beruflich ist. Es ist. Das ist alles. Wenn Du zum Beispiel etwas neu kreieren willst, seien es Schuhe oder Kleidung oder ein Fahrrad oder was auch immer, Du aber immer schon von vornherein weißt, dass andere dies nicht mögen, obwohl es Dir gefällt, oder Du mit diesem Artikel Reklamationen bekommen wirst, wird Dir das Leben recht geben. Die Frage, die sich allerdings stellt, ist: Woher weißt Du das schon vorher? Und ich höre Dich dann vielleicht sagen: „So Ähnliches hatte ich schon mal, da war das genauso." Soso. Wie willst Du jetzt eine neue Erfahrung machen? Du bleibst beim Alten. Und ich hör vielleicht das von Dir: „Nein, Neues schon, aber doch nicht alles. Es war doch nicht alles schlecht." Hat auch keiner behauptet. Aber neue Erfahrungen bedeuten, Neues zu machen. Und Neues zu machen bedeutet, davon so überzeugt zu sein, dass es auch wirklich gut ist. Alles andere wäre ja Zufall. Und ich sage es gerne wieder, Zufälle gibt es nicht. Also neue Erfahrungen ja, aber das Alte noch behalten. Und wie soll das dann funktionieren? Das funktioniert natürlich nicht. Du wirst immer nur etwas Neues erleben, wenn Du das Alte voller Vertrauen auf das Neue loslässt. Sonst bleibt ja alles beim Alten. Und egal ob in diesem Moment gut oder schlecht, das Alte hat ja etwas, nämlich Gewohnheit, das kennst Du ja schon. Eine gewisse Komfortzone. Du fühlst Dich nicht wirklich frei, weil Türen für Dich halt verschlossen blieben. Dass Dein Denken und Fühlen dafür verantwortlich sind, erkennst Du nicht. Es war immer so und bleibt immer so, nicht wahr? Wenn das Dein Leben ist, ist es so. Es ist okay. Nichts Verwerfliches daran. Wenn Du aber endlich Türen öffnen willst, die Dich grenzenlos werden lassen, dann gehe neue Wege und schmeiß die alten Entscheidungen einfach über Bord.

Gefühle = Energie?

Wie Du ja nun weißt, ist alles Energie. Deine Gedanken, aber auch die Materie. Warum ist das so? Nun, Materie besteht im Wesentlichen aus winzig kleinen Atomen. Also jede Materie ist praktisch nur aus Atomen zusammengebaut. Und die Materie unterscheidet sich nur in der Zusammensetzung der Atome. Diese Atome lassen sich aber aufspalten, in noch kleinere Elementarteilchen. In Protonen, Elektronen und Neutronen. Und die kleinsten Teilchen sind dann Quarks. Und zwischen diesen Teilchen, den Protonen und Neutronen, die den Atomkern bilden, und den Elektronen, die da drum herum kreisen, ist viel leerer Raum. Jedoch nehmen wir diesen als Materie wahr. Die Wirklichkeit sieht anders aus. Nichts ist wirklich so, wie wir es sehen. Farben existieren zum Beispiel nur so, wie wir sie sehen, oder noch besser, wie wir sie wahrnehmen. Aber in Wirklichkeit gibt es Farben gar nicht. Unser Gehirn produziert das, was wir sehen, durch Schwingungen. Diese gelangen in unser Auge, werden dort in elektrische Impulse umgewandelt und schon sehen wir Farben. Und die unterschiedlichen Frequenzen der Farben erzeugen sogar Gefühle in uns. Für den einen sind manche Farben kalt, andere warm, und jeder empfindet das anders. Und jeder hat recht. Aber die Farbe an sich, das Material hat immer die gleiche Temperatur. So besteht alles eigentlich aus Atomen, Atome bestehen aus Elementarteilchen und Elementarteilchen sind pure Energie. Wenn Du, mein lieber Leser, nun verstehst, dass Menschen, Materie, Gedanken, Gefühle und Situationen nur verschiedene Formen von Energien sind, dann kannst Du jetzt begreifen, dass wir Materie mit Gedanken tatsächlich beeinflussen können. Das bedeutet, Energie lässt sich lenken. Und wenn Gedanken Energie sind, dann kann ich diese lenken. Nehmen wir einen Laserlichtstrahl und eine stinknormale Glühbirne. Eine Glühbirne kann einen ganzen Raum erhellen, da die Energie sich durch die Photonen in alle Richtungen ausbreitet. Der Laserstrahl ist wiederum punktgenau. Genau wie Du Deine Gedanken punktgenau ausrichten kannst, können sie auch einfach nur ziellos umherschwirren. Du entscheidest das.

Um Dir das alles noch ein bisschen näher zu bringen, nochmal kurz die Erläuterung: Nichts ist so, wie wir es sehen. Materie ist Energie, ist durch Energie entstanden und bleibt durch die Energie Materie. Keine Energie, keine Materie. Wir lenken Energie. In die eine oder andere Richtung. Jeder Gedanke ist reine Energie. Jedes Gefühl ist reine Energie. Und so wirkt jeder Gedanke, jedes Gefühl mit und auf die Energie ein. Also kurz und knapp, wenn Du etwas denkst, wird es sich auch früher oder später in Deinem Leben materialisieren. Denn Du denkst ja ständig. Nutze also die Kraft Deiner Gedanken. Denke immer positiv.

Wünsche werden wahr, wenn Du fest daran glaubst. Durch Energie. Deine Energie. Was wünschst Du Dir? Was wünschst Du Dir wirklich? Richte Deine Gedanken darauf aus, zielgenau wie ein Laserlichtstrahl. Denkst Du aber eher wie eine Glühbirne (diffuses Licht), wirst Du dieses diffuse auch bekommen. Klar soweit? Wie ich vorher schon mal erwähnte, ist es am Anfang ganz schön schwierig, auf alles zu achten, was man denkt. Aber dafür haben wir ja unsere Gefühle. Auf die kannst Du immer achten. Wenn Du Dich aus irgendeinem Grund schlecht fühlst, hast Du die Möglichkeit, das durch positive Gedanken zu verändern. Also sind Deine Gefühle ein wirklich wichtiger Indikator für Dich. Aber nur, wenn Du sie auch registrierst und darauf achtest. Wenn Du auf Deine Gefühle achtest, kann Dir das explizit helfen, da Du dann die Möglichkeit hast, etwas zu verändern. Vorausgesetzt, Du willst etwas ändern. Es gibt Menschen die müssen sich so lange in ihrer Traurigkeit oder Frustration wälzen und suhlen, bis gar nichts mehr geht. Und wenn das vorbei ist, suchen sie schon die nächste negative Möglichkeit, um ja weiterzumachen. Warum tun diese Menschen dies? Ich glaube, sie wollen Mitleid. Und durch Mitleid bekommen sie Aufmerksamkeit. Und durch Aufmerksamkeit geht es ihnen dann vorerst wieder etwas besser. Und wenn dann diese Aufmerksamkeit verflacht, dann suhlen sie sich wieder in Ihrer Traurigkeit. Und dieses Spielchen spielen sie immer weiter. Und es wird irgendwann zu einer Sucht. Und diese Menschen merken dann gar nicht mehr, dass es zu einem Automatismus geworden ist. Das läuft dann nur noch unbewusst ab. Immer und immer wieder. Und wenn Du dann diese Menschen darauf ansprichst, dann glaube mir, dann ist das nicht so. Neee. Dann sind alle anderen Schuld. Sie selbst tragen keine Verantwortung. Und sie jammern und klagen und sie klagen und jammern, wie schlecht die Welt ist. Und wenn Du dann nicht aufpasst, zieht Dich dieser Jemand mit runter. Und Du fühlst Dich irgendwann wie erschlagen. Du kannst diesen Menschen nicht helfen. Sie wollen das auch gar nicht. Wenn sie anderen nicht die Schuld für ihre Situation geben können, wenn sie nicht andere Menschen für alles Schlechte auf dieser Welt verantwortlich machen können, dann drehen sie vermutlich durch.

Halte Dich von diesen Menschen fern. Das sind die Menschen, die Nachrichten im Fernsehen schauen und danach feststellen, wie schlecht die Welt doch ist und wie viele Probleme auf der Welt existieren. Sie fühlen sich schlecht dabei, aber doch andererseits besser, weil sie nicht persönlich betroffen sind. Und dann wird über das Unglück anderer groß und breit diskutiert oder über die großen Verbrechen dieser Welt und dann behaupten diese Menschen, sie nehmen Anteil an ihrem Unglück. Ich frage mich dann immer, wem hilft das? Nur den Menschen, die darüber diskutieren und reden. Warum ist das so? Ganz einfach. Am Unglück des anderen oder an den Verbrechen kann ich mit der Diskussion nichts mehr ändern. Diese Menschen können höchsten spüren, wie die halbe Welt in Mitleid versinkt. Das bringt aber keinen weiter. Ich kann diesen Menschen nur das Allerbeste wünschen und beten, dass sie ganz schnell ihr Glück wiederfinden. Aber die Menschen, die darüber diskutieren, tun das, weil sie dann das Unglück dieser Menschen sehen und dann feststellen, wie gut es ihnen selbst geht. Sie richten sich selbst am Unglück anderer Menschen wieder auf. Teilweise unbewusst. Es ist auch nichts Verkehrtes daran, wer das so leben will, bitte schön. Jeder ist seines Glückes Schmied. Ich tue das nicht und brauche das auch nicht. Jeder lebt aber so, wie er mag. Ich erwähne dies nur, um ein wenig aufzuwecken. Denn wenn ich über das Unglück anderer diskutiere, fühle ich mich selbst in diesem Moment unwohl. Ich sorge also in diesem Moment dafür, dass es mir selbst schlecht geht. Also diesen Menschen, die das Unglück erleben, und mir selbst, wenn ich darüber spreche, geht es nicht gut. Wo liegt der Sinn? Weil sie glauben, dass sie solidarisch sind, wenn es beiden schlecht geht? Das ist so ein Blödsinn. Um hinterher dann festzustellen, dass es einem selbst dann wenigstens besser geht. Nun, wer das braucht, der ist dann ja gut aufgestellt. Ich denke lieber über das Glück anderer Menschen nach und freue mich mit diesen Menschen über ihr Glück, als mich am Unglück anderer aufzurichten. Aber das ist unsere Zeit. Jeder so, wie er mag. Wenn jemand so leben möchte, bitte schön. Wenn nicht, auch gut. Und wenn jemand das ändern möchte, wunderbar. Jeder, der Unterstützung braucht, sein Leben zum Positiven zu verändern, ist bei mir willkommen. Hilfe zur Selbsthilfe gebe ich immer gerne. Mehr kann ich nicht tun. Jeder ist für seine Gedanken selbst verantwortlich. Jeder ist für alles, was er fühlt, selbst verantwortlich. Es ist die ureigenste Entscheidung eines jeden Einzelnen. Nur wenn ich nicht auf meine Gefühle höre, werde ich immer das Problem haben, dass ich nichts ändern kann. Wenn ich etwas ändern will, höre ich auf meine Gefühle. Sind diese schlecht, muss ich sie verbessern. Und das kann ich nur, wenn ich andere, positive Gedanken bekomme oder mir mache. Dass ich zum Beispiel an etwas denke, was mich erfreut. An etwas Wunderschönes denke, das ich mal erlebt habe. Das ist dann der Moment, wo ich lächeln kann. Dann diesen Gedanken aufrecht erhalten und den nächsten positiven Gedanken. Und so weiter. Bis ich aus diesem Trichter nach unten endlich wieder raus bin und auf dem Weg nach oben. Und dieser Weg nach oben ist der, den ich mir immer wieder vorstelle. Dann ist es einfach für mich, aus dieser negativen Spirale herauszukommen. Und schon fängt das Leben, dieses wunderbare Leben wieder an zu leben. Dafür bin ich dankbar.

Jeder Gedanke = Ein Wunsch?

So möchte ich es einmal umschreiben. Wobei, es stimmt nicht so ganz. Anders ausgedrückt: Jeder bewertete Gedanke ist ein Wunsch. Denn wenn ich einen Gedanken bewerte, also Emotionen mit hineinfließen, dann gebe ich diesem Energie. Und dann ist dieser Gedanke ein Wunsch. Es folgt der nächste und nächste Gedanke, und so weiter. Je mehr Emotionen und Gefühle mit hineinfließen, umso stärker der Wunsch. Umso schneller erfüllt er sich. Wenn ich mir etwas Schönes wünsche, das ich haben möchte, im Hier und Jetzt, und ich glaube daran, dass sich dieser Wunsch schon erfullt hat, wird sich dieser Wunsch erfüllen. Früher oder später. Gebe ich diesem Wunsch pure Freude und Dankbarkeit dazu und sehe in meiner Fantasie, dass sich mein Wunsch erfüllt hat, geht es noch wesentlich schneller. Wenn ich dann auch noch erwarte, dass sich dieser Wunsch erfüllen wird, geht alles wie von selbst und die Manifestation wird nicht lange auf sich warten lassen ...

Wenn ich aber Zweifel hinzugebe, wenn ich Angst davor habe, ob sich mein Wunsch auch wirklich erfüllt, dann bekomme ich auch genau davon mehr. Angst ist ein mächtiges Gefühl. Das ist Liebe und Dankbarkeit aber auch. Jeder hat immer die Wahl, darüber zu entscheiden, was er will. Positiv oder Negativ. Angst oder Mut. Liebe oder Hass. Freude oder Leid. Alles sehr starke Emotionen. Du hast die Wahl. So bewerten wir jeden Gedanken. Positiv oder Negativ. Bewertungen fliessen automatisch mit ein. Wir leben nun mal in einer Bi-polaren Welt. Alles hat seine zwei Seiten. Was zum einen schlecht ist, ist gleichzeitig fuer jemand anderen gut. Wie wir uns fühlen wird unserem Gehirn die Bewertung vorgeben. Aber bewerten bedeutet nicht Verurteilen oder zu missbilligen. Es bedeutet nur etwas zu werten oder beurteilen.

Denn Deine Gefühle entscheiden letztendlich darüber, was Du bekommst. Oder auch, was Du willst. Denn wenn Du Angst hast, dieses Gefühl Dir die Luft abschneidet oder Deinen Magen verkrampft, ist das sehr, sehr mächtig. Da hilft es auch nichts, sich ständig einzureden, dass man glücklich ist, Mut hat oder es einem gut geht. Wenn die Angst alles andere überlagert, ist das ein sehr mächtiges Gefühl. Und dieses Gefühl wird gewinnen. Warum ist das so? Ganz einfach: Weil Deine Gefühle letztendlich auch die Qualität Deiner Gedanken bestimmen. Wenn alles in Dir voller Liebe ist, was glaubst Du, wirst Du in Dein Leben ziehen? Richtig: Liebe. Von allen Lebewesen. Das ist relativ einfach. Denn Liebe ist das Stärkste aller Gefühle. Und Liebe auszustrahlen heißt, sich selbst immer zu lieben. Denn wenn Du Dich selbst liebst, kannst Du diese Liebe auch weitergeben. Ich weiß, ich wiederhole mich schon wieder. Aber wenn Du erst einmal verstanden hast, wie wichtig es ist, Liebe zu glauben, sehen und fühlen, dann verstehst Du auch, warum ich das hier immer wieder wiederhole. Du bestimmst selbst, was Du bekommst. Mit Deinen Gefühlen. Denn auf diese kannst Du ständig achten. Dein Gefühl kannst Du ständig überwachen. Denn wenn Du Dich schlecht fühlst, merkst Du es sofort. Und schon kannst Du etwas unternehmen oder denken, was Dich gleich besser fühlen lässt. Das hört sich einfach an, ist es aber für viele Menschen leider nicht. Warum werde ich jetzt ein wenig erläutern.

Ein einziger Gedanke ist circa 17 Sekunden in Deinem Gehirn, bevor der nächste mit dem gleichen Thema kommt. Dann wieder 17 Sekunden und so weiter. Nach einer Minute hast Du schon circa vier Gedanken mit dem gleichen Thema. Dazwischen liegen aber nochmal circa – vierzig bis sechzig Gedanken mehr, die einfach so in Deinem Kopf umherschwirren. Dein Gehirn ist wie ein Computer. Es reagiert und funktioniert unwahrscheinlich schnell. Es hört auch nicht auf, zu denken. Du kannst das Denken niemals ganz abstellen, nur verlangsamen. Und wenn die meisten Menschen für eine Minute diese Gedanken haben, dann befinden sie sich schon in einer Spirale nach unten. Sie lassen sich dann einfach gehen und lassen zu, dass sie sich dann immer schlechter fühlen. Und so reiht sich dann immer schneller ein Gedanke an den nächsten. Und schon gibt es kaum noch ein Entrinnen. So lange, bis sie wieder abgelenkt werden und andere Gedanken kommen. Sind diese aber auch negativ, na dann gute Nacht. Wenn ich negativ fühle, bekomme ich Negatives. Wenn ich positiv fühle, bekomme ich Positives. So einfach kann einfach einfach einfach sein.

Auf Dich wartet eigentlich ein wunderschönes, supertolles, wahnsinnig interessantes Leben. Aber der Einzige, der das bestimmt, ob Du es auch wirklich führst, bist Du selbst. Es liegt alles allein an Dir.

Aus dieser Spirale nach unten wieder herauszukommen, ist zwar am Anfang nicht ganz so einfach, aber mit ein bisschen Übung sollte es Dir gelingen. Was Du eigentlich nur tun solltest, ist ständig auf Deine Gefühle zu achten. Die meisten Menschen achten aber schon gar nicht mehr auf ihre Gefühle. Sie sagen vielleicht noch, dass sie sich schlecht oder gut bei einer Sache fühlen, aber das war es dann. Sich selber ständig gute Gefühle zu verschaffen, ist der Weg aus dem Keller. Wie aber kann jemand, der das nicht gelernt hat, bewerkstelligen? Denn die wenigen Menschen, die das können, leben immer glücklich. Das Geheimnis ist, dass ich einen „Wächter" in Form meiner Gefühle aktiviert habe und dann merke ich ja, dass ich mich auf dem Pfad der negativen Gedanken befinde. Und dann kann ich bewusst für positive Gedanken sorgen. Zum Verständnis, ich bezeichne meine Gefühle als meinen Wächter, da meine Gefühle darüber wachen, ob ich gerade positiv oder negativ drauf bin. Ich aktiviere meinen Wächter einfach, in dem ich mir selbst sage, dass ich sofort wissen will, wenn meine Gefühle ins Negative abdriften. Ich möchte Dir dafür ein wunderbares Beispiel geben: Nehmen wir einmal an, Du fühlst Dich schlecht, weil Deine finanzielle Situation schlecht ist. Beginnen wir mit Deinem Ist-Zustand. Begreife, dass es gut ist, wo Du gerade stehst. Vielleicht verstehst Du gerade nicht, warum es gut ist. Ich erläutere es Dir gerne: Es ist gut, weil Du nun weißt, bewusst weißt, dass Du in einer Situation bist, die Dir schlechte Gefühle verschafft. Und das ist der erste Schritt, um da rauszukommen.

Hier Dein Ist-Zustand:

- Ich habe nie genug Geld.
- Nach ein paar Tagen habe ich mein Gehalt schon ausgegeben.
- Ich verdiene einfach nicht genug, um davon gut leben zu können.

So fühlst Du Dich im Moment, das ist Deine Ist-Situation. Aber mit ein wenig Inspiration kannst Du Dich schon bald besser fühlen:

- Zumindest habe ich eine Arbeit.
- Auch wenn sie mich nicht befriedigt, weiß ich, ich verdiene mein Geld.
- Ich wünsche mir, ich hätte eine andere, bessere Arbeit, die auch besser bezahlt wird.
- Aber was soll ich denn machen, ich kann doch nicht viel anderes.
- Und auf dem Arbeitsmarkt sieht es auch nicht gerade rosig aus.

So, nun bist Du zwar immer noch in der Spirale nach unten, aber es sind erste Ansätze da, dass Du Dich gleich besser fühlen kannst.

- Ich habe diese Arbeit bekommen, also kann ich auch eine andere finden.
- Andere haben das ja auch geschafft.
- Ich habe mich ja im Laufe der Zeit auch weiterentwickelt, also kann ich jetzt auch Aufgaben mit mehr Verantwortung übernehmen.
- Ich habe immerhin auch diese Arbeitsstelle Jahre behalten.
- Und ich weiß, ich kann eigentlich mehr.
- Ich glaube, ich kann mich auch woanders bewerben und andere Aufgaben übernehmen.
- Ich weiß, dass ich unendlich viele Möglichkeiten habe.
- Ich werde mich einfach woanders bewerben. Und ich weiß, wenn ich wirklich will, dann kann ich das auch. Es ist mir ja auch leichtgefallen, diesen Job zu bekommen.

So, nun bist Du wieder auf dem Weg nach oben. Du hast es selbst erreicht, Du hast nur die Qualität Deiner Gedanken verändert. Zwar hat sich Deine Situation noch nicht verbessert, aber Du weißt nun, was Du tun willst. Und ab jetzt wird es einfacher. Du brauchst immer nur dafür zu sorgen, dass Du ein gutes Gefühl hast, und Deine Gedanken immer positiv ausrichten.

Dann geht alles wie von selbst. Und je öfter Du das praktizierst, umso einfacher wird das. Du kannst es.

- Es gibt viele gut bezahlte Jobs, die ich mir durchaus zutraue.
- Viele meiner Freunde verdienen mehr Geld. Ich kann das auch.
- Es gibt eine Menge Millionäre. Was die können, kann ich auch.
- Nun schau einer an. Gerade war ich noch pleite und nun denke ich daran, Millionen zu haben.

Du hast zwar auch jetzt zu diesem Zeitpunkt nicht einen Cent mehr, aber Deine Stimmung hat sich wesentlich verbessert. Und mit dieser positiven Schwingung wird es Dir gelingen, dauerhaft das zu erreichen, was Du erreichen willst. Aber Du wirst die Übung öfter machen müssen. Dein Alltag wird wieder zurückkehren und Deine Aufmerksamkeit komplett beanspruchen. Du wirst also wieder bemerken, dass Deine finanzielle Situation so ist, wie sie ist. Aber mach einfach diese Übung immer und immer wieder. Dann wird sich der Erfolg einstellen. Alte Glaubensmuster und Gedankengänge aufzulösen dauert ein wenig und erfordert Beharrlichkeit und Geduld. Aber Du kannst es. Glaube immer an Dich selbst.

Fahre nur immerzu damit fort, Gedanken zu wählen, die sich positiv und gut anfühlen. Energy flows, where attention goes. Soll heißen: Wenn Du fortwährend positive Gedanken hast, dann wird sich Dein gesamtes Leben verbessern. Energie folgt der Aufmerksamkeit. Siehst Du etwas Wunderbares, folgt Dir die Energie und gibt Dir mehr davon. Siehst Du alles schlecht und böse, folgt Dir die Energie und gibt Dir mehr davon. In Sachen Geld kannst Du einfach immer Folgendes denken:

- Ich habe immer Geld im Überfluss.
- Ich wünsche mir immer etwas, auch kostspielige Dinge, und ich fühle mich wohl dabei.
- Ich weiß nun, dass alles, was ich mir wünsche, für mich leicht und spielend erreichbar ist.
- Alles, was ich will und klar vor mir sehe, bekomme ich auch. Meine Wünsche erfüllen sich alle.

- Ich verstehe jetzt, warum für manche Menschen alles spielerisch und leicht erreichbar ist.
- Wenn ein Wunsch in mir ist und ich ihn mit Energie fülle, dann findet sich ein Weg, ihn Wirklichkeit werden zu lassen.
- Ich kann mich immer auf mein Gefühl verlassen, egal was ich will, ich treffe immer die richtige Entscheidung.
- Es ist faszinierend und beeindruckend, welche Möglichkeiten mir offenstehen.
- Alle Wege führen zu meinem finanziellen Erfolg.

Diese Übung kannst Du mit allem machen, was Dich herunterzieht. Wenn also Dein Gefühl, Dein Wächter, Dir sagt, Du fühlst Dich miserabel, dann suche Dir einfach Gedanken, die sich besser anfühlen. Mehr und mehr. Du hast immer die Wahl: Du kannst Dich arm denken und jämmerlich oder reich und voller Wohlstand. Was willst Du, mein lieber Leser?

Und Du wirst feststellen, dass Du dann selbst in dieser Situation wieder lächeln kannst. Ein schöner Ausspruch ist auch: „Lächel Deine Sorgen einfach weg." Aber dazu später mehr.

Esther und Jerry Hicks bezeichnen in Ihren Büchern negative Gedanken als stromaufwärts gerichtete Gedanken und positive Gedanken als stromabwärts gerichtete Gedanken. Ich erläutere mal kurz, wie das gemeint ist: Wenn Du Dich in Dein Boot setzt, um eine Flussfahrt zu machen, und Du Dein Boot im Wasser stromaufwärts ausrichtest, dann paddelst Du und paddelst Du, ohne wirklich von der Stelle zu kommen. Irgendwann gibst Du auf. Und ab da lässt Du Dich treiben und merkwürdigerweise geht alles plötzlich wie von selbst. Also sind in diesem Fall Deine negativen Gedanken und Gefühle stromaufwärts gerichtet und Deine positiven Gedanken und Gefühle stromabwärts. Ich persönlich finde, dass dies die beste Umschreibung ist, die es gibt. Ich kann immer gegen den Strom paddeln oder alles mühelos erreichen und mich treiben lassen. Alles ist in göttlicher Ordnung. Wir lassen es bloß nicht zu.

Meine Frau kann das auch manchmal ganz gut. Dann regt sie sich über etwas auf oder ist enttäuscht, und dann ist ruckzuck das Boot stromaufwärts gerichtet und dann wird gepaddelt und gepaddelt und gekämpft bis zum Umfallen. Manchmal erreicht sie so auch ihr Ziel. Aber zu welchem Preis? Damit sie vor sich selbst rechtfertigen kann, dass sie das dann auch verdient hat? Und was geschieht, wenn das Ziel mit Kämpfen nicht erreicht wird? Nun, dann fängt man wieder von vorne an. Leben ist Kampf und der muss gekämpft werden bis zum Umfallen. Stimmt's? Ich sehe das anders. „Das Leben ist im Fluss" oder „das Leben ist wie ein Fluss". Kennst Du diese Aussagen? Das sind Aussagen aus dem Fernen Osten. Zenmeister leben danach. Und zwar glücklich. Ich weiß, das habe ich alles schon mal erwähnt, aber es ist wichtig, dass Du auch alles einhundertprozentig verstehst. Vorausgesetzt Du willst das auch! So bestimmen unsere Gefühle unser Leben und die meisten Menschen bemerken es nicht einmal. Lassen es zu, dass sie sich selbst verletzen, sich selber runterziehen. Dabei ist es eigentlich relativ einfach, sich selber Glücksgefühle zu verschaffen. Dafür möchte ich zum Schluss dieses Themas auf den Begriff Schwingungen eingehen. Denn es ist eigentlich das Geheimnis für das, was mir selbst oder Dir lieber Leser widerfährt. Was sind denn überhaupt Schwingungen? Schwingungen kann man kaum messen, aber es gibt sie. Ähnlich wie Elektrizität, man kann sie nicht sehen, aber sie ist da. Und so ähnlich funktionieren auch Schwingungen. Sie brauchen keine Leitungen, sie geben Deinen Gemütszustand auch so weiter. Schwingungen sind das, was den anderen erreicht, wenn Du an ihn denkst oder ihr euch seht. Zumindest, wenn der andere Seine Gefühle nicht gerade im Eisschrank lagert. Aber Schwingungen sind pausenlos unterwegs. Immer und ständig. Und wir können sie fühlen, wenn wir das zulassen. Gedanken sind auch Schwingungen. Es funktioniert genauso wie mit den Gefühlen. Man kann zwar nicht Gedanken lesen, aber die Schwingungen spüren, die von den Gedanken ausgehen. Und so kann jeder seine Schwingungen bewusst steuern, ob sie positiver oder negativer Art sind. Wie sie beim anderen ankommen ist auch abhängig davon, wie er sich selbst fühlt. Wenn jemand nur negativ ist, wird er sich kaum von positiven Schwingungen beeindrucken lassen, weil er die gar nicht bemerken wird. Gleiches zieht Gleiches an.

Aber das Beeindruckendste ist für mich: Wenn jeder einzelne Mensch auf seine Schwingungen, Gefühle und schlussendlich auch Gedanken achten würde und nur noch positiv ausgerichtet wäre, hätten wir eine Welt voller Liebe. So einen Traum gibt es. Und je mehr Menschen ihn träumen, umso wahrer wird er. Und das Schönste daran wäre, jedem Lebewesen ginge es gut. So schön können Gedanken sein. So schön können Gefühle sein und dann sind auch Deine Schwingungen so positiv, dass alles im Fluss ist. Und zwar wirklich alles. Jeder träumt irgendwie davon, aber keiner will es wirklich leben. Denn wenn es jeder wollte, warum tun es dann nur circa fünf Prozent der Menschen? Mehr sind es sehr wahrscheinlich nicht. Bevor ich dieses Buch schrieb, habe ich mich hier in den USA mit sehr vielen Menschen unterhalten, habe immer Fragen gestellt, was sie denn für ihr Leben wollen. Die Antworten die ich bekam, waren zu 95 Prozent: Ich will NICHT das und dieses. Die wenigsten Menschen konnten mir sagen was sie wirklich wollen. Zu wissen, was ich nicht will, trägt ganz bestimmt nicht dazu bei, ein glückliches Leben zu führen. Was ist denn überhaupt Glück oder Glücklich sein? Auf Englisch lautet es: Happiness is the function of accepting what is. Übersetzt bedeutet es: Glück ist, zu akzeptieren was ist. Und auch das können die wenigsten Menschen. Etwas zu akzeptieren bedeutet nicht es zu lieben oder gut zu finden. Oder ist mir doch egal. Es bedeutet nur, Es ist was es ist. Und wenn ich das begriffen habe, kann ich loslassen und nach vorne schauen. Es gibt genügend Bücher und Filme über dieses Thema. Aber die meisten Menschen sind zu bequem, sich damit zu beschäftigen. Sie wollen sich auch gar nicht mit sich selbst beschäftigen. Und warum? Aus Angst. Angst davor, sich lächerlich zu machen oder sich selbst zu finden oder aber zu versagen, vielleicht auch aus Angst zu entdecken, was bisher in ihrem Leben so falsch gelaufen ist und dafür dann die Verantwortung zu übernehmen. Es ist ja auch immer einfacher, den anderen die Schuld zu geben. Man ist fein raus und braucht auch nichts ändern, denn wenn der andere oder die Situation schuld ist, kann ich ja nichts ändern. Das würde dann aber aufhören. Denn wenn ich die Schuld nicht mehr anderen gebe, würde das ja bedeuten, dass ich selbst alles alleinig zu verantworten habe. Das ginge ja zu weit. Oder, mein lieber Leser?

Aber nur mit Eigenverantwortung werde ich meine Schwingungen verbessern können. Alles andere ist nicht möglich. Denn nur mit Eigenverantwortung ist es mir möglich, etwas zu verändern. An mir selbst und an meiner Situation. „Das Leben fließt so einfach."

Ich weiß, ich wiederhole mich auch da schon wieder. Aber zu erkennen, zu begreifen, wie wichtig dieses Thema ist, damit Dein Leben richtig schön wird, ist mir wichtig. Und so wirst Du erst alles immer besser verstehen, wenn Du es mehrmals gelesen hast. Es ist Deine Entscheidung, dies so anzunehmen oder es zu lassen. Es ist Deine Entscheidung, dieses Buch zu lesen. Was Du wirklich willst oder Du wirklich glaubst, wird Dir auch widerfahren. Du erschaffst mit Deinen Schwingungen, Gefühlen und Gedanken Deine Realität. Ob Du das glaubst oder nicht. Du allein ...

Dein Leben – Die Zukunft

Ja, die Zukunft. Jeder weiß, es gibt sie. Nur was in der Zukunft passiert, das weißt Du nicht. Du kannst Deine Weichen aber so stellen, dass alles für Dich harmonisch läuft oder unharmonisch. Die meisten Menschen haben Angst vor der Zukunft. Warum nur? Weil sie nicht daran glauben, dass ihr Denken und Fühlen, also ihre Schwingungen dafür verantwortlich sind, wie ihre Zukunft aussieht. Du, mein lieber Leser, hast jetzt die Möglichkeit, ohne Ängste in die Zukunft zu schauen. Du, mein lieber Leser, kannst jetzt Deine Zukunft rosig und wunderschön gestalten. Wie? Ich erläuter Dir das mal.

Was wäre, wenn Dir jetzt jemand sagen würde, Deine Zukunft sieht nach Reichtum, Liebe und Wohlstand aus. Es gibt nur eine Kleinigkeit, die Du dafür tun müsstest. Du musst einfach immer und ständig nur voller Liebe und Dankbarkeit sein. Was würdest Du darauf wohl antworten? Ich glaube, „So ein Blödsinn“ wäre noch das Harmloseste, was Du sagen würdest. Stimmt's?

Was wäre, wenn Dir jetzt jemand sagen würde, Du kannst alles in Deinem Leben erreichen, was Du wirklich willst. Es gibt nur eine Kleinigkeit, die Du zusätzlich dafür tun müsstest. Du musst nur einfach immer und ständig daran glauben, dass Du alles, was Du willst, auch erreichst. Alles, was Du dafür tun musst, ist im Endeffekt nur, dass Du an Dich glauben musst. An Dich selbst. Also Dir selbst vertrauen. Was würdest Du darauf wohl antworten? Ich denke, „Jetzt ist der völlig durchgedreht“ würde es wohl annähernd treffen. Richtig?

Mein lieber Leser, Du kannst dazu sagen, was Du willst, aber genau so ist es. Das ist eigentlich schon fast alles. Wichtig ist: dass Du wirklich an Dich glaubst. Wirklich an Dich glauben kannst Du aber nur, wenn Du von Dir überzeugt bist. Deine Überzeugungen, Glaubenssätze, Dein wahres Ich, also Deine Identität und worauf Du Deine Aufmerksamkeit lenkst. Das macht Dich aus und das macht dann auch Deine Gegenwart und Zukunft aus. Du bist die Summe der Erfahrungen, die Du jetzt lebst. Du bist also, was Du erlebst, erlebt hast und auch erleben wirst. Und das wird zu über 95 Prozent von Dir abhängig sein. Also wirst Du auch dafür verantwortlich sein, was Du letztendlich bekommst und bekommen wirst. Aber wer will schon für sein eigenes Leben verantwortlich sein? Denn schuld sind doch immer die anderen, nicht wahr, mein lieber Leser? Aber es geht niemals um Schuld. Es geht um Verantwortung. Und erst wenn Du Verantwortung für Dein Leben und alles, was darin geschieht, übernimmst, erst dann kannst Du wirklich etwas zum Besseren verändern. Aber bleiben wir bei der Zukunft.

Im eigentlichen Sinne verwischen Vergangenheit, Gegenwart und Zukunft. Denn die Vergangenheit war mal heute, die Gegenwart ist heute und die Zukunft wird mal heute. Nur, die Vergangenheit kannst Du nicht mehr ändern, in der Gegenwart erlebst Du Deine Realität und Deine Zukunft kannst Du nur in der Gegenwart für Dich verändern. Also praktisch gesehen ist alles eins. Und wenn alles praktisch eins ist, dann gibt es auch keine Trennung mehr. Und wenn es keine Trennung mehr gibt, dann gehört alles zusammen. Und wenn alles zusammen gehört, dann weißt Du doch instinktiv, alles ist wirklich gut. Oder? Wozu dann alles und jeden trennen? Du bist doch nur wirklich glücklich, wenn Du alles als eins ansiehst. Jede Pflanze, ob Baum, Strauch oder Blume, jeder Stein, jedes Tier, jeder Mensch ist praktisch eins mit Dir. Wenn Du das jetzt einmal wertfrei so annimmst, stelle Dir doch mal Deine Zukunft bildlich vor. Du bist in Frieden und Liebe mit allem und jedem. Du bist vollkommen zufrieden, Du bist glücklich und reich.

Und schwupps, aufgewacht, befindest Du dich wieder hier. So wie Du jetzt bist. Deine Zukunft kann so sein. Aber willst Du das auch? Wenn ja, dann schau noch mal ein paar Zeilen höher nach. Deine Zukunft, Dein Leben. Du bestimmst alles selbst.

Fühltest Du Dich in Deiner Vergangenheit erfolgreich? Oder fühlst Du Dich jetzt gerade erfolgreich? Wenn Du diese Frage mit Nein beantworten solltest, nur für Dich selbst, dann frage Dich, warum Du Dich nicht als erfolgreich siehst. Aber ich kann Dir die Antwort auch geben: Du fühlst Dich nicht erfolgreich, weil Du vieles an Dir selbst nicht magst. Du fühlst Dich wahrscheinlich als Versager. Vielleicht verdienst Du nicht genug Geld, um Dich erfolgreich zu fühlen. Denn die meisten Menschen machen ja Geld als Ursache für Erfolg aus. Das ist in meinen Augen Blödsinn. Wenn Geld die Ursache für Erfolg wäre, dann wäre ja jeder, der weniger Geld oder kein Geld hat, automatisch erfolglos. Oder ein Versager. Ich kann versichern, dass es Menschen gibt, die sich erfolgreich fühlen, obwohl sie nicht viel Geld haben. Aber die Frage ist doch: Wer bestimmt eigentlich, ob Du erfolgreich oder erfolglos bist? Du allein ist die einzige richtige Antwort. Aber solange Du anderen die Macht gibst, über Dein Leben zu bestimmen, über Deinen Erfolg zu entscheiden, so lange wirst Du Dich auch als Versager oder erfolglos fühlen. So lange wirst Du niemals Du werden. Wie lange willst Du also in Deiner Zukunft noch erfolglos sein? Erfolgreich sein, reich sein, glücklich sein ist also nichts anderes als eine Entscheidung. Das Gleiche gilt für die negative Seite. Denn Du allein entscheidest das. Du allein weißt schließlich, was Du willst. Und wenn andere sagen, dass Du ein Versager bist oder Ähnliches, dann lass sie reden. Sie müssen halt über andere urteilen. Es ist nichts Schlimmes, aber Du musst schließlich nicht denken wie sie. Wenn sie Dich verletzen wollen, dann entscheidest Du, ob sie es auch schaffen. Merkst Du etwas, merkst Du die Veränderung? Du kannst nun Deine Zukunft verändern. Du kannst sofort anfangen, Deine Gedanken auf Erfolg, auf glücklich, auf Reichtum zu fokussieren. Du kannst Dich sofort besser fühlen. Die meisten Menschen suchen nach Gründen, nach Argumenten für positive Gedanken. Ich gebe Dir einen Grund: Dein Leben. Noch ein Grund? Deine Gesundheit. Es gibt zig Gründe. Ob Du glücklich sein willst, zufrieden, voller Liebe oder harmonisch, es ist alles nur eine Entscheidung. Und diese Entscheidung kannst Du jetzt treffen, sie wird Deine Zukunft wahnsinnig beeinflussen. Aber niemand sonst wird das beeinflussen, nur Du allein. Alles, was in Deinem Leben geschieht, bekommst Du durch Deine Entscheidungen. Auch wenn Du denkst, dass Du keine Entscheidung triffst, ist das doch auch eine Entscheidung. Es ist Deine Geschichte, die Du erzählst. Immer wieder neu. Keine Entscheidung ist auch eine Entscheidung. Gehe hin und lebe, wie Du magst. Es ist nichts Verkehrtes daran. Die Frage, die Du Dir immer wieder stellen solltest, ist: „Bin ich glücklich, bin ich wirklich glücklich und zufrieden? Jede Sekunde?“ Und diese Frage kannst nur Du Dir allein beantworten. Und so bestimmst Du Deine Zukunft. Du wirst einfach bewusster leben. Mehr auf Deine Gedanken achten, mehr auf Deine Gefühle achten. Deine Zukunft wird plötzlich rosiger. Alles wird einfacher, leichter. Du wirst weniger kämpfen müssen. Und wenn Du weniger kämpfen musst, wirst Du auch immer weniger kämpfen wollen. Du wirst nach und nach immer mehr den Fluss des Lebens schätzen. Du wirst dann immer mehr dem Leben, also Gott, vertrauen. Und wenn Du das geschafft hast, dann wirst Du immer mehr feststellen, wie schön es ist, so glücklich zu leben.

Es ist Deine Zukunft, über die Du bestimmst. Vielleicht wirst Du in diesem Moment daran denken, dass Dein Leben bisher nicht so verlaufen ist, wie Du es wolltest. Das ist auch in Ordnung. Vielleicht denkst Du in diesem Moment auch, dass Du bisher ja doch nicht so erfolgreich warst und die anderen haben recht mit dem, was sie behaupten. Darauf sage ich Dir: „Sie haben immer recht.“ Allerdings – Du aber auch. Es ist deren Sichtweise. Und das, was Du siehst und glaubst, ist Deine Sichtweise. Jeder hat seine Wahrheit. Erst wenn Du denkst, Du bist erfolglos, dann stimmt das auch. Aber wenn Du anfängst, darüber nachzudenken, dass Deine Wahrheit genau so richtig ist wie die der anderen, dann kommst Du vielleicht zu dem Schluss, dass Du bis jetzt sehr wohl erfolgreich warst, aber Du nun noch erfolgreicher werden kannst. Hast Du das verstanden, mein lieber Leser? Fange einfach mal an, in Deinem Leben aufzuschreiben, was Du erreicht hast. Deine Zukunft hängt davon ab …

Warum ist das Aufschreiben von erledigten, erreichten und abgeschlossenen Dingen so wichtig für Dein Leben? Es gibt zwei gute Gründe dafür. Der erste Grund ist: Deine Gesundheit. Aber lass mich zuerst auf den zweiten Grund eingehen. Der zweite

Grund ist: Du fühlst Dich danach besser. Und nicht nur besser, Du fühlst Dich wahrscheinlich sogar richtig gut. Und das ist der Moment, in dem Du Dich erfolgreich fühlen kannst. Denn das alles hast Du in Deinem Leben ja schon geschafft. All diese Dinge sind erledigt. Du bist kein Versager, Du bist erfolgreich. Jeden Morgen, wenn Du aufwachst, hast Du bisher immer an die Dinge gedacht, die Du an jenem Tag noch erledigen musst. Und dabei fühltest Du Dich meistens nicht gut. Wieder allem hinterherlaufen. Richtig? Du kamst nie zur Ruhe. Wenn Du nun morgens aufwachst, denke zuerst an das, was Du schon alles erledigt hast, gestern, vorgestern, die letzte Woche oder gar den letzten Monat oder Monate. Dann startest Du mit einem absoluten Wohlgefühl in den Tag. Und dann kannst Du beruhigt an das rangehen, das Du alles noch erledigen willst. Du weißt ja nun, dass Du das alles locker und ruhig schaffen kannst. Du weißt ja nun, dass Du erfolgreich bist. Jeden Morgen kannst Du das tun. Und zusätzlich noch jeden Abend vorm Einschlafen, wenn Du im Bett liegst. Denke einfach darüber nach, wie schön der Tag war, was Du alles geschafft hast. Und wenn Du es Dir nur hast gut gehen lassen, dann freue Dich im Nachhinein darüber. Denn dann hast Du auch das richtig gemacht und Dir gegönnt. Gut so. Aber denke über die positiven Sachen nach. Bevor Du einschläfst, habe einfach immer ein gutes Gefühl. Denn mit diesem Gefühl wachst Du morgens auf. Und dann mache das, was ich oben beschrieben habe. Denke immer zuerst an das, was Dich glücklich macht, also das, was Du schon erledigt hast ... Das ist der Weg, um sich auch erfolgreich zu fühlen.

Warum ist es so wichtig, erfolgreich zu denken? Ganz einfach. Der Erfolg geht zu denen, die sich erfolgreich fühlen. Und um sich erfolgreich zu fühlen, musst Du erst erfolgreich denken. Und das ständig. Der Weg dorthin verlangt schon ein wenig Disziplin und ein bewussteres Denken und Fühlen. Jedoch ist es einfach machbar, wenn Du das wirklich willst. Aber wenn Du so weiterleben willst, wie bisher, dann lebe so weiter. Es ist nichts Verkehrtes dabei. Du entscheidest das. Deine Zukunft liegt in Deiner Hand.

Um sich erfolgreich zu fühlen, ist es sehr hilfreich, sich glücklich zu fühlen oder besser noch, einfach immer glücklich zu sein. Denn wer immer glücklich ist, hat ja keine Zeit, unglücklich zu sein. Aber wer ist schon immer glücklich? Zugegeben, es ist nicht immer leicht. Aber es ist möglich. Glücklich kann aber nur der sein, der alles lieben kann. Wenn Du alles lieben kannst, dann kannst Du in Zukunft Dein Leben glücklich und erfolgreich leben. Aber wer kann schon alles lieben? Ja, ich weiß, das ist nicht einfach und erfordert ein komplett anderes Denken. Was meine ich damit? Ich meine, dass alles zu lieben bedeutet, dass ich wie Gott fühlen und denken muss. Und der wesentlichste Unterschied ist der, dass Gott nichts und niemanden bewertet. Alles, was ich bisher zu diesem Thema geschrieben habe, habe ich in diesem Buch schon mal erwähnt. Ich weiß. Aber jeder Mensch braucht Wiederholungen, um etwas zu lernen. Und ich wiederhole es immer und immer wieder. Weil es so unsagbar wichtig ist. Um wieder auf Gott zurückzukommen: Gott bewertet nichts. Wie schon gesagt. Aber warum tut Gott das nicht? Weil für Gott alles gut und richtig ist. Jetzt kommen Menschen daher und behaupten, das ist ja dann auch eine Bewertung. O Gott, ja, es ist irgendwie auch eine Bewertung. Aber was für eine Bewertung habe ich denn, wenn ich keinen Unterschied mache und alles für mich gleich ist? Gleich gut und auch gleich richtig. Ich kann doch eigentlich nur etwas wirklich bewerten, wenn ich Unterschiede mache. Wenn ich alles gleich sehe, dann sehe ich alles gleich. Und dann ist es eigentlich weder gut noch schlecht. Es ist. Und dann kann nur alles gut sein. Denn ich sehe alles im gleichen Licht. Ich rege mich nicht mehr auf, ich bleibe immer ruhig. Ich freue mich immer und stets über alles. Wenn mir jemand etwas Böses antun will, kann ich lächeln. Denn ich weiß, mir geht es gut. Ich verurteile es ja nicht mehr. Damit tun sich aber die meisten Menschen sehr schwer. Warum ist das so? Weil sie alles anders gelernt haben. Jeder hat gelernt, dass es so etwas wie Ungerechtigkeiten und Gerechtigkeiten gibt. Das wurde uns ja nun beigebracht. Nur wenn wir das genauso denken, werden wir weiterhin Kriege und Konflikte haben. Wie schon vorher in diesem Buch erwähnt. Hast Du Dich jemals gefragt, ob das alles so richtig ist, was man Dir beibrachte? Hast Du Dich jemals gefragt, ob wirklich alles stimmt, was man Dir erzählte? Aber es waren doch unter anderem Deine Eltern, die Dir das beigebracht haben und die können es doch nicht wirklich getan haben, weil sie mir etwas Schlechtes wollten ... Das hat auch niemand behauptet. Aber sie wussten es selbst nicht besser. Und so lebtest Du Dein Leben mit Konflikten, mit der Einstellung, das sei ja vollkommen normal, denn die meisten Menschen tun das doch auch. Aber nur weil es viele tun, musst Du es auch tun? Die Frage ist immer noch dieselbe: Bist Du damit glücklich? Ich weiß, schon wieder eine Bewertung. Aber wenn Du glücklich sein willst, wirst Du Dich das fragen müssen. Und dann gib Dir selbst die Antwort. Es ist Deine Zukunft, über die ich hier schreibe. Ich habe mein Leben gefunden. Ich habe meine Mitte gefunden. Ich habe mich gefunden, mit allen Sinnen und Gefühlen. Ich habe mich entschlossen zu vergeben, zu lieben und glücklich sein. Meine Zukunft ist einfach wundervoll. Was ich lebe, ist LIEBE! Und was lebst Du, mein lieber Leser?

Viele Menschen können ihre Zukunft nicht rosig sehen, weil ihre Vergangenheit alles andere als rosig war. Und sie lassen ihre Vergangenheit so nicht los. Und die Vergangenheit lässt sie nicht los. Sie können auch nicht verzeihen. Sie können anderen Menschen nicht verzeihen. So tragen sie diesen Groll, diesen Ärger mit sich herum. Der andere, was immer er auch getan haben mag, lebt vielleicht schon in Ruhe und Frieden woanders, hat vielleicht komplett neu angefangen und erinnert sich noch nicht einmal mehr an diese Geschichte. Aber Du schon. Und Du kannst ihm nicht vergeben. Warum? Weil es Dir als ungerecht erscheint. Und so frisst Du es weiter in Dich hinein. Es frisst Dich innerlich auf. Und irgendwann kommt der Krebs, Dein Immunsystem versagt nach all dem Stress und daraus werden Tumore und die fressen Dich innerlich auf. Denn was Du nicht loslässt und festhältst, stirbt irgendwann. Soll heißen, dass Du so ein nicht lebenswertes Leben führst. Und wenn Du ein nicht mehr lebenswertes Leben führst, wird Dein Gehirn alles dafür tun, um Dir gerecht zu werden. Und mit Tumoren ist das Leben nicht schön. Um es einmal positiv auszudrücken: Dein Körper wird irgendwann auf Deinen geistigen Zustand reagieren, ob Du Dir dem bewusst bist oder nicht. Wenn Dich innerlich etwas auffrisst, eine Geschichte, die passiert ist, und Du jemand anderem die Schuld gibst, wird Dich irgendwann etwas auffressen, von innen heraus. Und somit sollst Du ihm auch nicht vergeben, weil er es verdient hat. Vergib ihm nicht um seinetwillen, vergib ihm um Deinetwillen. Denn es frisst Dich auf, nicht ihn. Du bist unzufrieden, nicht er. Du bist derjenige, der sich unwohl fühlt, der Konflikte hat. Erst wenn Du ihm vergibst, findest Du Deinen Frieden. Und wenn Du Deinen Frieden hast, kannst Du auch wieder rosig in die Zukunft sehen. Und wenn es das ist, was Du willst, dann vergib ihm einfach. Du kannst der Vergangenheit nicht davonlaufen. Wenn Du keinen Frieden mit ihr hast, wird sie Dich auch in Zukunft verfolgen. Hast Du Deinen Frieden mit ihr, dann bist Du auch zufrieden. In dem Wort *Zufrieden* steckt das Wort *Frieden* schon drin. Also frei übersetzt bedeutet es nichts anderes als das: Wenn Du Frieden in Dir hast, dann bist Du auch zufrieden. Das Gleiche gilt auch für das Wort Glück. Du kannst nur auf Dauer Glück haben, wenn Du glücklich bist. Das Glück kommt zu Dir, wenn Du glücklich bist. So einfach. Das, was Du entscheidest, wird Dein Glück. Oder halt Unglück.

Und so komme ich jetzt auf den ersten Grund dafür zurück, warum es wichtig ist, dir einfach mal aufzuschreiben, was Du in Deinem Leben schon erreicht hast: Deine Gesundheit. Was hat Deine Gesundheit mit dem Aufschreiben Deiner Erfolge zu tun? Eine ganze Menge. Es geht hier einfach um das Wohlfühlen. Auch für Deine Zukunft. Wenn Du Dich erfolgreich fühlst, fühlst Du Dich wohl. Wenn Du Dich glücklich fühlst, fühlst Du Dich wohl. Wenn Du Dich voller Frieden fühlst, fühlst Du Dich wohl. So kann ich das Buch weiter und weiter füllen. Wenn Du Dich wohlfühlst, bist Du gesund. Und wenn Du gesund bist, ist Dein Körper zu Höchstleistungen fähig. Also hat alles, was ich hier anführe und wo ich Dich auch versuche, hinzuführen, mit Deiner Gesundheit zu tun. Und somit tust Du dann auch alles für Deine Gesundheit. Je besser Du Dich fühlst, umso gesünder bist Du. Das ist ein Kreislauf. Denn je gesünder Du Dich fühlst, desto vitaler bist Du. Und je vitaler Du bist, umso einfacher wirst Du Deine Aufgaben und Arbeiten erledigen. Und je einfacher Dir alles gelingt, umso glücklicher bist Du. Und je glücklicher Du Dich fühlst, umso besser geht es Dir. Und wenn es Dir richtig gut geht, bist Du vollkommen gesund. Auch Deine Vergangenheit mit all ihren Facetten gehört dazu. Deshalb sieh für Dich Glück und Zufriedenheit. Denn dann bist und bleibst Du gesund. Alle negativen Gedanken stören Deine Gesundheit. Lebe glücklich, lebe gesund. Ein Motto, das Dir den wichtigsten Grund gibt, Dein Leben bewusster und glücklicher zu leben. Deine Vergangenheit war, Du kannst sie nicht ändern. Wenn Du heute in der Gegenwart noch Krankheiten und Gebrechen aus der Vergangenheit haben solltest, dann kannst Du heute dafür sorgen, dass sie in Zukunft verschwinden und Du gesund bist. Nur anfangen damit musst Du selbst. Du bist Deines Glückes Schmied. Erinnerst Du Dich?

Deines Glückes Schmied zu sein bedeutet nicht, sich zu begrenzen. Es bedeutet, dass Du Dich als ein grenzenloses Wesen ansiehst. Wenn Du Dir selber Grenzen setzt, wirst Du in dem Moment erkennen, dass Du an Deine Grenzen stößt. Wenn Du Dich aber als grenzenloses Wesen ansiehst, kannst Du alles schaffen. Du bist derjenige, der das entscheidet. Grenzen finden nur in Deinem Kopf, in Deinen Gedanken statt. Nirgendwo sonst. Und wenn Du siehst, dass andere Menschen gescheitert sind, dann sind sie gescheitert, weil sie selbst nicht daran geglaubt haben, es zu schaffen. Eigentlich noch schlimmer, denn sie haben nicht an sich selbst geglaubt. Hätten sie es fest und unerschütterlich getan, dann wären sie nicht gescheitert. Aber das ist deren Erfahrung. Deine kann eine ganz andere sein. Von daher: Lass Dich nicht begrenzen und begrenze Dich nicht selbst. Sich zu begrenzen heißt eigentlich auch nichts anderes, als seine Träume zu begraben, weil Du glaubst, dass sie sich sowieso nicht erfüllen. Du bestimmst letztendlich darüber, welche Deiner Träume sich erfüllen. Es können alle sein, wenige oder gar keine. Es sind Deine Grenzen. Wo Du in Zukunft stehst, bestimmst Du selbst. Ich sehe keine Grenzen für mich. Ich weiß, ich bin ein grenzenloses Wesen. Und da ich das weiß, glaube ich an mich, an meine Fähigkeiten, alles zu schaffen. Und so gehe ich Schritt für Schritt weiter. Mein Weg ist das Ziel, denn der Weg endet nie. Der Weg, den ich gehe, ist voll wunderbarer Erlebnisse. Ich liebe meine Zukunft. Ich liebe, dass alles Positive zu mir kommen wird. Ich liebe, dass mein Leben positiv ist. Denn egal wie schlimm etwas erscheinen mag, es hat alles seinen Sinn. Denn aus diesen so schlimmen Situationen erwachsen auch sehr schnell wieder neue Möglichkeiten. Aus diesen Situationen gehst Du gestärkt wieder hervor, wenn Du es richtig gut anstellst. Du wirst alles meistern, was Du auch wirklich meistern willst. Und wenn ich bewusst lebe, dann erkenne ich den Sinn dahinter auch recht schnell. Dein Leben kann genauso grenzenlos sein. Grenzenlos jetzt und in der Zukunft. Ob Deine Vergangenheit so grenzenlos war oder nicht, spielt dabei überhaupt keine Rolle. Was Du damals in Deiner Vergangenheit als Zukunft gesehen hast, ist jetzt Deine Gegenwart. So einfach.

Wie Du siehst, hängt Deine Zukunft sehr wohl mit Deiner Vergangenheit zusammen. Und natürlich mit Deiner Gegenwart. Denn in Deiner Vergangenheit hast Du auch immer an Deine Zukunft gedacht. Und waren vielleicht sehr viele angstvolle Gedanken dabei? Wie geht es weiter, was soll ich nur machen, wie soll ich zukünftig nur meine Rechnungen bezahlen? Waren diese Fragen manchmal da? Aber wie Du siehst, ist es auch da weitergegangen. Irgendetwas geschah immer. Irgendetwas ging immer. Was es auch war, Du bist bis hierhergekommen. Zwar manchmal mehr schlecht als recht, aber Du stehst heute da, wo Du jetzt stehst. Nicht mehr, nicht weniger. Ich kann nicht wissen, wie es Dir wirklich geht. Das weißt nur Du selbst. Aber ich kann Dir Mittel und Wege aufzeigen, damit Du Dich dauerhaft glücklich fühlst. Was in Deiner Vergangenheit war, war ja irgendwann davor auch mal Deine Zukunft. Da wir Menschen aber heutzutage mehr unbewusst als bewusst leben, vergessen wir auch wieder, was damals wahr. Erst wenn wir wieder in eine ähnliche Situation schlittern, erinnern wir uns wieder daran. Und dann sind es meistens keine schönen

Gedanken. Wenn wir uns aber daran erinnern, wäre es doch sicher besser, sich zu sagen: Ich habe es damals geschafft, ich schaffe es wieder. Das ist die Basis, um wieder in die richtige Richtung zu kommen. Und Du wirst Dich besser und besser fühlen. Aber Du musst nicht dafür kämpfen. Stell Dir vor, Du setzt Dich in ein Kanu und gleitest stromabwärts. So einfach ist eigentlich auch Dein Leben. Jetzt und in der Zukunft. Wie Deine Zukunft aber aussieht, bestimmst Du ja selbst. Wenn Du Deine Vergangenheit loslassen kannst und in Deiner Gegenwart dafür sorgst, dass Du Deinen Frieden hast und findest, also zufrieden bist, dann ist Deine Zukunft auch wirklich rosig. Dein ganzes restliches Leben kannst Du nun schöner und besser gestalten. Du hast nun die Möglichkeit, Dir mehr Perspektiven zu verschaffen. Deine Zukunft hat also die große Chance eine schöne, gesunde und glückliche Zukunft zu werden. Willst Du das? Willst Du das wirklich? Wir sind noch nicht am Ende. Das kann ich Dir versprechen. Ich werde dabei auch sicherlich Vieles wiederholen. Immer wieder und wieder. Damit Du auch wirklich verstehst, was ich Dir nun auf Deinen zukünftigen Weg mitgebe. Wenn Du alles in diesem Buch verstanden hast, wirst Du einen Schritt weiter sein. Der Rest kommt automatisch nach und nach von selbst. Deine Zukunft wird dann einfach wundervoll!

Seine Zukunft zu gestalten, geschieht jedoch ausschließlich in der Gegenwart. Du bist und denkst in der Gegenwart an Deine Zukunft. Seine Zukunft aber positiv zu gestalten, bedeutet etwas zu wagen. Wagemut ist etwas, das Du nur haben kannst, wenn Du Dir selbst vertraust. Wenn Du mit Deiner Vergangenheit Frieden geschlossen hast. Wenn nicht, wirst Du immer wieder Zweifel haben. Und Zweifel werden dann auch Deine Zukunft bestimmen. Wenn Du dies allerdings nicht willst, wirst Du umdenken müssen. Du wirst Dich selbst lieben müssen, Dich selbst annehmen. Du wirst neue Wege gehen müssen und auch wollen. Dein Mut wird Deine Zukunft bestimmen oder Deine Ängste. Was immer Du willst, wird geschehen. Gehe mit Deiner Zukunft mutig um. Sieh Dir in Dein Gesicht und sage Dir, dass Du alles schaffen kannst, was Du auch willst. Liebe Dich und Deine Vergangenheit, blicke nicht auf das zurück, was Du vielleicht als gescheitert oder schlecht ansiehst, blicke auf das zurück, was Du geschafft und geleistet hast. Und ohne Dich näher zu kennen, weiß ich, dass es da eine ganze Menge Sachen gibt, die Du geschafft hast. Du musst Dich nur erinnern. Und wenn Du verstanden hast, dass Du auch in der Vergangenheit kein Versager warst, sondern ein Mensch, der vielleicht nicht immer alles gemeistert hat, aber doch sehr viele Dinge, dann weißt Du auch, dass Dir das immer gelingen kann. Mit Selbstvertrauen wirst Du alles meistern können. Das Leben fließt so einfach, mach was daraus. Lebe Deine Zukunft wundervoll und positiv in der Gegenwart.

Jedoch ständig an seine Zukunft zu denken, ist auch ein gefährliches Spiel. Denn der einzige wirkliche Zeitpunkt, an dem Du lebst, ist nur in diesem Augenblick. Sicherlich gibt es Dinge und Sachen, die man für die Zukunft plant, aber das sind ja meistens halbwegs terminierte Sachen. Und das passiert ja dann auch meistens zu diesen Zeitpunkten. Aber wenn ich dann von der Zukunft rede, dann meine ich das, was weit in der Zukunft liegt und keiner so richtig greifen kann, weil es Ängste sind, die sich breit machen in einem. Wenn Du solche Ängste vor der Zukunft verspürst, geh zurück in die Gegenwart. Nicht in die Vergangenheit, denn dann gibt es vielleicht Depressionen, weil Dir ausgerechnet dann alles einfällt, was Dir ja angeblich nicht oder nicht gut gelungen ist. Bleibe in der Gegenwart, bleibe bei Dir. Du musst weder Angst noch Depressionen verspüren. Die Zukunft kommt von ganz allein. Wenn Du etwas erreichen oder etwas haben willst, dann wünsche es Dir einfach. Wünsche es Dir und realisiere, dass Du es bereits hast. Lächel bei dem Gedanken, dass Du es erreicht oder bekommen hast, und sieh es als Dein an. Und sei dankbar. Auf die Dankbarkeit komme ich später nochmal zu sprechen. Sie ist ein sehr wichtiges Thema. Jetzt sprechen wir aber darüber, das Zukünftige besser zu fühlen. Und das kannst Du nur, wenn Du den Grundstein dafür in der Gegenwart legst. Und das wiederum geht nur, wenn Du weißt, dass Du jetzt lebst und positiv denkst. Der Weg dorthin ist vielleicht nicht so einfach.

Aber der andere Weg, den Du bisher gegangen bist, war meistens weit schwieriger. Es erfordert schon ein Umdenken, eine Umstellung von der unbewussten zur bewussten Lebensweise. Wenn Du bewusst auf Deine Gefühle und Deine Gedanken achtest, wirst Du in Zukunft tatsächlich besser leben. Glaube immer an Dich, glaube immer, dass alles möglich ist, glaube, dass Du der Schlüssel zu Deinem Glück bist, dann ist Deine Zukunft schon rosiger. Gehe immer Deinen Weg, lass Dich nicht von anderen beeinflussen. Wobei das gar nicht so einfach ist. Denn es erfordert wirklich Stärke und Selbstvertrauen, sich nicht beeinflussen zu lassen und konsequent seinen Weg zu gehen. Das bedeutet dann wirklich, sich selbst grenzenlos zu vertrauen. Denn die Entscheidung, was ich tue oder wie ich es tue, liegt immer bei mir. Wenn ich also alles so mache, wie mir ein anderer sagt, dann treffe ich die Entscheidung, dass ich das so tun will. Nicht der andere. Egal für wie dumm der mich dann auch hält, ich mache immer das, was ich will. Wenn ich etwas anderes versuchen will, dann tue ich das. Was immer andere auch von mir denken oder halten. Ich störe mich nicht daran. Die anderen können meine Zukunft nicht kennen. Sie können nicht wissen, was ich will und wann ich glücklich bin. Also treffe ich jede Entscheidung für mich. Aber meistens nicht mal, weil es mir klug erscheint, sondern weil ich dabei einfach ein gutes Gefühl habe. Und sobald ich das habe, weiß ich, alles ist gut. So und nur so kannst Du Deine Grenzenlosigkeit bewahren. Und Deine Zukunft wird eine Zukunft haben. Eine wunderschöne Zukunft …

Dein Leben – Wo stehst Du heute?

Heute bist Du da, wo Du Dich selbst aus der Vergangenheit hingebracht hast. Mit Deinen Gedanken und Gefühlen. Wie ist das zu verstehen? Folgendermaßen: Du hast Dir Deine Welt so zusammengedacht, wie Du es wolltest. Auch wenn Du wieder behauptest, Du wolltest das so nicht. Ich bin da knochentrocken. Denn ich sage Dir, Du wolltest das alles genau so. Und so stehst Du heute da, wo immer Du Dich siehst. Ich kann Dich hier mit diesem Buch nur da in Empfang nehmen, wo immer Du gerade bist und stehst. Mehr kann ich nicht tun. Also muss ich dahin gehen, wo Du gerade stehst. Ich tue es einfach mal. Solltest Du Dich dabei nicht direkt angesprochen fühlen, ist das nicht schlimm, nimm wie immer nur all das für Dich heraus, was Du brauchst. Okay?

Vielleicht lebst Du in einer Beziehung, die Du nicht willst oder arbeitest in einem Beruf, der Dir nicht gefällt, oder aber Deine Freizeitaktivitäten sagen Dir nicht zu, vielleicht bist Du auch in Deinem Leben einfach nur unzufrieden, weil Du nicht genug Geld hast. Dein Auto ist vielleicht alt und Du magst es nicht, Deine Wohnung ist Dir zu klein oder/und in einem Viertel, das Dir nicht gefällt, Deine Lebensumstände sind nun mal so, dass Dir irgendetwas missfällt. Vielleicht auch mehrere Sachen. Aber was immer es auch ist, es ist aus Deiner Vergangenheit, aus Deinen Gedanken entstanden. Und so bist Du auch letztendlich selbst dafür verantwortlich. Du stehst dort, weil Du Dich selbst dort hingebracht hast. Dein Leben scheint Dir manchmal sinnlos? Du weißt nicht mehr ein noch aus? Du weißt nicht mehr, wie Du Deine Rechnungen bezahlen sollst? Du hast alles satt?

Die Frage ist: Wie kannst Du das ändern? Willst Du das überhaupt ändern? Wenn ja, was kannst Du tun? Zuerst einmal, bevor Du handelst, solltest Du wissen, dass jedes Handeln aus Panik oder Angst heraus Dich immer weiter zurückwerfen wird. Du wirst vielleicht kurzfristig Erfolg haben, aber nach geraumer Zeit wirst Du eine ähnliche Situation haben, die Dich wieder verzweifeln und handeln lässt, mit einem ähnlichen Ergebnis und so weiter und so fort. Das Spiel wirst Du spielen, bis Du aufwachst und den Kreislauf durchbrichst. Aber wie kannst Du ihn durchbrechen? Das ist vielleicht einfacher als Du denkst. Das einzige, was Du am Anfang tun kannst, ist die Situation so zu akzeptieren, wie sie ist. Denn diese Situation ist. Sie ist aber nicht gut oder schlecht, sie ist. Nicht mehr, aber auch nicht weniger. Jetzt könntest Du mir ja sagen, dass ich gut reden habe. Stimmt. Aber ich bleibe dabei. Dir gefällt die Situation nicht, also bekämpfst Du sie. Deine Aufmerksamkeit ist nur auf diese Situation gerichtet. Bewusst oder unbewusst. Nur, wie weit bist Du damit gekommen? Immer und immer wieder das Gleiche. Du kämpfst und kämpfst. Bis Du es geschafft hast oder aufgibst. Es geht aber wesentlich einfacher und effizienter. Nimm diese Situation einfach an. Lamentiere nicht darüber, jammere nicht, nimm sie einfach an. Wenn Du das geschafft hast, mach Dir klar, dass Du allein dafür verantwortlich bist. Du allein hast Dir diese Situation erschaffen. Mit Deinen Gedanken und Gefühlen. Sei zufrieden. Ja, sei zufrieden und glücklich. Sei dankbar für diese Situation. Und ich höre Dich wieder sagen: „Geht's noch? Ich soll zufrieden, glücklich und auch noch dankbar sein? Ich bin so was von frustriert und ich soll glücklich sein? Hast Du was geraucht?" Tja, denke meinetwegen, dass ich was geraucht habe. Denke, was Du willst, aber ja, ich sage es Dir wieder, sei glücklich und zufrieden. Auch über diese Situation. Betrachte es doch einfach mal so, wie es ist. Was ändert sich denn für Dich, wenn Du Dich aufregst, ärgerst oder frustriert bist? Richtig: nichts. Absolut nichts. Im Gegenteil, Du beschäftigst Dich ja dann sogar mit dieser Situation, die Du gar nicht willst. Immer und immer wieder. Und so änderst Du: NICHTS! Aber warum tun das die meisten Menschen? Auch diese Antwort ist relativ einfach: Es ist für sie zur Normalität und Realität geworden. Ja, auch für Dich. Soll heißen: Da es für Dich zur Normalität geworden ist, bemerkst Du noch nicht einmal mehr, wie Du Dich immer und immer wieder mit den gleichen Situationen beschäftigst. Mit Situationen, die Du nicht willst. Du fragst Dich dann selbst immer wieder, was hätte ich anders, besser oder mutiger machen können. So bist Du in diesem Gedankenkreislauf gefangen. Das läuft ganz automatisch ab. Und hinterher, wenn Du darauf angesprochen würdest, würdest Du es vermutlich abstreiten, dass Du Dich so lange damit beschäftigt hast. Aber ändern tut es sich ja erst dann, wenn Du diese unerwünschte Situation losgelassen hast. Nur ist das, was ich Dir vorschlage, schneller und effektiver. Nimm die Situation an, trage selbst die Verantwortung dafür und lasse sie dann los. Wie schon erwähnt, jammere nicht, lamentiere nicht, nimm es an und lass los. Es ist, was es ist. Nicht mehr, aber auch nicht weniger. Du hast diese Situation erschaffen, angenommen und losgelassen und nun denke sie Dir, wie Du sie haben willst. Ohne Reue oder Wut. Auch wenn ich mich wiederhole, erst wenn Du die komplette Verantwortung für alles in Deinem Leben übernimmst, kannst Du etwas verändern. Solange die anderen schuld sind, so lange kannst Du ja nichts verändern. Denn die anderen sind ja schuld. Was kannst Du da schon machen?! Nicht wahr? Aber so spielt das Leben nicht. Du bist Deines Glückes Schmied. Denke immer daran. Jetzt sofort. Es ist Deine Zeit, die Du verspielst, Dein Leben in diesen Bahnen. Wie willst Du leben?

Was kannst Du noch tun, um das zu bekommen, was Du haben willst? Was kannst Du sofort tun? Lieben und danken. Ja, liebe diese Situation, in der Du Dich befindest. Ich weiß, ich höre Dich schon wieder fragen: „Wie soll das denn gehen? Ich fühle mich besch... und dann soll ich diese Situation auch noch lieben? Jetzt geht mir das aber zu weit.“ Und dennoch, ja, liebe diese Situation, denn wenn Du jetzt da nicht drin wärst, wüsstest Du ja gar nicht, dass Du etwas verändern willst. Du wüsstest ja gar nicht, dass Du anders leben willst. Du könntest gar nichts verändern, wenn Dir Deine Gefühle das nicht mitteilen würden. Stimmt's? Was solltest Du auch ändern, wenn Du jetzt nicht aufwachst und so eine bescheidene Situation schon völlig normal für Dich geworden ist und Du lieber jammerst, anstatt zu sagen: „Ich will etwas anderes“. So hast Du die Chance, etwas zu verändern. Und sei gleichzeitig auch dankbar dafür. Deine Lebensumstände ändern sich nur, weil Deine Gefühle Dir zeigen, dass es Dir besch... geht und Du hast nun endlich auf Deine Gefühle gehört und reagierst entsprechend. Sei dankbar dafür. Nur so lernst Du, auf Deine Gefühle zu hören und dementsprechend zu reagieren. Verstanden? Um es auch anders auszudrücken: Wenn Du aus einer Situation gelernt hast, sie angenommen hast und erkannt hast, dass nur Du alleine dafür verantwortlich warst, dann war es gut für Dich. Dann kannst und solltest Du die Situation, in der Du Dich befindest, auch lieben können. Denn sie hat Dich etwas gelehrt und nun kannst Du Dich da rausbewegen. Also warum die Situation nicht lieben? Und glaube mir, wenn Du festgestellt hast, dass Du allein dafür verantwortlich bist, wirst Du darüber lachen können. Denn über seine eigene Dummheit zu lachen hat etwas Befreiendes. Und in Zukunft wirst Du es besser machen.

Beziehungen

Du lebst in einer Beziehung und bist nicht glücklich? Oder Du bist single und willst eine Beziehung? Eine glückliche Beziehung? Egal wie es ist, stell Dir doch erst einmal die Frage, was Du willst. Was willst Du wirklich? Wenn Du keine Antwort darauf findest, ist das nicht schlimm, es ist sogar okay. Dann frage Dich doch zuerst, was willst Du nicht? Die meisten Menschen wissen zuerst, was sie nicht wollen. Warum ist das so? Weil sie gelernt haben mit den Wörtern *nein, kein, nicht* so gut umzugehen, dass alle Aussagen damit beginnen oder enden. „Ich kann nicht", ist eine sehr beliebte Aussage. Viele trauen sich heute einfach nichts mehr zu. Sie geben ihr Leben mit ihren Entscheidungen einfach aus der Hand und lassen andere für sich entscheiden. Aber auch das ist eine Entscheidung. Wenn Du sagst: „Ich kann nicht", dann bedeutet das nur, dass Du jetzt nicht kannst. Aber eigentlich auch nur, weil Du nicht willst. Denn können können wir eigentlich immer. Wir wollen dann nicht. Auch wenn wir sagen, wir können nicht. Jedoch belügen uns ja selbst so gerne … nicht wahr? Aber ab dem Zeitpunkt, wo Du Dir das zutraust und Du sagst: „Ich kann", kannst Du es. Egal was andere sagen. Aber auch das ist letztendlich nur eine Entscheidung. So ist alles im Leben immer nur eine Entscheidung. Auch keine Entscheidung zu treffen ist eine Entscheidung. Jeder entscheidet nach seinem Glauben oder/und seinen Erfahrungen. Alles, was Du tust, entsteht immer in Dir. Wenn Du andere als dumm ansiehst, kommt es immer zu Dir zurück, weil Du nur von Dir auf andere schließen kannst. Wenn Du andere Lebewesen als liebevoll und schlau ansiehst, kommt dies auch zu Dir zurück, denn Du kannst ja nur von Dir auf andere schließen. Verstehst Du? Wenn Du anderen Lebewesen die liebevollsten Dinge sagst oder gibst oder über sie denkst, dann kommt dies alles zu Dir zurück. In jeder Hinsicht. Also im Klartext heißt das: Wenn Du nur voller Liebe über alle Lebewesen denkst, tust Du Dir damit schon einen Gefallen. Denn Du profitierst davon. Warum ist das so? Ich versuche es Dir so einfach wie möglich zu erklären. Das Universum reagiert auf Deine Gefühle und Gedanken und ist dabei wie ein überdimensionaler Spiegel. Und durch diesen Spiegel kommt alles zu Dir zurück. Egal, was Du Dir wünschst, Du bekommst es. Du wünschst Dir zum Beispiel eine Beziehung und denkst auch weiter gar nicht darüber nach. Irgendeine Frau wird schon in Dein Leben kommen. Vielleicht weißt Du auch schon, wer die Glückliche sein soll. Aber Du weißt nichts über ihren Charakter oder ihren Eigenschaften, machst Dir darüber auch keine Gedanken. Und so kommt es, wie es kommen muss, ihr kommt zusammen. Am Anfang läuft auch alles gut. Du siehst keine Fehler, jeder bemüht sich um den anderen und alles läuft harmonisch. Doch je sicherer Du Dich fühlst, umso nachlässiger wirst Du. Jeder bringt seinen Charakter immer mehr durch und verwandelt sich augenscheinlich immer mehr in ein Wesen, das der andere nicht will. Und nach einer geraumen Zeit geht man wieder auseinander oder bleibt aus Gewohnheit zusammen. Nur die Liebe ist fast ganz weg. Obwohl auf der anderen Seite jeweils immer noch der gleiche Mensch steht wie vorher. Nur, am Anfang hast Du alle angeblichen Fehler des anderen übersehen. Oder anders ausgedrückt, sie passten nicht in Dein Raster. Das, was Du gesehen hast und auch sehen wolltest, deckte sich nahezu eins zu eins. Das veränderte sich mit der Zeit, da Du Deinen Fokus immer mehr auf das legtest, was Dich störte. Und so wurden aus eins, zwei, drei oder vier Dingen, die Dich störten, auf einen Schlag gefühlte hundert Dinge, die Dich störten. Du hast gar nicht mehr gesehen, welche guten Eigenschaften Dein Partner hat. Von hundert Eigenschaften waren vier schlecht, 96 gut, aber Deine Aufmerksamkeit ging nur zu den Dingen, die Dich störten. Und das gegenseitig. Und so kam letztendlich, was kommen musste, ihr trenntet euch. Was ihr seht, worauf ihr eure Aufmerksamkeit richtet, ist einzig nur eine Entscheidung. Nicht mehr, aber auch nicht weniger. Erinnert ihr euch? Energy flows, where attention goes. So einfach ist das. Und so hat eigentlich jeder seine Traumfrau oder seinen Traummann, aber da ihr irgendwann nur das Negative seht, bricht es auseinander. Seht doch einfach nur das Positive. Auch das ist nur eine Entscheidung. Lasst doch den anderen einfach so, wie er/sie sein möchte. Akzeptiert das doch einfach. Wenn der andere glücklich ist, so wie er/sie ist, dann lasst sie doch glücklich sein. Aber das ist so verdammt schwer, nicht wahr? „Glücklich sein darf der andere schon, aber nur zu meinen Bedingungen", nicht wahr? Nun, dann werdet ihr ein Leben lang auf der Suche sein. Glaubt mir, wer macht denn so etwas auf Dauer wirklich mit? Den anderen kannst Du nicht verändern, nur Du Dich selbst. Du kannst Dich verändern. Du kannst Deine Sichtweise verändern und damit Dein Leben glücklicher machen. Es liegt allein an Dir. Es ist Deine Entscheidung. Alles ist nur eine Entscheidung. Was willst Du? Glücklich sein oder unglücklich? Voller Liebe oder voller Hass? Wohlhabenheit oder Armut? Reich oder arm? Zufrieden oder unzufrieden? Du allein entscheidest das.

Und so ist es auch in einer Beziehung. Wenn Du Dich glücklich, zufrieden und reich fühlst, dann wirst Du definitiv auch eine Person anziehen, die Dir ählich ist. Gleiches zieht sich an. Wenn Du Dich aber schrecklich unglücklich fühlst, unzufrieden und arm, dann wirst Du eine Person anziehen, die Dir ähnlich ist. Das Gesetz der Anziehung, oder auch das Gesetz der Resonanz (Law of Attraction), wirkt immer. Es gibt keine Ausnahme. Es ist immer gleich. Und es gibt nichts Ehrlicheres oder Faireres im ganzen Universum. Was Du fühlst, bekommst Du. Immer. Weil auch Deine Aufmerksamkeit da hingeht. Und wo Deine Aufmerksamkeit ist, da ist auch Dein Leben. Und da waren dann auch Deine Entscheidungen. Auch wenn ich mich wiederhole, es ist mir wichtig, dass Du das verstehst.

Aber wie kann ich das bekommen, was ich will?

„Ich bin doch heute an einem Punkt, wo ich doch selber glaubte, niemals zu stehen. Ich habe doch gar keine Möglichkeit, all das zu bekommen, was ich will. Ich bin doch noch so schwach." Ja, ich weiß. Da war ich auch mal. Aber heute, ja, genau heute kannst Du anfangen, Dein Leben zu verändern. Du kannst jetzt damit beginnen. Werde Dir bewusst, dass Du bewusster leben willst. Höre bewusst auf Deine Gefühle. Horche in Dich hinein. Es ist Dein Leben. Du willst bewusster leben? Dann stelle Deinem Denker da oben Fragen. Frage ihn, wenn sich Deine Gedanken verselbstständigen: „Was will ich? Was will ich wirklich? Was bereitet mir wirklich Freude? Was lässt mich fröhlich und zufrieden sein? Wann hatte ich wirkliche Glücksgefühle? Wer von meinen Freunden macht mich glücklich, wer zieht mich runter und wer baut mich wirklich auf?" Wenn Du Dir diese Fragen stellst, wird Dein Gehirn bewusst nach Antworten suchen. Und es wird Dir Antworten liefern. Und das alles bewusst. Sobald Dein Gehirn abschweift, stelle Dir diese Fragen.

In Beziehungsfragen genau das Gleiche. Welche Eigenschaften soll er/sie haben? Welche Charakterzüge? Witzig, spontan oder lieber zurückhaltend? Frage Dich, wie er/sie aussehen soll, ob sie Sport treiben soll oder was auch immer Du magst. Aber bringe alles kurz in einem Satz unter, wenn Du Deine Antwort kennst, und schreibe Dir Deine Wünsche auf. Glaube daran, dass er/sie schon bei Dir ist. Vertraue auf Dein Gefühl. Du wirst es fühlen. So solltest Du mit all Deinen Wünschen umgehen. Und wenn Du das schaffst, ich werde später noch genauer darauf eingehen, dann kommst Du spielend aus Deiner jetzigen Situation heraus. Da, wo Du jetzt stehst, kannst Du sofort anfangen, anders zu denken und zu fühlen. Aber dafür musst Du auch Bereitschaft zeigen und haben. Wenn Du lieber das Opfer sein willst, weil Du Dich vielleicht zu schwach fühlst, dann ist das auch vollkommen in Ordnung. Was und wie Du lebst, kann Dir keiner vorschreiben. Du stehst da, wo Du jetzt stehst, weil Du Dich dahin gedacht und gefühlt hast. Weil Du das so wolltest. Wenn Du in Deinem Leben etwas ändern willst, wirst Du es tun. Du wirst dann in diesem Buch alles weiterverfolgen.

DU BIST DEINES GLÜCKES SCHMIED …

Dein Leben – Was willst Du wirklich?

Diese Frage ist eine sehr wichtige. Denn bevor Du irgendetwas verändern kannst, solltest Du schon wissen, was Du verändern willst. Und warum Du etwas verändern willst. Aber diese Frage ist die vermeintlich leichteste, die Du Dir selbst beantworten kannst. Denn wenn Du Dich nicht gut fühlst, es Dir jeden Tag schlecht geht, dann weißt Du schon, warum Du etwas verändern willst. Sofern Du Deine Gefühle bewusst registrierst. Ich habe mich auch mal jeden Tag schlecht gefühlt und habe irgendwann aufgehört, mich selbst zu bemitleiden. Nicht die anderen waren schuld, ich bin derjenige, der für sich selbst die alleinige Verantwortung hat. Also fing ich irgendwann an, Stück für Stück zu verändern. Mein Denken und damit auch mein Leben positiver zu gestalten. Ich wollte es unbedingt. Aber auch ich musste mir erst mal klar darüber werden, was ich wirklich wollte. Wie Du habe auch ich immer zuerst gewusst, was ich nicht wollte. Und je länger ich da blieb, umso mehr bekam ich auch von dem, was ich nicht wollte. Es ist nun auch Deine Aufgabe, herauszufinden, was Du wirklich willst. Wie stellst Du das an? Wo Dein Gehirn doch so programmiert ist, immer *nein*, *nicht* oder *kein* zu sagen. Wie funktioniert das alles?

Ich denke, zum Teil weißt Du das schon. Aber die wichtige Sache ist diese (Ich weiß, ich wiederhole mich an dieser Stelle schon wieder): Du hast die Wahl. Du hast die Wahl, das zu tun, was Du willst oder zu tun, was Du nicht willst. Du hast die Wahl zu lieben oder zu hassen, gleichgültig zu sein oder voller Lebensfreude, zu kämpfen oder Dein Leben fließen lassen, aufzustehen oder geschlagen liegen zu bleiben, vielleicht die Verantwortung für Dein Leben zu übernehmen oder doch die Schuld ständig bei anderen zu suchen! Was willst Du? Wohlstand oder Armut? Glücklich oder unglücklich sein, voller Angst oder voller Mut, Zufriedenheit oder Unzufriedenheit? Die Frage bleibt immer die Gleiche. Was willst Du, mein lieber Leser? Diese Liste, aus der Du wählen kannst, ist einzig und allein nur eine Entscheidung weit weg. Alles ist nur eine Entscheidung. Also entscheide Dich, was Du willst. Jede Entscheidung, die Du triffst, birgt eine Erfahrung in sich. Das bedeutet, aus einer Entscheidung folgt eine Erfahrung. Und diese Erfahrung ist es, die Dein Leben bereichern wird. Ob Du sie in dem Moment als gut oder schlecht ansiehst, spielt keine Rolle. Es ist einfach nur eine Erfahrung. Wir sind es ja nun mal gewohnt zu bewerten. Wir bewerten unsere Erfahrungen ja in gut oder schlecht. Es ist nichts Verkehrtes daran, ich sammel einfach nur Erfahrungen. Und wenn mir etwas nicht gefällt, muss ich es ändern. Und das Ändern fängt im Kopf an. Aber ich mache keine schlechten Erfahrungen. Ich mache einfach nur Erfahrungen. Und ich weiß, aus Erfahrungen lerne ich. Nicht aus Fehlern, wie immer fälschlicherweise behauptet wird. Denn wenn ich einen Fehler mache, versuche ich diesen Fehler zu vermeiden. Aber ich kann nichts vermeiden. Ich kann nur etwas tun. Und ich mache lieber neue Erfahrungen, als irgendetwas angeblich zu vermeiden. Also liegt der Schlüssel darin, herauszufinden, was Du wirklich willst. Tue dies. Jedoch niemals mit Angst oder Verzweiflung. Angst und Verzweiflung lassen Dich Dinge tun und denken, die Du unter normalen Umständen nie denken oder tun würdest. Suche zuerst Dinge, die Dich erfreuen, Gedanken oder Erinnerungen, bei denen Du glücklich warst. Gedanken mit viel Liebe. Und wenn Du diese gefunden hast, dann fange an, Dir klar darüber zu werden, was Du wirklich willst. Schreibe Dir auf, was Du willst. Wenn Du das getan hast, dann formuliere Deine Wünsche in kurze und punktgenaue Sätze. Zielgerichtet. Welche Wünsche Du auch immer hast, fasse sie in kurze und prägnante Sätze. Du wirst überrascht sein, wie kurz und präzise Du Deine Wünsche formulieren kannst und trotzdem alles drinsteht, was Du willst. Denke immer daran, dass Du Deine Wünsche so aufschreibst, dass sie alle positiv ausgedrückt sind. Weder *nein*, *kein* noch *nicht* sollten in Deinen Formulierungen sein. Alles immer fokussiert auf das, was Du willst. Okay? Ich geb Dir ein Beispiel dafür: Du möchtest zum Beispiel glücklich sein. Dann schreibst Du als Deinen Wunsch auf: „Ich bin sehr glücklich." Vielleicht denkst Du jetzt, dass Du das noch nicht bist. Und verstehst nicht, warum Du immer die Gegenwartsform nehmen sollst und nicht die Zukunftsform: „Ich will glücklich sein." Das ist jedoch ganz einfach zu erläutern. Wenn Du in der Zukunftsform schreibst, ich will ... dann ist das nur ein Wollen, liegt in der Zukunft und wollen ist nicht sein. Und wann die Zukunft eintrifft, weißt Du nie. Aber wenn Du Deine Wünsche alle in der Gegenwartsform schreibst, zum Beispiel „ich bin ..." dann ist etwas im Sein. Und Du willst Dich ja jetzt besser fühlen. Und horche mal in Dich hinein, ob Du Dich nicht schon besser fühlst. Und zudem bist Du ja eigentlich auch glücklich. Du hast vielleicht zurzeit ein oder zwei, vielleicht drei Problemchen, aber ansonsten? Wir verlieren immer schnell aus den Augen, was wir haben und auch erreicht haben. Und das trübt unseren Blick. Wir glauben immer ganz schnell, dass alles scheiße ist, und sehen das Schöne am Rand nicht mehr. Weil unsere Aufmerksamkeit dann nur noch auf das Schlechte und Beschissene gerichtet ist. Das entspricht aber genauso wenig wie genauso viel der Wahrheit. Denn beides ist wahr. Nur das, was Du entscheidest und sehen willst, wird dann zu Deiner Wahrheit. Also, Du kannst genauso auch sehen, dass Du alles bekommst, was Du Dir wirklich wünschst. Das Universum oder auch Gott, egal wie Du es nennst, werden, wenn Du wirklich von Dir und Deinem Wunsch überzeugt bist, genau das liefern. Aber wie Du vielleicht schon bemerkt hat, es liegt immer nur an Dir selbst. Alles, was Du Dir ausdenkst, was Du fühlst, existiert schon, denn sonst hättest Du es Dir nicht wünschen, fühlen oder denken können. Das Leben fließt so einfach. Das, was Du sein willst, bist Du schon. Du musst Liebe nicht fühlen, bevor Du Dich liebevoll wünschen kannst, Du bist schon seit Deiner Geburt voller Liebe. Du bist Liebe. Auch liebevoll oder glücklich zu sein ist nur eine Entscheidung. Fühle das, was Du denkst, und es wird sofort wahr. Und je öfter Du das alles wiederholst, umso schneller bekommst Du all das, was Du Dir wünschst. Bringe Liebe und Dankbarkeit in all Deine Gedanken. Immer. Und schenke Dir selber Aufmerksamkeit und Dankbarkeit. Und dann werde Dir darüber klar, was Du alles willst, wer Du sein willst, ob Du Erfolg haben willst oder was auch immer. Aber immer in der Gegenwartsform. Du bist es ja schon. Du weißt es eigentlich auch. Nicht unbedingt Dein Verstand, aber Deine Seele ...

In dem Moment, wo Du Dir darüber klar wirst, was Du wirklich willst, wird der Moment sein, in dem Du ein neues Leben anfangen kannst. Ein neues Leben nach Deiner Wahl. Ein Leben, wie Du es Dir immer gewünscht hast, tief in Deiner Seele. Du wirst nicht mehr anderen die Schuld für etwas geben, sondern selbst die Verantwortung übernehmen. Für Dein Leben. Deine Wünsche sind legitim, das Leben, das Du Dir tief in Deiner Seele wünschst, steht dir zu. Ja, es steht Dir zu, Du hast ein Recht darauf. Denke dabei wirklich an alles, was Du willst. Und fange erst gar nicht an, daran zu denken, dass ein Wunsch vielleicht zu groß sein kann. Nein, jeder Wunsch ist für Gott oder das Universum gleich groß. Da gibt es keinen Unterschied. Der Einzige, der daraus einen Unterschied machen könnte, bist Du. Aber Gott liebt alle Lebewesen gleich. Es gibt keine Unterschiede. Gott ist für alle gleich. Und wir Menschen sind für Gott gleich. Aber auch Tiere, Pflanzen, und so weiter. Vielleicht kommt jetzt noch von irgendwoher der Einwand, dass Gott nicht für alle gleich ist. Denn schließlich sagen die einen Allah oder sie verehren Buddha oder was auch immer. Ja, ich weiß das. Jedoch hat der Mensch die Religion gemacht. Gott braucht keine Religion. Gott ist Energie und ist immer da. Und ich glaube, dass alle Seelen in allen Universen Gott sind. Das bedeutet, dass auch Du göttlich bist. Ja, Du bist göttlich. Und deshalb steht Dir auch alles zu, was Du Dir wünschst. Und wenn Du das erst mal verstanden und begriffen hast, dann kannst Du ein absolut abgefahrenes Leben leben. Und Du wirst ein absolut glückliches Leben führen können. Es ist Deine Chance. Nutze sie.

Wenn Du Deine Aufgabe erfüllt hast und wirklich weißt, was Du willst, bist Du einen Schritt weiter zur Glückseligkeit. Aber es gibt Menschen, die lernen daraus auch nicht. Sie verstehen nicht, wie wichtig positives Denken ist. Sie zerfließen lieber in Mitleid oder geben sich auf. Ich kenne Menschen, die bringen sich durch ihre Zweifel und Ängste in Lagen, die wirklich unglaublich sind. Und sie bekommen immer mehr davon, von ihren Ängsten und Zweifeln. Aber bringt es sie dazu, ihr Denken zu verändern? Mitnichten. Sie rutschen immer weiter in diesen Strudel hinein, merken es nicht einmal und wollen da auch nicht raus. Beschweren sich aber andauernd, dass alle anderen an ihrer Lage schuld sind, nur sie selbst nicht. Sie suhlen sich immer tiefer in den Sumpf und wundern sich, dass ihnen das Wasser bis zum Hals steht. Ich war teilweise wirklich schockiert, aber es ist deren Leben und auch ich habe das zu akzeptieren, ob ich will oder nicht. Jeder ist seines Glückes Schmied. Ich werde Dir eine wahre Begebenheit schildern, die ich erst kürzlich erlebt habe:

Ein Unternehmen erwirtschaftete innerhalb von ein paar Jahren ein Umsatzvolumen von circa zehn Millionen Dollar pro Jahr. Weil am Anfang gute Ideen da waren und diese Ideen zu Geld wurden, lief es wirklich super. Dann kam aber auch genauso schnell, nach ein paar Jahren der Einbruch und das Unternehmen erwirtschaftete nur noch ein Umsatzvolumen von zwei Millionen Dollar. Heute liegt es bei circa 500.000 – 1 Million US Dollar. Die Argumente dafür lagen auf der Hand: Der Markt hat sich verändert, alle kopieren meine Sachen und machen sie billiger, ich kann doch nichts dafür. Meine Verkäufer sind nicht gut, sie verkaufen nichts und ich weiß nicht, was ich noch machen soll. Und die Zweifel wurden immer größer. Die Angst auch. Es könnte ja sein, dass das Unternehmen pleite geht. Und dann? Alle Hinweise, dass sich der Markt ständig verändert und das einfach notwendig ist, damit er sich weiterentwickelt, zählten nicht. Dass ich es auch als Kompliment ansehen kann, wenn meine Schuhe so gut sind, dass sie kopiert werden müssen, dass ich meine Verkäufer auch schulen muss, wie der Markt sich verändert, dass ich mit diesen Veränderungen auch leben kann und sie als gut empfinde, zählte nicht. Dass ich dann, wenn ich nicht mehr an meine Verkäufer glaube, keine andere Wahl habe, als sie zu entlassen und neue, frische und junge Verkäufer einstellen muss, frei nach dem Motto „Loslassen macht frei", zählte nicht. Ich konnte sagen, was ich wollte, es kam nicht an. So traf dieser Unternehmer Entscheidungen, die gegen jede Logik und auch jede Vernunft waren. Aber das Wichtige war, alle anderen waren ja schuld. Nun, wer so lange an etwas festhält, auch an altem Design oder alten Formen, und nichts Neues mehr entwirft, der darf sich nicht wundern, dass ihm so etwas widerfährt. Da ist das Universum oder Gott, sowas von einfach gestrickt. Du bekommst, was Du denkst und fühlst. Und das immer. Und das bedeutet, es liegt immer nur an einem selbst, was man bekommt. So einfach ist das. Stelle Dir einfach mal vor, dass ein Spitzentennisspieler zum Grand Slam Turnier nach New York fliegt, auf dem Platz steht und spielt, sein Tennis wirklich an diesem Tage nicht sein bestes ist, er droht zu verlieren und regt sich dann darüber auf, dass so viele Flugzeuge über der Tennisanlage fliegen und er sich nicht konzentrieren kann. Viele würden jetzt wahrscheinlich denken: nachvollziehbar. Aber ich sage euch Folgendes: Es ist nicht nachvollziehbar, denn wenn ich nach New York zum Grand Slam fliege, weiß ich erstens, dass es so ist. Zweitens: Wer sagt denn, dass die Flugzeuge die Ursache sind? Dies kann gar nicht sein, denn eine Ursache ist eine Ursache und ist dann für alle gleich. Da aber die meisten Tennisspieler mit dem Flugzeuglärm zurechtkommen, kann dies nicht die Ursache sein. Die Ursache ist nur, dass dieser Tennisspieler sich nicht konzentriert. Also, seine eigene Schuld. Nichts weiter. Oder ein Fußballspieler, der sich darüber beschwert, dass der Rasen wie ein Kartoffelacker aussieht. Und wieder eine Beschwerde. Dieser Fußballspieler ist schon vorher negativ geladen und wundert sich dann auch noch darüber, dass ihm jeder Ball verspringt. Aber die meisten kommen damit zurecht. Also wieder nicht die Ursache. Die Ursache bleibt wie immer negatives Denken und Fühlen. Aber die Umstände sind schuld. Wir haben uns so in dieses Dilemma hineinmanövriert, dass wir kaum eine Chance sehen, da rauszukommen. Und viele wollen da auch nicht raus. Aber wer da raus will, der muss sich nur klar darüber werden, was er will. Und zwar: was er wirklich will. Und so ist Deine Aufgabe einfach und klar. Es ist Deine Entscheidung. Wenn jeder Mensch, der sich über irgendetwas aufregt und beschwert, auch noch recht bekommen würde, wenn jeder Mensch sich dabei auch noch glücklich fühlen könnte, dann wären ja 95 Prozent der Menschen glücklich und nur fünf Prozent unglücklich. Mannomann, was für eine Vorstellung. Aber leider ist es genau andersherum. Nur fünf Prozent der Menschen sind wirklich glücklich. Und dreimal darfst Du raten, warum das so ist. Sei Dir darüber im Klaren, dass Glück, Reichtum, Liebe, Zufriedenheit und Wohlstand nur eine Entscheidung sind. Von jedem Einzelnen. Mache Dir bewusst, dass Du mehr bist als nur eine Hülle. Dass Dein Leben mehr ist als nur eine Zeitspanne. Mache Dir bewusst, dass Du göttlich bist. Du ganz allein bestimmst, wer, was oder wie Du bist. Du allein trägst die Verantwortung für wirklich alles, was in Deinem Leben geschieht. Du bist der alleinige Verantwortliche für Deine Erfahrungen. Sei Dir bewusst, dass Du Dich immer beschweren kannst, vor Deiner Verantwortung davonlaufen kannst, aber Deine Vergangenheit Dich immer wieder einholt. So lange, bis Du etwas änderst, in Deinen Gedanken. Und vor allem in Deinen Gefühlen. Fühle Dich immer wunderbar und großartig. Denn das bist Du letztendlich ja auch. Du kannst alles, wenn Du nur willst. Grenzen gibt es keine, und wenn es welche gibt, dann existieren sie nur in Deinem Kopf.

Wenn es jedoch wirklich Grenzen gäbe, dann würdest Du heute noch auf Pferden durch die Gegend ziehen, Du würdest heute noch nicht wissen, was ein Auto ist oder ein Flugzeug. Wenn diese Menschen sich hätten abhalten lassen, weil sie ausgelacht und verspottet wurden, hätten wir keine Autos oder Flugzeuge. Oder Elektrizität. Es gäbe keinen Strom für unsere Lampen, Kaffeemaschine oder Fernsehen, und und und. Dinge, die für uns selbstverständlich geworden sind. Oder stell Dir nur mal vor, dass die ersten Schiffsbauer sich hätten abhalten lassen, von all dem Gespött oder Drohungen oder vielleicht noch Schlimmeren, Du würdest nicht mal wissen, dass es Amerika gibt. Oder wenn Galileo Galilei sich hätte einschüchtern lassen, als er behauptete, die Erde und alle Planeten seien rund. Du würdest heute noch auf einer Scheibe sitzen und nicht wissen, wohin Du alles reisen könntest. Denn das alles würde schlicht weg gar nicht für Dich existieren. Das würdest Du ja auch nicht gelehrt bekommen. Aber diese Menschen haben sich davon nicht abhalten lassen, im Gegenteil, sie haben einfach weitergemacht, ihre Vorstellungen ins Ziel gebracht. Sie haben ihre Vorstellungskraft dazu benutzt, um so etwas zu erfinden. Sie haben daran geglaubt, auf Teufel komm raus, und sie haben es geschafft. Der unerschütterliche Glaube erschafft alles ...

Jeder einzelne, der etwas Großes erschaffen hat und nur seinen Glauben und seine Vorstellungskraft hatte und an den kein anderer geglaubt hatte, ist für mich der Beweis, dass sogenanntes „Unmögliches“ möglich wurde. Ich weiß, dass jeder Einzelne dies auch kann. Jeder Einzelne ist dazu in der Lage. Du musst nur daran und an Dich glauben. Auch für diese Menschen bestand am Anfang nur der Glaube. Der Glaube an sich selbst und der Wille, es zu schaffen. Mehr hatten sie nicht. Ich werde mal einige nennen, um Dir aufzuzeigen, was ich meine. Zum Beispiel Albert Einstein, was hat er alles auf die Beine gestellt, um seine Theorien wahr werden zu lassen. Er hatte nur seinen Glauben daran, die meisten Wissenschaftler haben ihn ausgelacht. Aber heute weiß jeder, womit er alles recht hatte. Seine Forschungen in der Quantenphysik sind bis heute Meilensteine. Und heute wissen die meisten Physiker, was er wirklich geleistet und vollbracht hat. Das, worüber er sich anfangs alleinig klar war, war, was er wirklich wollte.

Genauso Arnold Schwarzenegger. Er hatte seinen Traum, einmal ein großer Schauspieler in Hollywood zu werden. Er wusste, er würde es schaffen, in Hollywood groß rauszukommen. Er wurde siebenmal Europameister und ging dann nach Hollywood. Aber dort wollte ihn am Anfang niemand haben, keiner glaubte an ihn. Es gab tausend Gründe, warum er kein erfolgreicher Schauspieler werden konnte. Nur einen einzigen Grund, dass er es doch werden konnte: Sein Glaube an sich selbst. Und so zog er die Umstände in sein Leben, die ihn groß rausbrachten. Er wurde siebenmal Mister Olympia und dann passierte es: Sein erster großer Film kam fast zwangsläufig zu ihm: Conan, der Barbar. Danach lachte keiner mehr. Und wie groß bitte schön war seine Chance wirklich, einfach nach Hollywood zu gehen, kein Schauspielunterricht gehabt zu haben und ein berühmter Filmstar zu werden? Richtig, verschwindend klein. Aber auch er wusste anfangs nur, was er wirklich wollte.

Oder nimm Thomas Edinson, den Erfinder der Glühbirne. Er wurde ausgelacht, weil er die abgefahrene Idee hatte, dass mal alle Straßen und Häuser mit elektrischem Licht beleuchtet würden. Die Menschen hielten ihn für einen Spinner. Das Ergebnis kennst Du ja. Oder die Brüder Wright, die als erste Menschen mit einem Flugzeug den Atlantik überqueren wollten. Sie bastelten an ihrem Flugzeug und wurden ein paarmal zurückgeworfen. Die Menschen lachten sie aus und hielten sie für komplett verrückt. Aber sie wussten, was sie wollten, und hielten an ihrem Traum fest. So lange, bis er funktionierte. So lange, bis sie es geschafft hatten. Oder Alexander Graham Bell, der Erfinder des Telefons. Er wollte, dass Menschen überall auf der Welt von jedem Ort aus miteinander reden können. Egal wie weit die Entfernung voneinander auch sei. Die Menschen glaubten niemals, dass das funktionieren würde und sahen auch keinen Sinn darin. Sie dachten über diesen Mann das Übelste. Keiner glaubte Alexander Graham Bell. Doch sein Traum verwirklichte sich. Und wie viel weiter ist die Technik heute? Heute haben wir Videochat über Skype. Genial. Oder, last but not least, nehmen wir den Erbauer der Hilton-Hotelkette, Conrad Nicholson Hilton, der sein erstes Hotel im Jahre 1919 das Hotel *Mobley* in Cisco in Texas kaufte und so in die Hotelbranche einstieg. Er war da 32 Jahre jung. Im August 1925 eröffnete er sein erstes, selbsterbautes Hotel in Dallas, Texas. Aber das viel Interessantere an dieser Geschichte kommt noch. Denn auch er hatte einen Traum. Er zeichnete schon in jungen Jahren sein erstes Hotel, das er einmal eröffnen wollte. Einmal sah seine Mutter, wie er wieder einmal eines zeichnete, und fragte ihn, was er da tun würde. Eer sagte, dass er ein Hotel zeichnen würde. Seine Mutter fragte ihn daraufhin, warum er es zeichnen würde. Er sagte ihr daraufhin, dass er einmal ein solches Hotel bauen würde und es auch eröffnen wolle. Seine Mutter schüttelte nur den Kopf und fragte ihn, woher er denn das Geld dafür nehmen wolle. Denn sie hätten keins, das sie ihm dafür geben könnten. Da drehte er sich zu seiner Mutter, tippte sich mit dem Finger an die Stirn und sagte: „Von hier.“ Das war doch des Guten zu viel. Das Geld soll aus seinem Kopf kommen. Wie meint er das bloß? Ganz einfach, wenn er sich das nur oft genug im Geiste vorstellt, dann wird das funktionieren. Und es hat funktioniert. Seine Mutter konnte sich das nicht vorstellen und ging kopfschüttelnd weg. Aber das Ergebnis kennt ihr alle. Die Hilton-Hotelkette ist die viertgrößte weltweit. Das ist aus einem Traum entstanden. Und selbst seine Mutter hat ihn damals nicht verstanden.

Wie viele Beispiele ich hier auch schreibe, das Ergebnis ist immer das Gleiche. Jeder Einzelne hat stets gewusst, was er erreichen wollte, jederzeit. Und jeder Einzelne hat fest an seinen Traum geglaubt, unerschütterlich. Und fast jeder von ihnen wurde zuerst ausgelacht. Sie wurden verspottet. Keiner glaubte ihnen. Alles, was sie hatten, war ihr Glaube an sich selbst. Der Glaube, dass sie alles erreichen können, was sie wirklich wollen. Sie haben ihre Träume gelebt. Sie haben ihre Träume schon gelebt, als diese noch gar nicht in Erfüllung gegangen waren. Was ich damit meine, erläutere ich im nächsten Kapitel. Jeder Einzelne hat Träume. Jeder hat seine Träume. Vielleicht auch gehabt und sie sind wie Seifenblasen zerplatzt. Es spielt keine Rolle, was daraus wurde, wenn Dein Traum sich bis jetzt nicht erfüllt hat, dann nur, weil Du bisher nicht voller Liebe, Dankbarkeit und glücklich warst. Lebe Deinen Traum schon jetzt ... Aber sei Dir zuerst darüber im Klaren, was Du wirklich willst ...

Dein Leben – Wie erreichst Du, was Du wirklich willst?

Nachdem Du Dir jetzt darüber im Klaren bist, was Du wirklich willst, kommen wir nun zum Erreichen dessen, was Du wirklich willst. Wie kannst Du es erreichen? Das ist die große Frage. Ich hatte zwar schon ein paarmal Andeutungen gemacht, aber nun gehe ich genauer darauf ein.

Was Du wirklich willst, kannst Du wirklich bekommen, wenn Du anfängst, wirklich zu lieben. Wie soll das funktionieren? Eigentlich ganz einfach. Liebe einfach alles und Du befindest Dich auf dem rechten Weg. Was meine ich damit? Ich meine damit, liebe Dich selbst, liebe Deine Situation, liebe Dein Leben, alle Lebewesen, liebe jede einzelne Sekunde in Deinem Leben, liebe immer und stets alles, was Dir widerfährt, liebe einfach alles.

Liebe ist die stärkste Kraft im Universum. Liebe ist Power, Liebe ist einfach da, auch wenn wir sie nicht sehen können. Liebe ist der Schlüssel zu allem. Jeder ist Liebe. Ob er sie nun lebt oder nicht. Denn jeder trägt Liebe in sich. Liebe ist wie die Schwerkraft oder die Elektrizität, gar nicht durch unsere Sinne wahrnehmbar. Aber auch wenn sie nicht sichtbar sind, ist es dennoch unbestritten, dass es sie gibt. Nur die Wirkung der Liebe ist stärker als jede Naturgewalt. Sie gibt Dir die Kraft, immer weiterzumachen. Immer wieder neu anzufangen. Liebe lässt Dich ungeahnte Dinge schaffen. Liebe ist die Essenz des Lebens. Denke doch einfach mal darüber nach, wo Du ohne die Liebe wärst. Na? Was meinst Du? Ich kann es Dir verraten, Du wärst noch nicht einmal geboren. Das heißt, ohne die Liebe würde die Menschheit definitiv nach und nach aussterben. So einfach ist das. Ohne die Liebe gäbe es gar keine Erfindungen. Ohne die Liebe würden gar keine Häuser entstehen können. Ohne die Liebe würde es gar keinen Sport geben, keine Arbeit, keine Hobbys, kein Essen, kein Trinken, es würde keine Autos, keine Straßen, keine Bahnen oder Flugzeuge geben. Ohne die Liebe wäre jede Existenz schlichtweg unmöglich. Die Liebe ist die stärkste Kraft im ganzen Universum, ohne dass die meisten Lebewesen sich dessen bewusst sind. Liebe ist der Motor des Lebens. Liebe lässt sie jeden Morgen aufstehen und treibt sie an. Liebe ist. Gäbe es Musik ohne die Liebe? Gäbe es ohne die Liebe Bücher? Jede Stadt, jede Entdeckung, jede Erfindung geht aus der Kraft der Liebe hervor. Jedes liebende Herz weiß, wovon ich rede. Wer hat denn noch nie Schmetterlinge im Bauch gehabt? Alles dies macht die Liebe möglich. Ohne die Liebe wären wir tot. Und damit wäre die Erde, damit wäre das ganze Universum ein Grab, das ganze Universum würde nicht mal existieren.

Jeder Einzelne trägt die Liebe, die Macht der Liebe in sich. Jeder Einzelne wird früher oder später die Macht der Liebe erfahren. Und da jeder Einzelne selbst Liebe ist, bestimmt er damit auch sein Leben. Denn jeder hat die Macht, über die Liebe sein Leben grandios und fantastisch zu gestalten. Jeder Einzelne hat die Macht, sein Leben durch die Liebe erfolgreich, zufrieden und mit Wohlstand zu erleben. Aber warum ist Dein Leben dann noch nicht erfolgreich? Warum lebst Du dann noch nicht in Wohlstand und Zufriedenheit? Warum tust Du nicht jeden Tag, was Du willst? Warum erlebst Du nicht jeden Tag, jede Stunde oder Minute, ja sogar jede Sekunde voller Freude? Ja, warum eigentlich? Das ist auch ganz einfach zu beantworten. Weil Du die Wahl hast. Weil Du jeden Tag Entscheidungen triffst. Und bis jetzt hast Du Deine Entscheidungen immer so getroffen, dass sie mit Liebe nicht sehr viel zu tun hatten. Egal ob bewusst oder unbewusst. Und jeden Tag triffst Du diese Entscheidung erneut, jeden Tag triffst Du Deine Entscheidung zu lieben oder eben nicht zu lieben. Jeden Tag triffst Du Deine Entscheidung darüber, ob Du Dir die Kraft der Liebe anwendest oder nicht. Jeder Tag ist Liebe. Ob es Dir bewusst ist oder nicht. Jeder Tag ist eine neue Entscheidung und Herausforderung, ob Du sie bewusst triffst oder nicht. Liebe ist die Ursache für alles Positive. Wenn Dir also etwas Positives im Leben widerfahren ist, war Liebe im Spiel. Ist Dir etwas Negatives widerfahren, war es eher der Mangel an Liebe, der das Ergebnis erschaffen hat. Hast Du Schmerzen und Leid erfahren, warst Du mit der

Liebe nicht im Einklang. Liebe bringt ausnahmslos Positives in Dein Leben. Das ist ein Factum. Jedoch stellt sich dann die Frage, warum die Liebe auf diesem Planeten so rar gesät ist. Was Du säst, wirst Du ernten. Diese Aussage kennt jeder. Und doch leben die wenigsten Menschen danach. Unsere Erziehung war gar nicht darauf aufgebaut. Und dabei ist es so einfach, seine Kinder mit Liebe zu erziehen. Und ich weiß, jetzt kommt ein wilder Aufschrei der Eltern, dass sie ihre Kinder doch alle mit Liebe und in Liebe erziehen. Wenn dem so wäre, würde nicht ein einziges Verbot ausgesprochen, nicht eine Strafe verhängt, es würde nur Positives vermittelt. Kinder würden alle nur auf der Ebene erzogen werden, dass sie immer wissen, was sie wollen. Es gibt zwar Regeln wie die Schule oder Hausaufgaben oder oder oder. Aber wenn wir unseren Kindern nur Positives vermitteln und sie auch nur Positives erfahren, dann lieben die Kinder die Schule, die Hausaufgaben, sie lieben einfach alles, weil wir es selbst auch tun. Und sagt mir nicht, das hättet ihr versucht. Die meisten Eltern haben mindestens einmal ihr Kind angeschrien, Verbote ausgesprochen oder mit irgendetwas bestraft. Das, was das Kind daraus gelernt hat, ist: Liebe ist von etwas abhängig. Schlechte Noten und es gibt Fernsehverbot, bis die Noten besser werden, oder oder oder. Egal, was es ist, es ist Liebesentzug. Und das Kind läuft hurtig, um sich wieder zu verbessern, um die Liebe seiner Eltern wiederzubekommen. Später, wenn das Kind erwachsen geworden ist, was gibt es an seine Kinder dann weiter? Genau. Liebesentzug, wenn das Kind nicht so spurt und das tut, was man will. Und das alles im Namen der Liebe? Nun, nennt mich verrückt oder sonst was, das hat jahrhundertelang nicht funktioniert und wird nie funktionieren. Denn wenn es funktionieren würde, wäre aus jedem Kind ein liebevoller und reicher Mensch geworden oder voller Wohlstand und jeden Augenblick glücklich. Und wer ist das bitte schön? So, was höre ich? „Jeden Augenblick glücklich geht ja auch nicht?“ Schon wieder ein *nicht*? Nun, es geht. Denn glücklich zu sein ist eine Entscheidung, unglücklich zu sein auch. Eine Entscheidung, so wie seinem Kind Fernsehverbot zu geben. Nicht mehr oder weniger. Liebe ist bedingungslos und bedingt sich durch sich selbst. Es gibt nur eine Liebe, nicht Tausende. Es gibt nur eine positive Kraft, nicht Tausende. Das ist die Liebe. Aber wie wirkt sich die Liebe aus?

Gibt es ein Gesetz für die Liebe?

Ein eindeutiges Ja. Die Liebe ist ein Naturgesetz. Das Universum ist ein einziges Naturgesetz. Es funktioniert rein durch Naturgesetze. Die Schwerkraft ist zum Beispiel ein Naturgesetz. Wie sie funktioniert, weiß jeder. Die Elektrizität basiert auf Naturgesetze. Wir können mit verschiedensten Mitteln fliegen. Ob mit einem Flugzeug, einem Helikopter, einem Fallschirm oder ob wir Paragliding machen, wir können fliegen, weil wir all diese Fluggeräte im Einklang mit den Naturgesetzen konstruiert haben. Denn die Naturgesetze verändern sich nicht für uns. Nein, wir mussten einen Weg finden, das Fliegen im Einklang mit den Naturgesetzen zu erschaffen und zu erarbeiten. Deshalb können wir heute fliegen. Und so gibt es auch zum Beispiel ein Gesetz, ein Naturgesetz, das für die Liebe maßgeblich ist. Es ist die Dankbarkeit. Es ist das einzige Gesetz, das schon immer Bestand hat und hatte. Die Dankbarkeit zieht alles in ihren Bann. Denn wenn ich dankbar bin, zieht es mich hoch. Ich habe ein Hochgefühl und fühle Liebe. Es hebt meine Schwingungen. Daraus ziehe ich Kraft. Und was wir bekommen und uns zuteilwird, liegt an uns. An Dir selbst. Denn es ist im Universum ja genauso. Es ist das Gesetz der Anziehung, das das Universum zusammenhält. Jeder Planet, jeder Stern bleibt dank des Gesetzes der Anziehung in seiner Umlaufbahn. Jedes Lebewesen bleibt dank dieses Gesetzes auf der Erde, durch die Erd*anziehungs*kraft. Die Sonnen*anziehungs*kraft sorgt dafür, dass wir mit der Erde immer im ungefähr gleichen Abstand zur Sonne kreisen und die anderen Planeten nicht einfach ins All hinausgeschleudert werden. So wie die

Blume die Biene anzieht, die Vögel sich gegenseitig anziehen, bei den Fischen das Gleiche, um sich zu vermehren, so wie das Wasser durch die Erd*anziehungs*kraft in seiner Form bleibt, so untersteht auch der Mensch dem Gesetz der Anziehung. Denn das Gesetz der Anziehung sorgt dafür, dass wir uns zu anderen Menschen hin- und von ihnen angezogen fühlen. Was also ist und bewirkt das Gesetz der Anziehung? Das Gesetz der Anziehung ist und bewirkt: LIEBE! Ja, das Gesetz der Anziehung oder auf Englisch auch „Law of Attraction" ist die Liebe. Es ist, um noch genauer zu sein, die Kraft der Liebe. Denn diese Kraft bewirkt, dass wir uns zu allem hingezogen fühlen, was wir lieben. Sei es der Sport, das Lieblingsessen, die Menschen, die wir lieben, das Auto, die Blumen, Deine Kleidung, denn wie würdest Du rumlaufen? Wäre ja egal ohne das Gesetz der Anziehung, wie solltest Du auch Deine Lieblingsfarbe wissen, die sich natürlich in Deiner Kleidung widerspiegelt? Und natürlich noch die Musik. Jeder hat ja seine Lieblingsmusik. Und wie willst Du diese kennen, ohne das Gesetz der Anziehung? Jede Musik wäre für Dich gleich, jede Sportart wäre gleich, es gäbe für Dich kein Lieblingsessen, denn alles würde ohne das Gesetz der Anziehung gleich schmecken. Und wie willst Du Deinen besten Freund, Deine Traumfrau/Traummann finden, ohne dieses Gesetz? Es wäre schier unmöglich. Wie willst Du Dein Lieblingstier herausfinden? Oder Deinen Beruf? Und und und. Das Gesetz der Anziehung ist also Liebe. Und die Kraft der Liebe macht es erst richtig wirksam. So einfach ist das. Es ist das Gesetz, das besagt, dass Gleiches, Gleiches anzieht. Was heißt das? Das heißt, dass egal was Du aussendest, das Gleiche zu Dir zurückkommt. Ich gebe Dir ein Beispiel. Wenn Du missmutig und schlecht gelaunt bist, werden Dir mehr Menschen über den Weg laufen, die genauso missmutig und schlecht gelaunt sind. Und wenn Du glücklich und zufrieden durch die Welt gehst, dann werden Dir noch mehr Menschen über den Weg laufen, die auch glücklich und zufrieden sind. Wenn Du voller Liebe bist, wirst Du zwangsläufig mehr Menschen treffen, die auch glücklich und zufrieden sind. Aber mach doch einfach selbst einen Test. Laufe doch einen Tag lang, egal wo

Du gerade bist, mit einem Lächeln auf den Lippen durch die Gegend und lächel jeden an. Wenn nur 51 Prozent der Menschen zurücklächeln, bist Du schon auf dem positiven Weg. Tue es einmal und Du wirst überrascht sein. Denn was Du gibst, wirst Du auch mindestens im gleichen Maße zurückbekommen. Je mehr Liebe Du ausstrahlst, umso mehr Liebe bekommst Du zurück. Das ist das Gesetz. Und das Gesetz funktioniert und wirkt immer. Ohne Ausnahme. Immer und ständig. Und dagegen kannst Du Dich auch nicht wehren, denn wenn Du das gar nicht willst, brauchst Du ja nur Dein Credo ändern. Laufe einfach nur missmutig und schlecht gelaunt oder aggressiv durch die Gegend. Das Ergebnis wird Dich beeindrucken. Denn Gleiches zieht Gleiches zieht Gleiches an. Aber wer will denn sowas, oder? Und doch ist es in der Regelmäßigkeit schon kaum zu überbieten, wie viele Menschen sich so etwas selbst antun. Ich finde das traurig. Aber ja, das tun sich die meisten Menschen wirklich selbst an. Anstatt die Entscheidung zu treffen, voller Liebe zu sein, nein, sind sie lieber griesgrämig und missgelaunt. Ne, das will ich anders. Und Du, mein lieber Leser? Was willst Du?

Das Gesetz der Anziehung, wie ich es beschrieben habe, ist aber nicht weiter als das Gesetz der Aufmerksamkeit. Also eigentlich kein Gesetz. Aber wie ein Gesetz. Denn es funktioniert auch so. Das, worauf Du Deine Aufmerksamkeit richtest, mit welcher Kraft und Intensität wird Dir zuteilwerden. Wie schon erwähnt ist die Aufmerksamkeit nur ein Teil dessen, was alles ausmacht. Wenn Du Deine Aufmerksamkeit auf alles, was auf diesem Planeten passiert, richtest, werden Dich auch immer mehr Nachrichten finden oder Du wirst sie finden und dann kannst Du Dich immer mehr aufregen. Wenn Du diesem Mainstream nicht mehr folgst, folgt er Dir auch nicht und wird immer weniger werden. Wie Du sehen kannst, bist Du auch hier dafür verantwortlich, wie dein Leben läuft. Ganz einfach.

Ich möchte es auch einmal so umschreiben: Wenn Du meistens mit schlechter Laune rumläufst, Dich schlecht fühlst, Du unglücklich bist, dann läuft Dein Leben eben so wie es jetzt läuft. Du hast das Recht, glücklich zu sein, Du hast das Recht, reich zu sein, es ist eigentlich sogar Deine Pflicht. Denn aus dieser ständigen übellaunigen, unzufriedenen und unglücklichen Lebenseinstellung entstehen irgendwann einmal Krankheiten. Ich habe darüber schon in vorherigen Kapiteln geschrieben. Aber auch dieses Thema ist so wichtig, dass ich es hier gerne nochmal wiederhole. Das Gesetz der Anziehung oder das Gesetz der Liebe hält auch hier ein paar Überraschungen für Dich bereit. Deine Gesundheit ist in einem sehr starken Maße davon betroffen. Je länger Du schlechter drauf bist und je öfter dies passiert, umso eher werden Dich Krankheiten heimsuchen. Seien es am Anfang nur eine Grippe oder andere Zipperlein, kommt irgendwann vielleicht ein erhöhter Blutdruck oder etwas anderes dran. Und so steigert sich das auch immer weiter. Die Kraft der Liebe aber lässt Dich gesund bleiben. Aber die Kraft des Hasses oder der ständig schlechten Laune, lässt Dich irgendwann einmal schlimmere Krankheiten bekommen. Zum Beispiel Krebs. Der Krebs frisst Dich innerlich auf. Oder besser: der Tumor. Aber die Frage, die sich daraus ergibt, ist ja: Was hat Dich denn innerlich so beschäftigt, wem oder was konntest Du niemals verzeihen, dass es Dich aufgefressen hat? Was hat Dich denn pausenlos so beschäftigt, dass Du nicht vergeben konntest? Das Gesetz der Liebe ist auch Vergebung. Vergebung für alles, was Dir angetan wurde. Denn erstens hast Du das mit Deiner Ausstrahlung auch angezogen, das Gesetz der Anziehung wirkt immer, und zweitens ist die Vergebung nicht einmal so wichtig für Dein Gegenüber, sondern für Dich selbst. Denn durch Vergebung hast Du die Chance, mit Dir selbst ins Reine zu kommen oder Deinen Frieden zu finden. Das Gesetz der Liebe macht alles möglich. Denn das Gesetz besagt dadurch ja auch, wie Du schon weißt, das, was Du gibst, wirst Du auch empfangen und noch viel mehr. Wenn Du also Vergebung gibst, wirst Du auch Vergebung erhalten. Soll heißen, dass Du Dir dann auch selbst vergibst. Und wenn Du Dir damit vergeben hast, geht es Dir wieder sowas von gut. Denn was auch immer Du in Deinem Leben ausstrahlst, genau das Gleiche kommt zu Dir zurück. Also, warum dann etwas Negatives ausstrahlen? Strahle Positives aus. Und es kommt zu Dir zurück.

Nur, wie strahlst Du etwas aus? Oder anders gefragt: Wie strahlst Du etwas Positives oder Negatives aus? Ganz einfach, durch Deine Gefühle und Gedanken. Du bekommst nicht alleine das, was Du denkst, sondern genauso das, was Du fühlst. Das bedeutet, wenn Du negative Gedanken hast, hast Du auch schlechte Gefühle. Du kannst nicht jeden Deiner Gedanken überwachen, aber Du kannst auf Deine Gefühle achten. Das tun aber die wenigsten Menschen. Aber wenn Du reagierst, wenn Deine Gefühle schlecht sind und Dir dann bewusst wirst, wie negativ Du gedacht hast, kannst Du es sofort ändern. Deine Gedanken ändern. In positive Gedanken. Aber wie kannst Du Dir von jetzt auf gleich positive Gedanken erschaffen? Denn Dein Denker da oben drin rast ja unaufhörlich und viele Menschen haben ein Problem damit, ihn zu stoppen. Man kann ihn auch nicht so einfach gänzlich stoppen. Aber Du kannst ihn beruhigen und verlangsamen. Genau wie Deinen Atem, der bei Aufgeregtheit oder sportlichen Aktivitäten schneller geht, durch bewusstes tiefes Durchatmen und Pausieren auch wieder ruhiger wird, kannst Du Deine Gedanken langsamer werden lassen und auch beruhigen. Somit kannst Du sie dann in die richtigen Bahnen lenken. Die Aufgabe ist einfach. Stelle Deinem Gehirn ein paar Fragen. Frage es zum Beispiel, wann Du das letzte Mal so richtig unbeschwert und glücklich warst. Dein Gehirn ist darauf getrimmt, Dir immer Lösungen zu suchen und zu liefern. Probiere es aus. Ich gehe später nochmal genauer darauf ein. Aber Deine Ausstrahlung ist das A und O. Und wenn sie positiv ist, gewinnst Du. Denn in jedem Augenblick Deines Lebens strahlst Du etwas aus. Positiv oder negativ. Und all die Menschen, die Du in Dein Leben ziehst, egal ob sie für Dich böse sind oder gut, sind in Dein Leben getreten, weil Du sie mit Deiner Ausstrahlung angezogen hast. Wenn Dich also jemand blöde anmacht oder Dich beleidigt, überlege erst einmal, ob Du irgendetwas erwiderst. Denn dieser Mensch ist nicht willkürlich oder zufällig in Dein Leben getreten, er kam in Dein Leben aufgrund Deiner Ausstrahlung. Also frage Dich in solchen Situationen einfach: Was hast Du ausgestrahlt, dass dieser Mensch in Dein Leben treten konnte? Denn Du bist verantwortlich für Dein Leben. Und wenn Du Dich das fragst, lächel einfach. Lächel, denn dann hast Du verstanden, dass Du selbst verantwortlich bist. Und dann kannst Du etwas ändern. Kannst Deine Gedanken und auch Deine Gefühle ändern. Du hast die Chance, positive Gedanken zu kreieren und damit wieder in die richtige Spur zu kommen. Und wenn Du so vorgehst, wirst Du schon nach kurzer Zeit wissen, welche negativen Gedanken Du die ganze Zeit gehabt hast, um so einen Menschen in Dein Leben zu ziehen. Und wenn Du Dich wieder auf der positiven Spur befindest, dann werden andere, liebevolle Menschen in Dein Leben treten. Automatisch. Was Du gibst, das bekommst Du. Gib jemandem Hilfe und Dir wird Hilfe widerfahren. Sei wütend auf jemanden und beleidige ihn, wirst Du Deinen Lebensumständen entsprechend die gleiche Reaktion von jemandem erfahren. Dein Leben passiert nicht einfach, es passieren auch keine Zufälle, es geschieht auch nichts willkürlich. Das, was Du denkst und fühlst, kreiert Dein Leben. Das, was auch immer Du denkst und fühlst, erschafft alles, was Dir in Deinem Leben geschieht. Wenn Du fühlst und denkst, der Tag wird wieder mal richtig stressig, dann werden alle Umstände, Ereignisse und Menschen in Dein Leben treten, die Dir Deinen Tag richtig stressig machen. Keine Sorge, es wird so sein. Wenn Du aber fühlst und denkst, das Leben ist wirklich toll, es ist gut zu mir und ich genieße es, dann werden alle Umstände, Ereignisse und Menschen von Dir angezogen, die das Leben wirklich schön für Dich machen. Du wirst ein kapitales, wunderbares Leben führen.

Denn Du bist wie ein Magnet, der alles anzieht, was Du mit Deinen Schwingungen aussendest. Jede Kleinigkeit kommt zuverlässig zu Dir zurück. Du ziehst alles mit Deinen Schwingungen in Dein Leben. Ob es Dein Job, Deine Gesundheit, Deine Beziehungen oder finanziellen Umstände sind, Deine Schwingungen, oder auch Ausstrahlung, sind dafür verantwortlich. Wenn Du also negative Gefühle und Gedanken zum Thema Geld hast, brauchst Du Dich auch nicht darüber wundern, wenn Geld nicht in Dein Leben kommt und Du schon wieder chronischen Geldmangel verspürst. Hast Du aber positive Gefühle und

Gedanken zum Thema Geld, werden positive Umstände und Menschen, sowie günstige Bedingungen in Dein Leben treten, die Dir Geld bringen und Dich reicher machen. Anstatt dann zu sagen: „Am Ende des Geldes ist noch verdammt viel Monat übrig", wirst Du viel lieber jubelnd sagen: „Am Ende des Monats ist noch verdammt viel Geld übrig." Die Frage ist immer die gleiche: „Was willst Du, mein lieber Leser?"

Es gibt den schönen Spruch: „Wie Du in den Wald hineinrufst, so schallt es zurück." Also bist Du wie ein Echo, was Du hinausrufst, kommst zu Dir zurück. Dann könnte ein etwas abgewandelter Spruch so lauten: „Wie Du in die Welt hineinklingst, so klingt sie zurück." Du bestimmst über die Beschaffenheit Deiner Gedanken und Gefühle. Nur Du. Hast Du positive Gefühle und Gedanken, die Du aussendest, verändern sie Dein Leben.

Aber noch stärker in ihrer Wirkung sind die Worte, die Du laut aussprichst. Denn zuerst musst Du ja mal Worte denken. Und wenn Du sie denkst und dann aussprichst, tust Du ja zweierlei. Und das verstärkt die Wirkung ungemein. All Deine Wünsche, die Du zuerst gedacht, dann aufgeschrieben und dann noch laut ausgesprochen hast, haben eine immense Kraft. Sie werden sich manifestieren. Vorausgesetzt, Du glaubst daran. Beziehungsweise – Du glaubst daran, dass das schon geschehen ist. Dazu gleich mehr. Egal, was Du sagst oder tust, Du musst es zuerst denken. Auch wenn bei gewissen Dingen schon ein Automatismus vorhanden ist, musst Du es zuerst denken, bevor Du es tun kannst. Wenn auch unbewusst. Aber es ist so. Das Gehen ist ein Beispiel dafür. Es läuft zwar automatisch ab, aber trotzdem musst Du zuerst denken, dass Du gehen willst. Also sind all Deine Wünsche und Sehnsüchte zuerst nur Gedanken. Wenn Du sie Dir aufschreibst, bekommen sie mehr Macht und wenn Du sie dann noch aufsagst, ist das schon sehr gewaltig und das Universum oder Gott wird alles tun, um Deine Wünsche zu erfüllen. Das funktioniert aber auch in die andere Richtung. Wenn Du zum Beispiel ein neues Auto kaufen willst, hast Dir alles ausgesucht, Farbe, Marke, wie viele PS, also Dein Wunschauto, machst alles richtig mit Denken, Aufschreiben und Aufsagen, gehst dann ins Geschäft, schaust Dir den Wagen an, schaust auf den Preis und sagst: „Mensch, ist der Wagen aber teuer." Dann ist das wirklich kontraproduktiv. Denn dann wird Dir das Leben zeigen, wie teuer alles ist. Und wenn Du teuer denkst, heißt das ja, dass Du nicht mehr genug für Dein Geld bekommst. Dein Geld wird immer weniger wert. Und so sieht es dann auch aus. Dein Geld ist wirklich immer weniger wert und Du bekommst immer weniger für Dein Geld. Es ist so einfach. Und das Ende vom Lied heißt dann, Du kannst ihn Dir nicht leisten. Und das ist der größte Fehler, so zu denken und das auch zu sagen. Das sind dann sehr negative Gedanken und das, was Du ausstrahlst, wird Dir auch entgegenkommen. Und zwar direkt. Du bist wie ein Magnet. Das ist das Übel dieser Menschheit, dass sie meistens mehr alles sagen und denken, was sie nicht wollen, als das, was sie wirklich wollen. Darauf bin ich ausführlich im letzten Kapitel eingegangen. Wenn Du negativ denkst und fühlst, beraubst Du Dich selber der Macht der Liebe. Du willst ja eigentlich etwas anderes, erzählst aber davon, was Du nicht willst. Erzählst Du von einer Krankheit, die Du hast, gibst Du dieser Krankheit Aufmerksamkeit, das Gleiche, wenn Du im Stau stehst oder ein Termin besch... lief oder andere Menschen Dich frustriert haben, aus welchem Grund auch immer. Erzähle Deine Geschichte so, wie Du sie haben möchtest. Du möchtest supergute Termine, liebe und nette Menschen um Dich herum, gesund sein, immer freie Fahrt mit dem Auto haben. Dann musst Du das auch leben und erzählen. Jedes Mal die negative Variante zu erzählen, wird Dir mehr negative Erlebnisse in Dein Leben spülen. Du hast das alles schon in Dein Leben gezogen. Wird ja nun Zeit, dass Du es änderst. Oder was meinst Du? Es ist nichts Verkehrtes daran, so zu leben. Aber wenn Du glücklich und zufrieden leben willst, dann wirst Du es ändern. Du wirst dann über die positiven Erlebnisse reden, die Du haben willst. Statt Geldschwierigkeiten, lieber Geld im Überfluss. Statt weniger Gewinne und Umsätze mit Deinem Unternehmen, mehr Gewinne und hervorragende Umsätze. Statt krank, bist Du gesund. Statt schlechte Termine, hast Du gute Termine. Freu Dich darauf, schenke allem immer viel und noch mehr Liebe. Das ist Deine Aufgabe, wenn Du glücklich sein willst. Unterhalte Dich mal mit glücklichen und zufriedenen Menschen. Sie sprechen nicht über das, was ihnen missfallen könnte. Sie sprechen darüber, wie gut alles läuft. Tu dasselbe. Sprich über das, was Du willst. Sprich nur noch über das, was Du liebst. Immer. Und Du wirst eine neue Freiheit verspüren.

Alles ist möglich mit der Kraft der Liebe. Das ist eine ganz wichtige Aussage. Du kannst alles schaffen, mit der Kraft der Liebe. Die Liebe befreit Dich von Lasten, aus Käfigen oder wovon Du auch immer befreit sein willst.

Ich kannte einen Mann, der immer davon geträumt hatte, irgendwann einmal dort zu leben, wo es das ganze Jahr sehr warm ist. Er wusste, eines Tages würde dies geschehen. Doch solange er diesen Traum in die Zukunft projizierte, würde er in der Zukunft bleiben. Erst als er anfing, sich seine Wünsche aufzuschreiben und sie sich auch laut vorlas, wurden sie konkreter und konkreter. Er wünschte sich gleichzeitig auch seine Traumfrau und seinen Traumwagen, sein Traumhaus. Er visualisierte sich alles herbei. Und er bekam alles auf einmal auf dem Silbertablett serviert, ohne dass er auch nur ansatzweise ahnen konnte, dass seine Wünsche sich erfüllt hatten. Er ging später nach Amerika, wo seine Traumfrau lebte, die er in Deutschland kennengelernt hatte. Ohne es wirklich zu wissen, war sein Wetterwunsch in Erfüllung gegangen, denn er lebt nun in Arizona. Sehr warm dort. Seine heutige Frau, sie hatten eine Traumhochzeit in Las Vegas, hatte sein Traumauto in der Garage. Und sein Traumhaus haben die beiden auch gefunden. Es ist für beide das Traumhaus. Und so werden Wünsche wahr. Das Universum oder Gott spielt Dir die Menschen, Umstände und Ereignisse in Dein Leben, die dann alles wahr werden lassen. Die Liebe zu seinen Wünschen, der unerschütterliche Glaube daran, dass alles schon eingetroffen ist, haben ihm das gebracht. Und er konnte vorher nicht wissen, auf welchem Wege es zu ihm kommen würde. Aber das war auch nicht seine Aufgabe, das zu wissen. Er musste nur offen sein, für alles. Er musste nur alles lieben.

Liebe ist die Erfüllung des Gesetzes der Anziehung. Oder besser: Liebe sollte Deine Aufmerksamkeit haben. Liebe und Dankbarkeit. Denn Du bist hier, kannst alles sein, was, wer und wie Du willst. Du brauchst nur den Mut, Dein Selbstvertrauen und Deine Aufmerksamkeit. Du brauchst eigentlich nur Dich in Deiner reinsten und ureigensten Form und Du wirst gewinnen. Und nun zum nächsten Kapitel ...

Dein Leben – Die Kraft der Dankbarkeit

Kommen wir hier zum zweiten wichtigen Punkt, nach der Liebe. Wie Du ja jetzt weißt, ist die Liebe nicht weich oder kraftlos, nein, sie ist die Kraft und Energie hinter allem. Um aber noch mehr Kraft in Deine Wünsche und Dein Leben zu bekommen, widmen wir unsere Aufmerksamkeit jetzt der Dankbarkeit. Wie wichtig Dankbarkeit ist, zeige ich Dir an zwei Punkten auf: Zum Ersten bestätigst Du mit Dankbarkeit, dass Du Deine Gefühle positiv ausrichtest und Dich damit wirklich gut fühlst. Und zum Zweiten ist Dankbarkeit nichts anderes als Liebe, die Du abgibst. Und damit auch der Grund, warum Du Dich dabei so richtig gut fühlst. Dankbar zu sein, aus tiefstem Herzen, ist ein richtig schönes Gefühl. Aber nicht nur anderen Menschen gegenüber. Du kannst vielem und auch für vieles dankbar sein. Dankbarkeit ist eine sehr, sehr hohe Ausdrucksform der Liebe. Sei einfach dankbar für alles. Selbst der schlechteste, miesesste und schrecklichste Moment, den Du erlebt hast, ist der, für den Du am dankbarsten sein solltest. Ich behaupte, das war der Moment, der Dich am weitesten gebracht hat. Du bist stärker daraus hervorgegangen, als Du jemals zuvor warst. Und wenn nicht, hat er Dich einiges gelehrt, wie viel auch immer, aber Du hast ihn überstanden und überlebt. Sei einfach dankbar dafür. Sei dankbar, dass Du jeden Morgen aufstehen kannst. Sei dankbar für das Wasser, mit dem Du Dich duscht, sei dankbar für Dein Frühstück, Deinen Kaffee, Deine Arbeit, Dein Leben, sei dankbar für den neuen Tag. Dankbarkeit kann so vielschichtig sein. Aber sie ist immer eine große Geste der Liebe. Durch Deine Dankbarkeit sendest Du Liebe aus und was Du aussendest, wirst Du auch wieder empfangen. Du bist ein Magnet. Durch Deine Dankbarkeit wird es Dir möglich sein, ein neues Auto zu bekommen, mehr Geld, Gesundheit, ein Haus oder einen wundervollen Urlaub. Was auch immer Du Dir wünschst, es kann wahr werden. Du bist Deines Glückes Schmied. Also sei dankbar. Durch Deine Dankbarkeit kannst Du sogar wieder komplett gesund werden, wenn Du krank bist. Oder gesünder werden oder einfach nur gesund bleiben. Was es auch immer ist, Du kannst mit Dankbarkeit alles bekommen. Auch wundervolle Beziehungen kannst Du mit Dankbarkeit bekommen. Es werden sich für Dich Türen öffnen, an die Du vorher nicht mal im Traum gedacht hast. Du musst sie nur sehen und hindurch gehen. Es liegt an Dir. Dankbarkeit ist nichts, wofür Du einen großen Aufwand betreiben musst. Dankbarkeit ist einfach in Dir. Sei aus tiefstem Herzen einfach dankbar. Dankbar für alles. Versuche es einfach. Denke an jemanden, den Du über alles liebst, und denke einfach daran, wofür Du diesem Menschen dankbar bist. Konzentriere Dich komplett darauf und fühle die Freude, Wärme und Liebe, die von Dir ausgeht. Sage laut, wofür Du diesem Menschen alles dankbar bist. Zähle auf, warum Du diesen Menschen liebst. Du bekommst das alles zurück. Und das ist ein Wahnsinnsgefühl. Danke!

Danke ist der Anfang des Wortes *Dankbarkeit*. Das ist das, was Du fühlst, wenn Du Danke sagst. Sage immer wieder Danke. Danke für jede Sekunde in Deinem Leben. Je öfter Du Danke sagst, desto mehr wirst Du Dankbarkeit fühlen, desto mehr kommt es aus Deinem tiefsten Herzen. Und es ist wichtig, dass Du es fühlst. Dass Du fühlst, dass Dankbarkeit aus Deinem Herzen kommt. Dieses Gefühl lässt Deine Wünsche wahr werden. Es lässt Deine Wünsche manifestieren. Mit Dankbarkeit multiplizierst Du Deine Liebe noch um ein Vielfaches. Wenn Du für Dein Geld dankbar bist, auch wenn es wenig ist, bekommst Du mehr Geld. Beschwerst Du Dich aber andauernd über zu wenig Geld, wirst Du auch immer weniger bekommen und letztendlich auch haben. Dankbarkeit ist die Kraft für wundervolle Beziehungen, Deinen Traumberuf, einfach alles in Deinem Leben, was Du Dir wünschst. Egal wie verfahren Deine Situation auch sein mag, sei dankbar dafür. Sei dankbar, dass Du nun die Chance hast, etwas zu ändern. Und jetzt ist der richtige Zeitpunkt gekommen. Bist Du jedoch nicht dankbar für alles, was Du bekommen hast, strahlst Du keine Liebe aus. Du wirst in Deinem Leben nichts verändern können, da Dir die Kraft der Liebe fehlt. Aber wenn Du etwas verändern willst, sei einfach jeden Tag dankbar. Bist Du jeden Tag sehr dankbar, verändert sich sehr viel in Deinem Leben zum Positiven. Du wirst staunen.

Dankbarkeit ist so immens wichtig für ein wundervolles und erfülltes Leben. Wenn Du dankbar bist, in allen Lebenslagen, wirst Du noch mehr bekommen, wofür Du dankbar sein kannst. Wenn Du morgens aufstehst, sei dankbar, dass Du das überhaupt kannst. Für die meisten Menschen ist das mittlerweile nur noch selbstverständlich, dass sie gehen oder aufstehen können. Sie denken nicht darüber nach, sondern tun dies automatisch. Sei dankbar dafür, denn dann wird Dir wieder bewusst, dass es nicht selbstverständlich ist. Wenn Du Deine Morgentoilette machst, sage Danke, wenn Du Deinen Kaffee oder Deine Milch trinkst, sage Danke, wenn Du Dein Frühstück zu Dir nimmst, sage Danke, wenn Du zur Arbeit fährst, egal ob mit Bus, Bahn oder Auto, sage Danke. Wenn Du bei Deiner Arbeit angekommen bist, sage Danke, während Du Deine Arbeit verrichtest, sage viele Male Danke, wenn Du zur Mittagspause gehst, danke für Dein Mittagessen, danke für Deinen Chef oder/und Arbeitgeber, sei dankbar, auch wenn Du ihn vielleicht nicht magst. Sage Dank, für Deine Mitarbeiter/innen, sei dankbar, wenn Du abends wieder von der Arbeit nach Hause fährst. Sei dankbar für Dein Abendessen, wenn Du Kinder hast, sei dankbar, für Deine Frau/Deinen Mann, sei dankbar, dass sie/er da ist, dass Du alles mit Deiner Familie erleben darfst, sage Danke. Wenn Du abends Dein Abendbrot isst, ob alleine oder im Kreis Deiner Lieben, sei dankbar, wenn Du Deine Freunde triffst, sage Danke, wenn Du nachts ins Bett gehst, sei dankbar.

Ich habe jetzt einfach nur mal grob einen Tagesablauf zusammengestellt, wofür Du alles dankbar sein kannst. Aber glaube, da gibt es noch so viel mehr in einem Tag, wofür Du dankbar sein kannst. Je mehr Du Dankbarkeit fühlst, je dankbarer Du bist und dies auch sagst, umso mehr Liebe sendest Du aus. Und je mehr Liebe Du aussendest, umso mehr kommt zu Dir zurück. Das Gesetz der Anziehung oder auch Resonanz greift dann. Denn Deine Aufmerksamkeit ist auf Dankbarkeit und Liebe gerichtet. Und Du wirst immer mehr Gründe sehen, für die Du dankbar sein wirst. So funktioniert der Kreislauf. Worauf Du Deine Aufmerksamkeit richtest, wird für Dich wie ein Magnet, Deine Anziehung für die Liebe wird immer größer. So bekommst Du auch die Resonanz dafür.

Die meisten Menschen sind bis jetzt leider viel zu wenig dankbar und bemerken erst, was sie hatten, wenn es plötzlich fehlt. Nimm zum Beispiel die Gesundheit. Die meisten Menschen sprechen nicht über ihre Gesundheit, sind sie gesund, wird es als selbstverständlich hingenommen. Erst wenn sie krank sind, bemerken sie, dass da etwas anders ist und fehlt. Aber was machen sie dann? Sie sprechen auch noch über ihre Krankheit. Nicht davon, dass sie gesund werden wollen. Überall erzählen sie, wie schlecht es ihnen geht, und verzögern somit den Heilungsprozess. Und sind sie erst mal wieder gesund, wieder kein Danke, und das nächste Zipperlein wartet schon. So kannst Du dankbar sein, für Dein Leben. Ist es selbstverständlich, dass Du lebst? Oder ist es ein Wunder? Ja, jedes Lebewesen ist ein Wunder. Die meisten Menschen bemerken nicht einmal, welches Wunderwerk ihr Körper ist, mit all seinen Organen, seinen Blutbahnen, dem Gehirn, die Haut, jede einzelne Zelle, wir sind ein wahres Wunderwerk, aber dankbar? Leider die wenigsten. Bist Du dankbar, dass Du jede Nacht schlafen kannst? Oder merkst Du erst etwas, wenn Du schlecht geschlafen hast und sprichst darüber den ganzen Tag? Und Du fühlst Dich müder und müder? Nun, vielleicht solltest Du es wirklich mal mit Danken versuchen. Dankbarkeit ist etwas sehr Schönes, was Du auch geben kannst. Sage doch mal Danke zu jemanden, den Du liebst oder lieb hast: „Danke, dass Du da bist“ oder „Danke, dass es Dich gibt“. Du wirst ein Lächeln, ach Quatsch, Du wirst ein Strahlen hervorrufen. Du machst damit jemanden richtig glücklich. Aber es muss schon von Herzen kommen. Aus tiefstem Herzen und ehrlich sein. Menschen spüren, wenn es nicht ehrlich gemeint ist. Öffne Dich und Dein Herz. Sei dankbar für Deine Gefühle. Denn sie zeigen Dir Deine Stimmung an, ob es Dir gerade gut geht oder eher nicht. Und ohne Deine Gefühle wärst Du praktisch tot, denn Du würdest ja nichts fühlen. Sei dankbar für Dein Gehirn, das Dich immer sicher von A nach B bringt, das Dich logisch denken lässt. Sage

Danke. Hast Du schon mal Danke zu Deinem Herd oder Deinem Mixgerät gesagt? Oder zu Deiner Kaffeemaschine? Oder fällt Dir erst dann auf, dass sie da sind und so unglaublich viel für Dich leisten, wenn sie defekt sind? Wir haben zu Hause einen wundervollen Mixer. Wir benutzen ihn jeden Tag. Mir ist einmal Apfelsaft über die Steuerplatine mit den ganzen Tasten gelaufen. Also habe ich den Mixer sauber gemacht von außen, aber er funktionierte nicht mehr. Dann habe ich unserem Mixer gesagt, dass ich ihn liebe und ihn dann auseinandergebaut. Ich wusste, ich bekomme ihn wieder hin. Habe ich letztendlich auch. Ich bedanke mich jeden Tag bei unserem Mixer und bei mir funktioniert er einwandfrei und die Tasten lassen sich spielend leicht bedienen. Bei meiner Partnerin ist das anders, sie erzählt mir, dass alles so schwer geht, alles funktioniert erst nach sehr langem Drücken der Tasten. Zufall? Ich habe dafür noch mehr Beispiele. Ich bin dankbar für alles, was ich mache, alles, was ich sehe, mir gelingt alles kinderleicht, was ich auch anfasse. Meiner Partnerin fällt vieles schwerer, obwohl sie vieles eigentlich besser kann und früher in einer anderen Beziehung auch alles immer selber machen musste. Ich dagegen habe erst hier mit meiner Partnerin angefangen, viele Haushaltsdinge zu erledigen. Ich bin heute noch so dankbar dafür, dass ich das alles erleben darf. Ich bin dankbar, wenn meine Partnerin sich mit mir streitet, ich bin dankbar, dass ich sie überhaupt kennenlernen konnte und durfte. Ich sage immer wieder so viele Male Danke, danke für diesen wundervollen Tag. Danke, dass ich dieses Buch schreiben darf. Danke, dass Du dieses Buch liest, mein lieber Leser. DANKE!

Sei einfach wirklich dankbar. Sage immer Danke. Danke zu sagen, kostet Dich nichts. Aber die Dankbarkeit ist mehr wert, als alle Reichtümer zusammen. Und trotzdem, Dankbarkeit schenkt Dir aber auch alle Reichtümer, die Du in Deinem Leben willst.

Denn alles vervielfacht sich in Deinem Leben, durch die Dankbarkeit und die Liebe, die Du ausstrahlst. Und das Schöne daran ist, Du wirst dadurch glücklich und gibst Dir damit das schönste Geschenk. DANKE!

Wir sind in diesem Kapitel ja bei dem Thema, wie Du alles bekommen kannst, was Du Dir wünschst. Liebe und Dankbarkeit sind schon mal zwei wichtige Schlüssel dazu. Beide Themen habe ich jetzt abgeschlossen und ich denke, dass Du bis jetzt alles verstanden hast. Ich möchte jetzt nochmal auf ein anderes Thema eingehen, ein bisschen ausführlicher als bisher. Ich habe zwar schon einige Kapitel vorher über die Macht Deiner Gefühle geschrieben, möchte dieses Thema aber hier nochmal zusammenfassend komprimieren. Und zwar über die Gefühle und Schwingungen im Zusammenhang mit diesem Kapitel.

Was sind Schwingungen?

Und wie entstehen diese Schwingungen überhaupt. Zuerst solltest Du wissen, dass jedes Lebewesen ein elektromagnetisches Feld umgibt. Ja, jeder Mensch hat so ein elektromagnetisches Feld um sich. Auf Bildern von Malern kannst Du es auch sehr häufig sehen, es wird dort als Aura dargestellt. Bleiben wir bei dem Begriff *Aura*, der ist kürzer und einfacher zu merken. Die Aura, die Dich umgibt, ist also elektrisch aufgeladen und zieht Dinge an und stößt Dinge ab. Diese Aura zieht auch Menschen an und stößt sie ab. Wie geht das? Es sind praktisch die Schwingungen, die Du aussendest, sie sind positiv oder negativ und werden von anderen Menschen und auch anderen Lebewesen wahrgenommen. Bist Du zum Beispiel ein sehr ängstlicher Mensch, wird das über Deine Aura nach außen getragen. Du wirst andere ängstliche Menschen in Dein Leben ziehen. Gleiches zieht sich an. Oder nehmen wir Hunde: Wenn Du häufig von Hunden angebellt wirst, spüren und wittern sie Deine Angst, über Deine Aura. Es ist so einfach. Oder bist Du ein sehr gütiger und liebevoller Mensch, strahlst Du das über Deine Aura aus und wirst mehr Güte und Liebe in Dein Leben ziehen. Aber wer bestimmt den jetzt über Deine Aura und Ausstrahlung? Wie kommt sie zustande? Sie kommt über Deine Gefühle zustande. Wenn Du Deine Gefühle kontrollierst und Du immer darauf aus bist, Dich gut zu fühlen, strahlst Du auch genau das über Deine Aura nach außen aus. Es kommt also von innen. Wie innen so auch außen. Jetzt weißt Du, was damit gemeint ist. Deine Gefühle bestimmen also nicht nur, wie Du Dich fühlst, sie bestimmen auch darüber, was Du ausstrahlst. Aber nicht nur die anderen Lebewesen bekommen mit, was Du ausstrahlst. „Oje, was kommt denn noch alles auf mich zu?“, magst Du jetzt denken. Aber glaube mir, das ist so und ist auch gut so. Denn das ganze Universum bekommt Deine Ausstrahlung mit und arbeitet daran, Deiner Ausstrahlung gerecht zu werden. Du bekommst, was Du fühlst. Wenn Du Dich schlecht und hundsmiserabel fühlst, wird das Universum oder Gott oder wie auch immer Du es nennen willst, alles daransetzen, Dir mehr Ereignisse und Umstände zukommen lassen, damit Du davon auch ja immer mehr bekommst. Wie schon beschrieben. Und das Gleiche, wenn Du Dich gut fühlst, glücklich fühlst, das Universum wird Dir davon immer mehr geben. So funktioniert das auch mit Deinen Wünschen, wenn Deine Schwingung mit Deinem Wunsch im Einklang ist, dann werden sich alle Türen für Dich öffnen, um Dir Deinen Wunsch zu erfüllen. Aber wie bringst Du jetzt Deinen Wunsch in Einklang mit Deinen Schwingungen? Deine Schwingungen tragen ja Deine Energie nach außen. Deine Gefühle müssen bei jedem Wunsch, den Du hast, einfach auf Enthusiasmus gestellt sein. Soll heißen: Wenn Du enthusiastisch fühlst, wie sich Dein Wunsch schon erfüllt hat, Du das mit Deiner Vorstellungskraft sehen kannst und komplett glücklich dabei bist, bist Du im Einklang mit Deinen Schwingungen. Verstanden? Alles im Universum schwingt. Deine Schwingung ist sowas wie ein Radiosender. Du stellst die richtige Frequenz ein und hörst diesen Sender, der Deine Lieblingsmusik spielt oder was auch immer. So senden Deine Schwingungen keine Musik aus, aber Deine Gefühle und Wünsche. Was also auch immer Du für Gefühle hast, gute oder schlechte, positive oder negative, so ist auch Deine Schwingung positiv oder negativ und zieht Dir auf diesem Wege Umstände, Ereignisse und Menschen in Dein Leben, die gleich schwingen. Welche Frequenz Du auch gerade sendest, diese Frequenz entspricht genau Deinen Gefühlen. Du kannst Deine Schwingungen oder Frequenzen jederzeit ändern. Du brauchst nur Deine Gefühle zu ändern. Das ist schon alles. Okay? Alles, was Du Dir wünschst, was Du ausstrahlst, sendest und schwingst, wird sich für Dich manifestieren. Gibt es etwas Gerechteres als dieses Gesetz? Was Du fühlst, bekommst Du. Ich finde das großartig. Du wirst immer wissen, auf welcher Frequenz Du gerade sendest, wenn Ereignisse in Dein Leben treten, die Du liebst oder nicht liebst, vielleicht sogar hasst. Die nächste Frage, die daraus resultiert, ist ja dann diese: Wie kannst Du Deine Gefühle verändern?!? Du kannst ja nicht einfach zu Deinen Gefühlen sagen: „He, Gefühle, jetzt macht mal voran da, ich fühle mich beschissen, ändert das, aber schleunigst." Vielleicht funktioniert das einmal, weil Du Dich dabei selbst vor Lachen krumm biegst, aber bestimmt kein zweites Mal mehr. Nun, über Deine Gefühle bestimmt Dein Denker da oben. Was Du denkst, fühlst Du ja auch. Und umgekehrt. Denn fühlst Du Dich erst mal schlecht, kommen noch mehr negative Gedanken. Also wirst Du Deinem Denker sagen müssen, dass er mal schleunigst zusehen soll, dass Du Dich besser fühlst. Aber auch das ist nicht so einfach. Als Erstes musst Du ja mal fühlen, dass Deine Schwingungen negativ sind. Und wenn Du auf Deine Gefühle achtest und sie ändern willst, kannst Du damit anfangen, Deinem Gehirn ein paar Befehle zu geben. Zumindest hast Du dann schon mal die Aufmerksamkeit Deines Denkers. Aber damit ist es ja nicht getan. Du musst Dein Gehirn schon überzeugen, dass es mal positive Dinge gab. Positive Erinnerungen. Nur auch da lässt sich Dein Gehirn wahrscheinlich nicht so einfach darauf ein, wenn Du es ihm einfach nur sagst. Wie kannst Du also vorgehen?

Durch Fragen. Frage Deinen Denker zum Beispiel: „Wann war ich das letzte Mal richtig glücklich?" Wie war das Gefühl da nochmal? Wo habe ich das letzte Mal richtig Spaß gehabt? In welchem Restaurant habe ich das letzte Mal wunderbares Geschnetzeltes gegessen? Fragen über Fragen, die Du Deinem

Denker stellen kannst. Und der ist so konzipiert, dass er Dir eine Antwort liefern muss. Er wird sofort aufhören, über die negativen Dinge nachzudenken und so lange suchen, bis er eine Antwort gefunden hat und sie Dir dann geben kann. Und wenn Du die Antwort hast, hast Du auch sofort die dazu gehörigen schönen Bilder im Kopf und fängst an, Dich langsam immer besser zu fühlen. Dann brauchst Du Dir diese Bilder nur noch aufrechtzuerhalten und Dein Denker weiß, es gibt ja doch Positives. Und so kannst Du jedes Mal vorgehen. Du kannst immer wieder neue Fragen stellen. Ein schönes Erlebnis mit Deinen Freunden, der letzte Sex mit Deiner/m Frau/Mann oder Freund/in. Ein wunderschöner Abend zu zweit oder was auch immer. Etwas Wunderschönes. Und Du befindest Dich wieder in positiver Schwingung und Frequenz. Wenn Du Dich in negativer Frequenz aufhältst und diese ausstrahlst, wird auch das wie ein Radiosender übertragen. Jedoch sind das nur Störgeräusche. Und Störgeräusche verursachen folgende Gefühle:

Hass – Angst – Ärger – Sorge – Wut – Neid – Enttäuschung – Kritiksucht – Verzweiflung – Schuld – Langeweile

Dagegen sind die positiven Schwingungen und Frequenzen folgende Gefühle:

Liebe – Dankbarkeit – Freude – Enthusiasmus – Begeisterung – Zufriedenheit – Glücklich – Hoffnung – Spass – Lachen – Spielen – Leben

Dass jeder sein Schicksal selbst bestimmen kann, hatte schon Neville Goddard, ein Autor, in einem schönen Satz formuliert: „Verändere Deine Gefühle, dann ändert sich auch Dein Schicksal.“ So einfach ist das Leben.

Die Liebe zeigt mir einfach, dass ich alles erreichen kann, was ich will, wenn ich den Mut habe, Liebe als die Kraft anzusehen, die mich antreibt. Und dadurch wird alles möglich. Und das Schöne ist, es ist auch wirklich so und das ist bewiesen. Denn in welcher Situation Du Dich auch immer befindest, jede Entwicklung ist tatsächlich möglich und auch vorstellbar.

Und zwar deshalb, weil Du die unterschiedlichsten Gefühle in jeder Situation haben kannst. Und dadurch wird alles möglich. Denn Du bestimmst Dein Schicksal mit Deinen Gefühlen selbst.

Deine Gefühle sind Deine Frequenzen und Schwingungen – sie bestimmen Dein Schicksal!

Jetzt haben wir die vier Faktoren innerhalb des Themas „Wie wir alles bekommen, was wir uns wünschen" kennengelernt: Liebe, Dankbarkeit, Gefühle und Schwingungen. Im weiteren Verlauf beschäftigen wir uns damit, wie Du diese Faktoren erschaffst. Diesen Vorgang erläutere ich Dir jetzt.

Wie erschaffe ich mir das, was ich mir Wünsche?

Dies ist eigentlich die leichteste Aufgabe, aber trotzdem wohl für die meisten Menschen die schwerste. Denn hierbei ist Deine Imagination, Deine Vorstellungskraft gefragt. Aber der Reihe nach.

Der erste wichtige Punkt ist: Das, was Du wirklich haben willst, musst Du Dir auch geistig vorstellen können. Aber nicht nur das, Du musst Dir vorstellen, dass Du es bereist hast, es jetzt schon Dir gehört. Stell Dir einfach vor, wie es ist, es zu haben, es zu fühlen, sehen, riechen oder schmecken. Stell Dir vor, was Du damit, alles machen und anstellen wirst. Darauf musst Du Dich fokussieren. Es ist enorm wichtig, dass Du fühlst, dass Du es schon hast oder gerade jetzt bekommst.

Der zweite wichtige Punkt ist, dass Du gleichzeitig Liebe und Dankbarkeit zu Deiner Vorstellungskraft entwickelst und das, was Du Dir so sehr wünschst, auch liebst. Das heißt, dass Du Dir zur gleichen Zeit vorstellen solltest, Dir vorstellst, es bereits zu besitzen und auch noch Liebe und Dankbarkeit fühlen, für das, was Du haben willst. Deine Liebe und Deine Dankbarkeit ziehen das Gewünschte an und Deine Vorstellungskraft verbindet Dich mit dem, was Du haben willst. Aber warum ist es auch so wichtig, zu sehen und fühlen, dass es Dir schon gehört? Denn das ist der schwierigste Teil in dem Ganzen. Es ist darum wichtig, weil Du einzig und allein immer nur im Hier und Jetzt lebst. Du erinnerst Dich? Darüber schrieb ich ausführlich. Und allein im Hier und Jetzt kannst Du das, was Du Dir wünschst, in Empfang nehmen. Nirgendwo sonst. Egal wie weit es auch noch in der Zukunft liegt, Du empfängst es an diesem Tag im Hier und Jetzt. Nicht in der Vergangenheit und auch nicht in der Zukunft. Vielleicht denkst Du jetzt: „Aber es kommt doch erst in der Zukunft zu mir." Ja, aber auch die Zukunft ist irgendwann dann im Hier und Jetzt. Verstanden? Und wenn Du das alles hinbekommen hast, hast Du die Hauptaufgaben schon erfüllt.

Denn der dritte Punkt ist dann nur noch das Bekommen. Du musst offen sein dafür, offen sein für das, was Du Dir wünschst. Denn Du weißt nicht, wie es zu Dir kommt. Und wenn Du offen bist, Deinen Wunsch zu empfangen, dann wird er auch zu Dir kommen.

Also stell Dir das vor, was Du haben willst, fühle von ganzem Herzen, wie Du es bereits hast, begehre es, habe ein Verlangen danach. Dein Begehren macht es erst so wertvoll für Dich. Begehren ist Liebe. Also mache Dir die Kraft der Liebe zunutze und begehre es. Egal wie oft und was Du Dir wünschst, der Prozess ist immer der gleiche. Sobald Du Liebe aussendest, kommt mehr Liebe zurück. Und wenn Du Deinen Wunsch liebst, manifestiert er sich. Das ist eigentlich ganz einfach. Aber es wird für viele vielleicht schwer sein. Gerade das Fühlen, dass es bereits Dir gehört. Aber Du darfst keinen Moment von diesem Zustand des Seins abweichen. Nur wenn Du fühlst, dass Du es bereits hast, kann Dir das Universum Deinen Wunsch erfüllen. Da es Deine Gedanken und Gefühle kopiert, kann es nicht anders, als Dir genau das zu liefern, was Du haben willst.

Egal, was Du Dir wünschst, mehr Geld oder Reisen oder eine bessere Beziehung oder Ehe, eine wundervolle Arbeit, die Dich ausfüllt, wenn Du es bekommen willst, stell Dir vor, es gehört Dir bereits und lebe auch so, als wäre Dein Wunsch schon erfüllt. Das ist so wichtig. Erinner Dich, dass ich schrieb, dass das Universum praktisch wie ein Spiegel ist. Was Du aussendest, kommt zu Dir zurück. Und so ist es auch. Du bekommst das, was Du fühlst. Okay?

Aber ich weiß, dass vielleicht der ein oder andere versucht sein wird, sich eine bestimmte Frau oder Mann in sein Leben zu ziehen, indem er/sie sich diese Person in sein Leben wünscht. Das wird so – Gott sei Dank – erst einmal nicht möglich sein. Denn eine Person praktisch gegen ihren Willen zu etwas zu bringen, geschieht nicht. Das, was Du Dir wünschst, muss reinen Herzens sein, der wahrhaftigen Liebe entspringen und darf niemandem schaden. Du kannst nur eine bestimmte Person in Dein Leben ziehen, wenn ihr auf der gleichen Wellenlänge sendet, also eure Frequenz gleich ist. Wenn also Deine Schwingungen mit der Person, die Du Dir in einer Beziehung zu Dir wünschst, genau gleich ist und übereinstimmt, dann ist das möglich. Und nur dann. Anders würde es ja auch keinen Sinn machen.

Aber ansonsten gibt es keine Begrenzungen in der Liebe. Da, wo Du Grenzen siehst, existieren dann auch Grenzen, aber nur weil Du Dich begrenzt. Auch daran kannst Du sehen, dass das Leben Dir immer recht gibt. Und trotzdem gibt es keine Begrenzungen in der Liebe. Mit Liebe ist alles möglich. Ohne Liebe kaum etwas. Wenn Du in Deinem Leben immer kämpfen musstest, ständig gekämpft hast, für alles, was Du wolltest, hast Du ein schweres Leben hinter Dir, bis jetzt. Wenn Du aber leicht und locker durch das Leben gehst, Dir alles gelingt, alles geht fließend und das Leben fließt so einfach, dann ist der Unterschied sehr einfach zu erkennen: Es ist die LIEBE, die den Unterschied ausmacht. Der/die eine hat Liebe, die er/sie ausstrahlt, der/die andere nicht. Du kannst es selbst überall erkennen. So einfach ist auch das.

Hermann Hesse, ein Dichter, sagte einmal folgenden Satz: „Man muss das Unmögliche versuchen, um das Mögliche zu erreichen."

Um es aber versuchen zu können, musst Du das Unmögliche ja auch erst einmal denken. Und die Menschen, die genau dies getan haben, haben Geschichte geschrieben. Sie veränderten die Welt, indem sie über ihre Grenzen gingen und sich das Unmögliche vorstellten. Grenzenloses Denken hilft auch Dir, einen Weg zu finden, das Unmögliche zu erreichen. Du musst weder besondere Fähigkeiten dazu haben noch besonders klug sein. Alles, was Du brauchst, ist Deine Vorstellungskraft. Und ich weiß, die hast Du. Du konntest Dir bisher ja auch immer alle Katastrophen vorstellen. Wenn etwas schief gegangen war oder vielleicht nur ansatzweise schief gehen konnte, war Deine negative Vorstellungskraft sofort zur Stelle und hat Dir genau das gebracht, oder mehr davon gebracht, was Du Dir ausgemalt hast. Warum versuchst Du es nicht auch einfach mal im Positiven?

Das Einzige, was Du tust, ist Dein ganzes Potenzial an Vorstellungskraft gegen Dich selbst zu richten, wenn Du weiterhin negativ denkst. Und ich glaube, dass Du das lange genug getan hast. Jetzt ist der Zeitpunkt, etwas zu verändern. Dein Leben läuft ja schon immer so, wie Du es Dir selbst zurechtgeschustert hast. Auch heute und in Zukunft. Jede Situation hast Du mit Deinen Gedanken selbst kreiert. Und die meisten Menschen befürchten, denken und stellen sich dann auch noch das Schlimmste vor. Und dann wundern sie sich auch noch, dass es eintritt. Die Angst hält einfach zu viele Menschen im Griff. Anstatt dass sie hingehen und sich nur das Beste wünschen, denken und vorstellen, leiden sie lieber. „Und alles, was dann nur schief gehen konnte, ging auch schief." Kennst Du das irgendwoher? Nur, ist das wirklich Liebe, die Du da aussendest? Liebe zu Dir selbst? Bisher wohl eher nicht.

Das, was Du mit Deinem Glauben, Fühlen und deinen Gedanken erschaffst, wird immer in Dein Leben fließen. Mit viel Angst, Sorge und Neid das, was Du nicht willst, und mit sehr viel Liebe, Dankbarkeit und Enthusiasmus das, was Du wirklich in Deinem Leben haben willst. Welchen Weg Du letztendlich gehst, liegt allein an Dir.

Du kannst Dir alles wünschen, was Du willst. Aber immer nur, was Du für Dich willst. Wenn Du anderen Menschen etwas wünschst, dann sollte es reinen Herzens und voller Liebe sein. Nicht, um den anderen Menschen jetzt vor etwas Schlechtem zu bewahren, nein, das, was Du anderen Menschen wünschst, kommt immer zu Dir zurück. Du bist sogar derjenige, der davon mit profitiert, wenn Du anderen Lebewesen nur das Beste und Liebe wünschst. Aber wie viele Menschen gehen dahin und wünschen jemand anderem die Pest an den Hals? Oder etwas anderes Schlimmes? Alles kommt zu Dir zurück. Deshalb sei vorsichtig, was Du einem anderen wünschst.

Für Dich selbst kannst Du Dir auch Gesundheit wünschen. Nicht nur anderen. Du solltest erst einmal selbst gesund sein, oder werden und zwar vollständig. Egal wie alt Du bist. Denn Dein Alter hat eigentlich keine Auswirkung auf Deine Gesundheit. Aber Dein Denken und Fühlen hat das. Wenn Du also denkst, im Alter kommen mehr Zipperlein, wird Dir das Leben recht geben. Also solltest Du Dich immer gesund fühlen und denken. Denn Deine Gesundheit hängt allein von Dir ab. Nicht von Ärzten, Heilpraktikern oder sonst wem. Das heißt nicht, wenn jemand krank ist, dass er nicht zum Arzt oder Heilpraktiker gehen sollte. Ärzte und Heilpraktiker können definitiv sehr wohl helfen, Deinen Körper wieder gesund zu bekommen. Jedoch nur helfen. Sie sind nicht verantwortlich dafür. Dein Glaube allein kann schon Wunder bewirken, dass Du gesund wirst. Wenn Du glaubst, wirklich glaubst, dass der Arzt Dir hilft, kannst Du dadurch gesund werden. Jedoch, die Hauptverantwortung trägst Du alleine. Mit Deinen Gedanken und Gefühlen. Und auch für Deine Gesundheit spielt die Kraft der Liebe eine sehr große Rolle. Warum ist das so? Dein Herz ist praktisch das Zentrum Deines Körpers. Von Deinem Herzen sind alle anderen Organe abhängig. Wenn Dein Herz einwandfrei funktioniert, dann ist die Chance sehr hoch, dass auch alle anderen Organe einwandfrei funktionieren. Und die Liebe hat insofern etwas damit zu tun, weil Du mit Deinem Herzen Liebe aussendest. Liebe kommt ja bekanntlich von Herzen. Und Wissenschaftler haben festgestellt, dass ein Mensch, der voller Liebe ist, ein viel gesünderes Herz hat als jemand, der voller Hass ist. Das Herz spielt eine große Rolle in Deinem Körper. Und wie das Wasser in Deinem Körper bei Hass und Liebe reagiert, habe ich ja auch schon ausführlich in dem Kapitel „Dein

Fühlen" erörtert. Wie ich in diesem Kapitel schon beschrieb, besteht Dein Körper ja zu siebzig Prozent aus Wasser und das Innere Deines Kopfes besteht sogar zu circa achtzig Prozent aus Wasser. Und wie sich Hass, aber auch Liebe und Dankbarkeit auf Deinen Körper auswirkt, hast Du da schon gelesen und ich glaube, auch verstanden. Fühle immer Liebe und Dankbarkeit für alles in Deinem Leben und es geht Dir immer besser und besser. Du wirst Dich immer gesund fühlen. Und das ist etwas Wunderbares.

Wenn Du krank bist, hilft es Dir definitiv nicht, egal wie schwer die Krankheit auch ist, darin zu verweilen, darüber zu reden und nachzudenken und erst recht nicht das Opfer zu spielen und sich im Mitleid zu suhlen. Ganz bestimmt nicht. Aber was Du tun kannst, um wieder einen wundervollen Gesundheitszustand zu erreichen, ist Dich gesund zu denken und fühlen, sowie ganz viel Liebe für Deinen Körper, Deine Seele und Deine Gesundheit zu fühlen und geben. Je mehr Liebe und Dankbarkeit Du aussendest, umso eher wirst Du wieder gesund. Selbst die schwersten Krankheiten heilen wieder, wenn Du genau das tust. Ein sehr wichtiger Punkt wird immer Dein Glaube sein. Wenn Du glaubst, dass alles heilt, dass Du gesund bist, dann wird Dir Dein Körper es genau so geben. Als wirklich aussagekräftiges Beispiel nehmen wir doch einmal den Placeboeffekt. Der Placeboeffekt ist selbst für Mediziner der Beweis, dass die Kraft des Glaubens alles bewirken kann. Man gab einer Gruppe von Menschen echte Tabletten und behandelte sie medizintechnisch gesehen richtig und der anderen Gruppe gab man ein Placebo – meistens eine Zuckerpille – und behandelte sie medizintechnisch gesehen falsch. Aber den Gruppen sagte man nicht, was sie bekommen, Medikamente oder Placebos. Und die Gruppe mit den Placebos erlebte oft wunderbare Verbesserungen. Um das Bild abzurunden, machte man hinterher noch einen Test und sagte selbst den Ärzten nicht, wer jetzt das Medikament bekommt oder nicht. Das Ergebnis ließ aufhorchen: circa vierzig Prozent Erfolg mit den Placebos. Das ist schon eine Hausnummer. Wer jetzt noch glaubt, dass die Medizin allein für die Gesundheit verantwortlich sei, der hat es immer noch nicht verstanden. Dein Glaube bewirkt, ob Du Erfolg hast oder nicht. Jede Zelle speichert Dein Denken. Wenn Du positiv denkst, Liebe und Dankbarkeit aussendest und daran glaubst, dass Du vollständig gesund bist, dann wirst Du es auch nach kurzer Zeit sein. Jede Zelle speichert genau so auch Deine Gefühle. Das bedeutet, dass Dein Körper genau weiß, welches Gefühl Du auch immer gerade hast, weiß, wie er regieren muss. Also sieh zu, dass Du nur glückliche Gefühle hast. Denn die negativen Gefühle werden Dich verfolgen. Du wirst, wenn Du wirklich zu lange negative Gefühle hast, krank werden. Gesundheit zu denken, zu fühlen und daran zu glauben, ist der Schlüssel, der magische Zauber, der Dich auch gesund sein lässt. Die einzige Frage, die Dich interessieren sollte, ist die, ob Du wirklich so denkst. Oder bist Du eher der Typ, der andauernd daran denkt, bloß nicht krank zu werden? Und wenn Du krank bist, bist Du der Typ, der lang und breit darüber erzählt, wie krank er ist, wie Du diese Krankheit bekommen hast, was die Ärzte jetzt noch alles untersuchen wollen und und und ...? Es wäre ja auch kein Wunder. Die Politik spricht immer wieder darüber, dass die Krankenversicherung nicht mehr lange bezahlbar ist, die Werbung spricht von Krankheit und Arzneimitteln, die Deine Krankheit heilen sollen, Du triffst viele Menschen, die sich krank fühlen und auch darüber reden und die Forschung spricht immer mehr darüber, dass sie Medizin finden und erforschen, um so immer mehr Krankheiten heilen zu können. Nichts gegen die Absichten, die diese Menschen hegen, sie mögen wirklich gut gemeint sein. Aber es ist so und bleibt so, sie denken, sprechen und handeln nur mit und von Krankheiten. Keiner von Gesundheit. Durch die komplette mediale Welt zieht sich das Thema Krankheit von vorne bis hinten. Doch was willst Du? Sind bei Dir mehr gute und schöne Gefühle bei dem Thema Gesundheit oder mehr schlechte Gefühle, weil Du ständig über Krankheiten nachdenkst? Glaubst Du eher an immerwährende Gesundheit oder mehr an die Unausweichlichkeit der Krankheit? Auch das ist nur eine Entscheidung. Denn das Gesetz der Resonanz wird Dir gnadenlos das zurückgeben, was Du fühlst und denkst. Und zwar in Form der Umstände und des Zustands Deiner Gesundheit und Deines Körpers.

Um also Deinem Körper vollständige Gesundheit zu geben, ist es notwendig, Deine Gedanken, Gefühle und Glaubenssätze auf Gesundheit zu programmieren. Bis jetzt hast Du immer gedacht, was Du an gesundheitlichen Verschlechterungen bekommen hast, verdient auch immer mehr Deine Aufmerksamkeit. Und so hast Du Dir wahrscheinlich immer öfter gesagt: „Meine Sehkraft wird immer schlechter, mein Gehör funktioniert nicht mehr so gut, meine Knochen werden auch immer müder, ich fühle, wie ich älter werde", und und und ... Aber all das sind einfach nur Glaubenssätze. Und diese bekommen Gewicht mit der Aufmerksamkeit, die Du ihnen gibst. Und Du wirst recht bekommen, es wird sich alles weiterhin verschlechtern. Aber ist es das, was Du wirklich willst? Ich habe manchmal schon den Eindruck, dass kaum jemand mehr bereit ist, für sein Wohlergehen auch etwas zu tun. Alle verlassen sich nur noch auf die Ärzte oder leben mit den Krankheiten und Gebrechen, die sie haben. Aber ich wünsche mir, dass dieses Buch alle Menschen erreicht und ihnen wirklich hilft, ihr Leben positiv und gut zu gestalten, sofern sie es auch für sich selbst wollen. Ich wünsche mir, dass die Menschen endlich aufstehen und zu sich selbst sagen: „Ja, ich kann." Oder: „Ja, ich will." Das wünsche ich allen Lebewesen. Liebe Dich selbst, sei glücklich, erfolgreich, liebevoll und voller Dankbarkeit. Gib Deinem Körper und Deiner Gesundheit eine Chance. Liebe Deinen Körper. Liebe Dich selbst. Liebe Deine Gesundheit. Liebe einfach alles und jeden und Du wirst feststellen, dass Liebe der Schlüssel zu Deiner Gesundheit ist. Liebe ist alles.

Aber was willst Du außer Gesundheit noch erreichen? Wohlstand? Reichtum? Glück? Eine perfekte Beziehung zu Deinem Partner, Familie und Freunden? Eine wundervolle Arbeitsstelle oder ein eigenes Unternehmen? Vielleicht auch wunderschöne Reisen? Ein harmonisches und erfolgreiches Leben? Es gibt bestimmt noch mehr lohnenswerte Ziele, aber nehmen wir doch einmal diese Auswahl und vertiefen sie ein bisschen. Und halten wir doch einmal fest, dass Du es absolut verdient hast, das alles zu erreichen. Du hast es verdient, genau das alles zu leben und erleben. Du bist so wertvoll, dass Du alles, was Du willst, auch erreichen kannst. Und das weißt Du tief in Dir auch. Die Frage ist doch nur wie. Und auch hier ist die Antwort sehr einfach: durch die Liebe! Liebe und Dankbarkeit werden Dir all das bringen, was Du wirklich willst. Du bist mit Deiner Liebe der Schlüssel zu Deinem vollkommenen Glück. Aber wie kann Liebe Dir Wohlstand oder Reichtum bringen? Oder wie die anderen Dinge, die Du haben willst? Gehen wir der Sache auf den Grund. Zuerst einmal möchte ich Dir Folgendes erklären: Da viele Menschen Reichtum nur mit Geld in Verbindung bringen und sich vielleicht wundern, warum ich Wohlstand und Reichtum zusammen aufgeschrieben habe, erkläre ich Dir nun, dass Reichtum mehr bedeutet als nur mit Geld reich zu sein. Ich bin auch reich an Wissen, Liebe, Dankbarkeit, Harmonie, Gefühlen, Glück, Fröhlichkeit, Freundlichkeit, und und und. Okay? Es gibt also die verschiedensten Arten von Reichtum. Worunter auch das Geld fällt. Aber ich deklariere es lieber mit Wohlstand. Und wenn Du Wohlstand willst, kannst Du Dir diesen auch wünschen. Und wenn Du mit Deinem Wunsch im Einklang bist, also auf derselben Schwingungsebene bist, wirst Du Wohlstand erlangen. Aber Du musst Dich auf derselben Frequenz oder auch Schwingung befinden. Wie kannst Du diese erlangen? Durch die Liebe. Wenn ich Dich jetzt fragen würde, ob Du Geld liebst, würdest Du mir vermutlich mit „JA!“ antworten. Okay. Liebst Du auch das Geld, wenn Du weißt, dass es anderen gehört? Liebst Du Geld auch dann, wenn andere Menschen viel Geld haben und Du hast wenig? Gönnst Du anderen Menschen das Geld oder denkst Du, alles ist ungerecht? „Warum habe ich nicht so viel?“ Wenn Du das denkst, befindest Du Dich auf der Frequenz von Neid. Und diese Frequenz hat nichts, aber auch rein gar nichts mit der Frequenz von Liebe zu tun. Du befindest Dich nicht im Einklang mit Deinem Wunsch oder auch dem Geld. Wenn Du kein Geld hast, um irgendwelche Rechnungen zu bezahlen oder mal schick essen zu gehen, oder um ein Wochenende mal rauszufahren, um Dich zu erholen, hast Du dann auch ein positives

Gefühl zu Geld oder denkst Du daran, dass Du schon wieder kein Geld hast? Wenn es nämlich so ist, befindest Du Dich in einer Schwingung, die weit weg davon ist, viel Geld und damit Wohlstand zu erlangen. Geld zu lieben bedeutet einfach, immer Geld zu lieben. Auch wenn Du im Moment kein Geld hast. Sich gut zu fühlen ist nur eine Entscheidung. Du kannst jetzt sofort im Einklang mit Deinem Wunsch sein, Du kannst Dich sofort in die Schwingung der Liebe begeben, auch in die der Liebe zu Geld oder Wohlstand. Dein Wohlstand hängt also einzig und allein von der Liebe zu Geld ab, und der Liebe zu allem anderen. Sei dankbar. Dankbarkeit ist der große Multiplikator in diesem Spiel. Denn wenn Du dankbar bist, auch für jede noch so kleine Kleinigkeit, dankbar für jeden Cent, den Du hast, wirst Du davon mehr bekommen. Das Universum, oder auch Gott, kann ja gar nicht anders als Deiner Schwingung zu entsprechen. Sei fröhlich, dankbar und voller Liebe, für noch so kleine Geldmengen, die Du bekommst oder hast. Freue Dich darüber anstatt Dich darüber zu ärgern oder Dich zu fragen warum es so wenig ist. Deine Frequenz ist in dem Moment von „mehr" weit entfernt, denn Du konzentrierst Dich ja auf wenig. Geld ist ein Tauschmittel, nicht mehr und nicht weniger. Also stelle Geld nicht über alles. Und erst recht nicht über die Liebe. Wenn Du Geld mehr Bedeutung einräumst als der Liebe, wirst Du auch nicht mehr Geld bekommen. Deine Liebe, Deine Dankbarkeit, Deine Gefühle sind ausschlaggebend dafür, was Du bekommst. Du hast alles selbst in der Hand. Alles. Sei Dir dessen bewusst. Du kreierst Dein Leben mit Deinen Gefühlen und Gedanken. Genauso mit Reichtum. Du kannst Dich sofort reich fühlen. Du bist reich. Aber Du musst es auch selbst so sehen. Wenn Du es nicht tust, wirst Du auch niemals reich sein. Wenn Du ständig glücklich bist, bist Du reich. Wenn Du immer voller Freude, Liebe und Dankbarkeit bist, bist Du reich. Wenn Du immer darauf achtest, dass Du Dich gut fühlst bei allem, wirst Du glücklich sein. Und Du wirst alles in Dein Leben ziehen, was Du willst. Dein Glück, Deine Harmonie, Deine Lebensqualität ist einfach nur eine Entscheidung. Denn Du triffst die Entscheidung, ob Du Dich gut fühlst oder nicht. Du triffst Deine Entscheidung, ob Du glücklich bist oder nicht. Es ist Deine Entscheidung, ob Du Dein Glück von irgendetwas abhängig machst oder nicht. Du bist Deines Glückes Schmied …

Ob Du letztendlich reisen willst, wunderschöne Urlaube haben möchtest, ob Du eine hervorragende Arbeitsstelle haben möchtest oder eine super Beziehung zu Deinem Partner, Familie oder Freunden, alles ist eine Frage Deiner Liebe und Dankbarkeit. Es ist eine Frage der Entscheidung. Nehmen wir jetzt einfach mal den Wunsch nach einer wundervollen Liebesbeziehung. Du wünschst Dir vielleicht einen wunderbaren Partner, der Dich ergänzt? Dann kannst Du Dir das wünschen. Und wenn Du im Einklang mit Deinem Wunsch bist, wird er sich auch erfüllen. Wenn Deine Frequenz darauf ausgerichtet ist, bekommst Du Deinen Partner. Aber die meisten fragen sich ja nicht einmal, wie der Partner sein sollte. Doch genau das solltest Du tun. Schreibe Dir auf, wie Dein Partner sein sollte. Also welchen Charakter sollte er/sie zum Beispiel haben? Vielleicht auf Dich eingehen oder Dich in vielen Dingen ergänzen, harmonisch sein, liebevoll oder etwas distanzierter, was möchtest Du alles mit Deinem/r Partner/in alles tun können? Welche Gemeinsamkeiten sind Dir wichtig? Wie soll Dein/e Partner/in aussehen? Was für Sachen soll sie tragen? Sind Dir Kleider lieber oder Hosen? Was soll er tragen, lieber Jeans und lässig leger oder doch lieber Anzug und Krawatte, mehr der Manager Typ? Welche Figur soll er/sie haben? Soll er/sie lieber sportlich sein oder mehr bequem? Sehr sportlich oder sehr bequem? Wie siehst Du Dich selbst dabei? Wie auch immer Deine Wünsche sein mögen, schreibe sie auf und glaube daran, dass sie wahr geworden sind. Unterhalte Dich mit Deinem/r imaginären Freund/in, sieh, wie er/sie aussieht. Lass alles auf Dich zukommen. Freue Dich darauf, ihn/sie zu sehen. Schaffe Platz für ihn/sie in Deinem Leben. Wenn Du von Deiner vorherigen Beziehung noch alte Sachen hast, Bilder von Ex-Freund/in in Deiner Wohnung hängen oder dort noch rumstehen wird er/sie nicht in Dein Leben kommen. Oder Dein Kleiderschrank von Deinen Sachen übervoll ist, sodass Dein neue/r Partner/in keinen Platz mit ihrer/seiner Kleidung hat oder Du im Bett quer oder in der Mitte schläfst, dann hast Du in Wirklichkeit kein Platz für eine/n Partner/in. Du bist dann innerlich noch nicht bereit. Also sorge dafür, dass ein/e Partner/in sich jetzt schon wohlfühlen würde in Deinem Leben. Dein Gehirn kann nicht unterscheiden, ob etwas wirklich real ist oder nicht. Wenn Du das alles machst, wird Dein Gehirn das für bahre Münze nehmen, Dein Gefühl wird es Dir im Laufe der Zeit bestätigen und das Universum, oder auch Gott, wird gar nicht anders können, als Dir das Gewünschte zu liefern. Wenn Du wirklich eine/n Partner/in willst, dann liebe sie/ihn jetzt schon, so wie Du sie/ihn auch immer siehst.

Auch wundervolle Beziehungen mit Deiner Familie oder Freunden sind so möglich. Jedoch wird der Schlüssel dafür immer die Liebe und die Dankbarkeit sein. Also bist letztendlich Du selbst der Schlüssel für alles. Egal, was Du Dir wünschst, Dein Glaube an die Liebe kann Dir alle Deine Wünsche erfüllen. Die Suche nach Deinem Glück kann genau hier für Dich zu Ende sein, denn Du hast alles Glück des Universums in Dir. Die Suche nach Deiner Harmonie, nach Deiner Liebe, nach Deinem inneren Frieden, nach Deinem Reichtum und Wohlstand kann hier zu Ende sein. Denn wenn Du dieses Buch verstanden hast, dann hast Du jetzt alles gefunden. Du bist der Einzige, der diese Entscheidung für Dich treffen kann. Nur Du selbst kannst dafür sorgen, dass Du all das bekommst, was Du wirklich willst. Keine Regierung, keine Bank, kein noch so guter Freund kann das für Dich tun. Du allein. Auch Deine Familie kann dies nicht. Das Leben fließt so einfach. Du hast entweder gute oder schlechte Tage, positive oder negative Erlebnisse, Du bist entweder gesund oder krank, Du bist arm oder reich, Du hast Erfolg oder bist eben erfolglos. Du hast gute oder schlechte Beziehungen, Du hast Wohlstand oder Armut, Glück oder Unglück. All das ist einfach nur eine Entscheidung. Deine Entscheidung. Mein lieber Leser, Dein einziger Auftrag in Deinem Leben ist immer und jederzeit glücklich zu sein. Wenn Du das genauso siehst, alles verstanden hast und konsequent umsetzt, dann hast Du das Leben verstanden, dann lebst Du ab jetzt Dein Leben. Es ist so einfach. Siehst Du das auch so?

Geben ist seliger denn nehmen, heißt es in der Bibel. Jedoch sind Geben und Nehmen eins. Warum ist das so? Das ist auch recht einfach. Das Gesetz der Anziehung besagt, dass was Du gibst, auch genauso zu Dir zurückkommt. Im Klartext heißt es: Denkst Du positiv und auch liebevoll über andere, hilfst Du jemandem oder einen Freund und tust dies gerne, egal was es auch ist, wird Dir das Gesetz der Anziehung diese Hilfe zurückgeben. Bist Du aber voller Wut oder Hass, für einen oder viele Menschen oder auch auf die Welt oder Dein Leben, bekommst Du auch das vom Universum zurück. Das, was Du gibst, kommt genauso, Deinen Lebensumständen entsprechend, zurück. Du erschaffst wirklich Dein Leben mit Deinen Gedanken und Gefühlen. Und damit auch durch Deine Aufmerksamkeit. Dein Leben geht jetzt, wenn Du das wirklich willst, in eine ganz andere Richtung, in eine positive Richtung. Ich wünsche Dir einfach nur Spaß dabei. Super-geilen Spaß! Genieße es!

Dein Leben – Schön wie im Paradies?

„Gib jedem Tag die Chance, der schönste deines Lebens zu werden." – Mark Twain

Leben wie im Paradies. Leben im Paradies. Ist das überhaupt möglich? Wie soll das funktionieren? Wo ist das Paradies? Was ist das Paradies? Muss ich dafür erst sterben? Was muss ich überhaupt dafür tun, um ins Paradies zu kommen? Sind alle toten Menschen im Paradies? Oder gibt es auch eine Hölle? Die Kirche mit ihren Oberhäuptern will uns doch immer verkaufen, dass es eine Hölle gibt. Muss ich gläubig werden, im Sinne der Kirche oder anderen Glaubensrichtungen, um in das Paradies zu kommen? Ist das Paradies nur ganz Wenigen vorbehalten? Oder kann im Paradies niemand mehr sein, seit Adam und Eva? Bin ich allein im Paradies? Was würde sich für mich ändern, wenn ich im Paradies wäre? Gibt es wirklich das Paradies (den Himmel) auf Erden? Sind die Menschen oder was auch immer im Paradies lebt, anders als ich?

Fragen über Fragen, auf die ich hier eine Antwort geben will. Denn das Paradies gibt es wirklich. Nicht so, wie die Kirche oder die Glaubensrichtungen uns das verkaufen wollen. Denn da ist ja alles immer mit einem Gegenpol verbunden. Du kannst ja in die Hölle kommen, wenn Du dann gestorben bist. So will es die Kirche. Paradies und Himmel sind für mich das Gleiche. Also Himmel ist gleich Paradies und umgekehrt. Okay? Und dann fange ich auch gleich mal mit der Hölle an: Die Hölle gibt es so nicht. Die Hölle ist hier. In Dir. Du lebst Deine Leben wie in der Hölle. Das ist grausam. Die Kirche oder auch andere Glaubensrichtungen wie zum Beispiel der Koran hat den Menschen jahrelang verkauft, dass es eine Hölle oder ein Fegefeuer gibt. Und sie tun es heute teilweise auch noch. Warum tat oder tun sie das und warum glaubten und glauben die Menschen daran? Nun, die Kirche hatte früher richtig Macht. Und wie das im Leben eines sogenannten mächtigen Menschen ist, hat er aber auch gleichzeitig wahnsinnige Angst, seine Macht wieder zu verlieren. Denn sonst müsste er ja nicht seine Macht ausspielen. Und so wurde die Hölle erfunden und mit ihr der Teufel. Dass es den Teufel nicht gibt, wissen wir alle. Hoffe ich jedenfalls. Aber genauso wenig gibt es die Hölle. Die Kirche behauptet einerseits, Gott ist überall. Und wenn Gott überall ist, frage ich mich, wo ist dann Platz für den Teufel? Den Teufel gibt es also nicht. Andere wiederum behaupten, Gott und der Teufel wären eins. Je nachdem wie ein Mensch ist, wird auch Gott reagieren. Okay, das ist schon eher richtig. Aber nicht Gott oder der Teufel bestraft die Menschen, das tun die Menschen schon selbst. Die Menschen selbst sind göttlich oder teuflisch. Frei ubersetzt. Für mich heißt das gut oder schlecht. Der Mensch muss ja urteilen, einteilen, verurteilen und beurteilen. Gott tut das nicht. Denn Gott ist immer gut. Gott ist das Gute an sich und für Gott ist alles gut und richtig. Wenn es eine Hölle gibt, dann hat sie der Mensch, der daran glaubt, auch selbst erschaffen. Und dann lebt dieser Mensch auch in dieser eigenen für sich erschaffenen Hölle. Welche Erfahrungen macht dieser Mensch? Dass es eine Hölle gibt. Und was gibt er/sie anderen Menschen weiter? Dass es eine Hölle gibt. Denn das ist schließlich die Erfahrung, die er/sie gemacht hat. Jeder lebt nach seinen Erfahrungen. Und wenn er/sie damit glücklich ist, dann bitte schön, das ist nichts Schlimmes. Und für diesen Menschen gibt es die Hölle. Doch er/sie denkt nicht darüber nach, dass er/sie diese Hölle selbst in sein/ihr Leben gezogen hat, dass auch dies letztendlich nur eine Entscheidung war. Seine/ihre Entscheidung. Also halten wir fest: Es gibt eine Hölle. Sie ist nur selbst kreiert, selbst erschaffen. Und so lebt dieser Mensch gefangen in seinem selbst geschaffenen Gefängnis, in seiner selbst erschaffenen und selbst kreierten Hölle. Ich denke, es ist jetzt klar, was mit der Hölle gemeint ist. Aber nicht unbedingt das, was uns die Glaubensrichtungen, wie immer sie auch heißen, weismachen wollen.

Was ist das Paradies oder auch wo ist das Paradies? Das Paradies ist, so wie Du es kennst, ein unbewohnter Ort. Denn Adam und Eva wurden ja angeblich daraus vertrieben. Ich schrieb eingangs schon darüber. Ich möchte dieses Thema aber an dieser Stelle nochmal vertiefen. Adam und Eva lebten ja im Paradies. Sie lebten dort glücklich und zufrieden, bis Eva und Adam die verbotene Frucht vom Baum der Erkenntnis aßen. Dieser Apfel hatte dann angeblich zur Folge, dass Adam und Eva aus dem Paradies vertrieben wurden. So soll es sich, jetzt natürlich nur in Kurzform, abgespielt haben. Doch mir stellen sich dabei ein paar Fragen. Und ich finde, diese Fragen sind berechtigt. Denn erstens frage ich mich, ob es ein Gott, so wie ich ihn sehe, überhaupt nötig hat, den Menschen eine Frucht zu verbieten. Verbieten zu essen. Für Gott ist ja alles gut und richtig. Er unterscheidet nicht zwischen gut und böse. Gott liebt jedes Lebewesen gleich. Gott liebt alles, was erschaffen wurde. Gott ist einfach alles, war immer, ist immer und wird immer sein. Und dieser Gott soll es nötig haben, eine Frucht zu verbieten? Verführung und was alles noch, ist für mich keine Begründung für das Warum. Wahrscheinlich nur um für den Menschen verständlich zu machen, warum die Versuchung kam. Aber ich finde auch, diese Geschichte erklärt es nur halb, denn Eva wurde ja schwach. Aber diese Geschichte erklärt nicht, warum. Nichts, was in dieser Geschichte steht, mit der Schlange und Evas Verführung zu der verbotenen Frucht. Ich denke, die Geschichte wurde von Menschen geschrieben und der Mensch sollte sehr wohl als schwaches Wesen dargestellt werden, damit er daran wachsen kann und wieder stark wird. Aber Gott hat niemals eine Frucht verboten oder sonst etwas. Gott verbietet nichts. Alles, was in den Zehn Geboten steht, ist zwar gut gemeint. Aber das kam für mich nicht von Gott. Denn Gott hat es nicht nötig, etwas zu verbieten oder Befehle zu erteilen. Und Gott würde auch niemals sagen, was der Mensch *nicht* tun soll. Du sollst *nicht* … (töten, ehebrechen, begehren Deines nächsten Weib, stehlen und so weiter). Gott würde Dir höchstens sagen, was Du alles tun kannst. Das ist alles. Aber so haben wir Menschen gelernt, von Grund auf, darüber nachzudenken, was der Mensch nicht soll. Und der Schuss konnte ja nur nach hinten losgehen. Jetzt hat der Mensch Gesetze erschaffen, die auf diesen Grundmauern aufbauen. Eine Katastrophe. Denn sie haben nichts, aber auch rein gar nichts mit Liebe zu tun. Und wenn sich Menschen mit solchen Dingen beschäftigen, vor allem, was sie *nicht* wollen, sollen oder werden, dann wissen sie immer nur, was nicht ist. Und sie sind so unendlich weit von der Liebe entfernt. Die meisten Menschen lieben ja nur noch mit Bedingungen. Frei nach dem Motto: „Wenn Du diesen Apfel isst, fliegst Du aus dem Paradies." Die meisten Menschen finden das Paradies nicht mehr, weil sie sich mit den falschen Sachen beschäftigen, weil sie sich nichts mehr zutrauen, weil sie nicht mehr bedingungslos lieben, weil sie denken, dass ihnen das Paradies nicht zusteht. Das ist meiner Meinung nach der falsche Weg. Ein liebender Gott, der über allem steht, der alles, was geschieht, als wahr und gut ansieht, hat meiner Meinung nach diese Gebote nie gesagt und Adam und Eva auch nicht aus dem Paradies vertrieben. Gottes Gebote wären wohl eher folgende gewesen:

1. Sei immer glücklich.
2. Du bist immer und ewig ein vollkommenes Wesen, egal was Du tust.
3. Liebe immer alles und jeden.
4. Sei für alles dankbar.
5. Gib immer gerne, denn was Du gibst, kommt auch wieder zu Dir zurück. Und noch viel mehr.
6. Finde Deinen Frieden in Dir. Denn Dein innerer Friede gibt auch anderen ihren Frieden.
7. Liebe Deinen Nächsten wie Dich selbst.
8. Mache wundervolle Erfahrungen in Deinem Leben. Lebe so, wie Du es willst.
9. Sorge dafür, dass andere Menschen Dich in guter Erinnerung behalten und gib ihnen viel Liebe, Güte und Geduld.
10. Sei Du immer der Mensch, der anderen Liebe vorlebt. Liebe, was Du tust und tue, was Du liebst.

Vielleicht so oder ähnlich würden Gottes Gebote aussehen. Denn Gott will, dass Du glücklich bist. Er will, dass Du so lebst, wie Du es willst. Ein Gebot ist so, wie es in der Bibel steht. Und ich finde, das ist ein ganz wichtiges Gebot: Liebe Deinen Nächsten wie Dich selbst. Also liebe Dich selbst und genauso, wie Du Dich liebst, liebe Deinen Nächsten. Aber liebe Dich zuerst selbst!

Gott ist unendlich. Unendlich gütig, weise, liebevoll und rein. Warum sollte Gott dann überhaupt Verbote aussprechen? Warum sollte Gott denn sagen, was der Mensch nicht tun soll? Das sind meine Gedanken zu Gott und der Bibel, zum Alten Testament. Zu den Geboten und dem Paradies. Ich möchte hier aber auch richtig verstanden werden. Was zum Beispiel Jesus sagte und tat, war für mich richtig und gut. Jesus war und ist für mich ein Vorbild. Die Bibel ist eine Lektüre, die jeder gelesen haben sollte. Sie kann Dich inspirieren. Aber denke daran, dass Gott immer unparteiisch ist. Gott ist die Liebe selbst. Deshalb glaube ich auch nicht, dass Gott Adam und Eva aus dem Paradies vertrieben hat. Gott hat das nicht nötig. Warum sollte ein allmächtiger Gott so etwas tun? Aus dem Paradies haben sie sich selbst vertrieben. Sie hatten aus unerfindlichen Gründen ein schlechtes Gewissen. Und mit einem schlechten Gewissen fühlt man sich schlecht. Und wenn man sich schlecht fühlt, lebt man auch nicht mehr im Paradies. Es gab keine Begründung dafür, sich aus dem Paradies zu entfernen. Der Kirche aber kam das natürlich sehr entgegen. Die Bibel als Druckmittel, auch nicht schlecht gemacht. So konnte sie früher immer schön Druck auf die Menschen ausüben und die Angst vor der Hölle ausnutzen. Denn ins Paradies kamen ja nur die guten und tugendhaften Menschen nach ihrem Tod. Die Kirche hatte so unwahrscheinlich viel Macht, denn sie konnte ja mit der Angst der Menschen spielen. Und das gelang auch über mehrere Jahrhunderte wirklich gut. Doch irgendwann bröckelte die Angst. Die Menschen ließen sich nicht mehr verängstigen und lebten einfach mehr und mehr ihr Leben. Und so wurden die Macht und der Einfluss der Kirche weniger. Denn jemanden durch Angst zu lenken und unterdrücken zu versuchen, bedeutet, selbst Angst zu haben, seine Macht zu verlieren. Und die Kirche verlor mehr und mehr ihre Macht. Es gab immer weniger Einfluss, Unterdrückung und Beschränkungen seitens der Kirche. Trotzdem gibt es noch reichlich Beschränkungen. Gott jedoch hat keine

Beschränkungen vorgegeben. In keiner Art und Weise. Gott denkt nicht an so etwas. Früher wurde den Menschen vermittelt, dass es einen guten Gott und den Teufel gibt. Wir wissen heute alle, dass es den Teufel nicht gibt. Und Gott wollte nie, dass es auch nur einem einzigen Menschen schlecht geht oder auch nur ein Mensch arm ist. Oder jung stirbt. Früher wurden die Menschen laut Bibel sehr, sehr alt. Doch irgendwann, im Laufe der Zeit, starben die Menschen immer jünger. Gott hat niemals gesagt, dass der Mensch nur durchschnittlich circa achtzig Jahre alt werden kann. Der Mensch hat das selbst getan. Aber warum nur? Weil er aufgegeben hat zu glauben. Der Mensch hörte plötzlich auf zu glauben, dass er sehr, sehr alt werden kann. Und so wurde jede neue Generation in dem Bewusstsein geboren, dass die Lebensspanne im Vergleich zu früher sehr kurz geworden ist. Der Mensch will nur noch an das glauben, was er sieht. Jedoch, an das, was man sieht, braucht man nicht glauben. Das sieht man doch. Woran muss man da noch glauben? Der wahre Glaube zeigt sich darin, an das zu glauben, was unsichtbar ist. Das ist Stärke. Das ist das Leben.

Aber wie kommst Du nun ins Paradies, oder kommst Du überhaupt dahin? Wen treffe ich dort und wann weiß ich den, ob ich da bin? Muss ich sterben, um dorthin zu gelangen? Um die letzte Frage gleich vorweg zu beantworten: Nein! Niemand muss sterben, um ins Paradies zu gelangen. Das wäre ja wohl noch schöner. Kein Mensch mehr auf der Erde, weil jeder glaubt, das Paradies findet er nur, wenn er stirbt. Super. Das wäre ja echter Unfug. Aber das Leben ist für viele Menschen ja nur Plackerei, Schufterei und Kämpfen. Und das ist ganz bestimmt auch nicht das Paradies. Doch wie kommt es denn, dass einige Menschen glauben, sie leben im Paradies, sind hier auf der Erde und Menschen wie Du und ich? Das ist die Gretchenfrage. Was machen diese Menschen anders? Zuerst einmal machen sie nicht viel anders als Du auch. Sie leben ihr Leben. Sie arbeiten, sie gehen einkaufen, haben vielleicht auch Familie, gehen auch zu Partys und feiern genau wie Du. Der Unterschied ist einzig und allein ihre Einstellung zum Leben. Sie leben nicht nur einfach vor sich hin, sondern sie genießen das Leben, sind dankbar für alles und tragen sehr viel Liebe in sich. Sie lieben das Leben, sie lieben ihr Leben. Aber ist das allein schon ausreichend, um im Paradies zu sein? Im Prinzip schon. Das Paradies ist ja nun, wie wir wissen, nicht im Himmel, im Weltall, Avalon oder sonst wo, wo wir ja nie hinkommen könnten. Das Paradies ist ja hier. Hier auf Erden. Auch Du kannst dorthingelangen. Und dafür brauchst Du nicht unbedingt in den Urlaub fliegen. Oder auf eine wunderschöne Tropeninsel. Dort kann zwar das Paradies auf Erden für Dich sein, muss es aber nicht. Und wie lange dies dann so wäre, weißt Du ja auch nicht. Denn vielleicht wird Dir irgendwann langweilig dort, Du vermisst Deine Freunde oder fühlst Dich dort irgendwann wie im Gefängnis. Das Paradies auf Erden ist nicht irgendwo da draußen. Wenn Du es da suchst, wirst Du es nie wirklich finden. Auch wenn Dir ein Ort, eine Insel oder was und wo auch immer so gut gefällt, dass Du für immer da leben willst und dies vielleicht auch tust. Aber das Paradies ist dort nicht. Ich weiß, es gibt viele Menschen, die bezeichnen so einen Ort als das Paradies auf Erden. Und sie haben auch recht damit. Denn schließlich sehen sie es so. Aber dies ist nicht der ausschlaggebende Grund, dass sie glücklich sind. Denn viele Menschen sind dort auch nicht glücklich geworden. Andere Menschen halten viel Geld für den Schlüssel, um im Paradies zu leben. Denn dann könnten sie ja kaufen, was sie wollen. Sie könnten dann ja leben, wo sie wollen. Sie könnten sich dann alles leisten. Und das wäre dann das Paradies. Aber ich kann Dich beruhigen, auch „dort“ wirst Du das Paradies nicht finden. Das Paradies ist nirgendwo im Außen. Erinnerst Du Dich noch daran, wie ich im Kapitel: Wie erreiche ich was ich will das Gesetz der Anziehung immer wieder herangezogen habe? Das Gesetz der Anziehung oder auch das Gesetz der Resonanz, ist die Liebe. Und was hat das jetzt mit dem Paradies zu tun? Im Gesetz der Anziehung gibt es eine wahre Aussage, die schon vor 5 000 Jahren seine Gültigkeit hatte und auch bis heute beibehalten wird. „Innen wie außen und oben wie unten.“ Aber was hat diese Aussage mit dem Paradies zu tun? Das erläutere ich Dir jetzt: „Innen wie außen“ bedeutet nichts weiter, als dass Du was denkst und fühlst, auch im Außen Deiner Welt wiederfindest. Das Paradies ist für jeden Menschen erreichbar. Aber nicht ein Gott bestimmt darüber, sondern Du selbst. Da Du jedoch göttlich bist, weil Deine Seele ein Teil Gottes ist, bestimmt dann doch Dein göttlicher Teil darüber. Das Paradies ist jedoch nicht weit weg, sondern ganz nah. Es ist in Dir. Das Paradies ist eine Entscheidung. Du kannst also selbst entscheiden, ob Du in der Hölle oder im Paradies lebst. Und das Paradies ist einfach nur Deine Einstellung, Dein Glaube, mehr nicht. Deine Entscheidung. Denn es war Adam und Evas Entscheidung, aus dem Paradies zu fliehen. Du kannst jedoch dort wieder hineingehen. JETZT!

Wen Du im Paradies triffst, ist auch ganz einfach zu beantworten. Du wirst die Menschen dort treffen, die Du auf Grund des Gesetzes der Anziehung in Dein Leben ziehst. Höchstwahrscheinlich Menschen, die auch im Paradies leben oder da hinwollen. Das soll heißen, Du wirst gleichgesinnte Menschen treffen. Gleiches zieht Gleiches an. Das ist einfach so. Es wird immer so sein. Du brauchst Dir also eigentlich gar keine Gedanken zu machen oder Angst zu haben, das Leben ist wirklich so einfach. Sicherlich wird es Menschen geben, vielleicht auch nicht wenige, die Dir sagen werden, dass dies fern jeder Realität sei. Das sei unmöglich. Ja, vielleicht wirst Du auch Schlimmeres hören. Aber es ist nur fern von ihrer Realität. Es ist nur unmöglich für sie. Du hast die Chance, Dein eigenes Leben zu kreieren, Dein Leben zu leben. Wenn Du es nicht tust, lebst Du das Leben dieser Leute. Denn Du machst ihre Aussagen zu Deinen Weisheiten. Und damit zu Deinem Leben. Es ist nichts Schlimmes dabei. Die Frage ist nur, ob Du das willst. Das meinte ich mit dem letzten Satz im zweiten Vorwort für dieses Buch: grenzenlos oder gefangen in Dir selbst – Du hast die Wahl. Es ist immer nur Deine Entscheidung. Es ist immer nur eine Entscheidung. Du bist immer nur eine Entscheidung nah dran oder weit weg; von dem, was Du willst oder von dem, was Du nicht willst …

Leben im Paradies. Ist es eigentlich das, was sich jeder wünscht? Ist es das, was Du wirklich willst? Es wird Menschen geben, die gar nicht in Harmonie und Frieden leben wollen. Es wird Menschen geben, die gar nicht in Liebe leben wollen. Aber dies sind Menschen, die auch genau das Gleiche anziehen. Soll heißen, diese Menschen werden Menschen in ihr Leben ziehen, die genauso denken. Menschen, die so denken, wirst Du nicht mehr in Dein Leben ziehen, wenn Du in Frieden, Harmonie und vollkommener Liebe lebst. Ich liebe dieses Leben, so frei und einfach.

Ich weiß, dieses Denken ist für viele Menschen weltfremd. Es wäre ja an der Realität vorbei. Denn wenn jemand einen anderen verletzt, muss der ja zurück verletzt werden. Wenn jemand einem anderen Menschen etwas antut, muss dem anderen ja unbedingt auch eine Strafe zugefügt werden. Dieses Denken ist in den Köpfen der meisten Menschen. Aber macht dieses Denken und auch Fühlen glücklich? Schenkt Dir dieses Denken und Fühlen Frieden? Ist dieses Denken und Fühlen wirklich gut für die zwischenmenschlichen Beziehungen? Ich denke Nein! Aber warum sind die meisten Menschen nur darauf aus, den anderen auch verletzen zu wollen? Warum wollen sich die meisten Menschen auf dieselbe Stufe stellen, wie der andere? Weil ihnen das ihr ach so ausgeprägter Gerechtigkeitssinn sagt. Zu diesem kommen noch die verletzten Gefühle. Man will sich ja nichts gefallen lassen. Und außerdem würde derjenige sich ja eventuell hilflos und schwach fühlen. Aber das, was geschehen ist, ist geschehen. Wir können es nicht mehr ungeschehen machen. Ob der andere bestraft, verurteilt oder von jemandem anderen verletzt wird, ob Du selbst ihn verletzt oder was auch immer, was geschehen ist, ist geschehen. Aber anstatt sich zu fragen, was habe ich zu dem beigetragen, was da passiert ist, muss unbedingt der andere bestraft werden. Denn der hat das ja verursacht. Das ist in meinen Augen so nicht richtig. Denn Gleiches zieht sich an. Und wie hat derjenige das in sein Leben gezogen? Du, mein lieber Leser, hast die Möglichkeit, alles selbst zu steuern. Alles selbst dafür zu tun, dass Dir nur Gutes widerfährt. Du kannst das Positive in Dein Leben ziehen oder das Negative. Du kannst Dich wohlfühlen oder schlecht fühlen. Es ist Deine Entscheidung. Du ziehst alles in Dein Leben aufgrund von Entscheidungen, die Du triffst. Und aus diesen

Entscheidungen setzt Du Deine Aufmerksamkeit, auf das, was Du willst. Auch wenn Du irgendwann feststellst, dass Du das gar nicht wolltest, ist es trotzdem aus Deiner Entscheidung und Aufmerksamkeit entstanden. Also Deiner Verantwortung. Und damit auch was Du wolltest. Egal ob unbewusst oder bewusst. Und auch egal ob Du hinterher behauptest: „Ich wollte es ja gar nicht so." Denn Deine Entscheidungen triffst Du aus der Summe Deiner Erfahrungen. Ob es nun Deine eigenen Erfahrungen oder die Erfahrungen Deiner „Lehrmeister" wie Eltern, Tanten, Onkel oder Lehrer sind. Es bleibt letztendlich Deine eigene Entscheidung. Dein Leben kann wie im Paradies sein. Im Paradies zu leben bedeutet nicht, aus der Realität verschwunden zu sein. Es bedeutet nur, dass Du glücklich bist. Es bedeutet, dass Du Deine Harmonie und Deinen Frieden gefunden hast. Es bedeutet, dass Dein Leben voller Liebe ist. Die Liebe ist das Schlüsselwort für ein paradiesisches Leben. Ein wundervolles, total abgefahrenes glückliches Leben. Das Paradies zu finden, mag für viele Menschen auf den ersten Blick schwierig sein, aber auf den zweiten Blick einfacher als gedacht. Wie ich schon oben erwähnte, ist die gelernte Einstellung der Faktor, der Dich aus Deinem alten, negativen und Zufalls-Leben nicht heraus lässt. Alte Gewohnheiten loszulassen ist nun mal nicht so einfach. Denn bei diesen alten Gewohnheiten handelt es sich nun mal um tief verwurzelte Glaubenssätze und Überzeugungen. Um aber diese alten Glaubenssätze loszulassen, brauchst Du neue Glaubenssätze. Denn diese können Dir helfen, aus diesem Dilemma – alles immer negativ zu betrachten – herauszugehen. Ein Glaubenssatz ist das, was Du wirklich glaubst. Dein wahrer Glaube kommt nicht unbedingt nur aus Deinen Gedanken, sondern vielmehr aus Deinen Gefühlen. Das heißt, Deine Glaubenssätze sind sehr lange immer wieder mit den gleichen negativen Merkmalen gefördert worden. Dir wurde immer wieder gesagt, was Du alles *nicht* kannst. Das hast Du übernommen, wurde immer wieder zu Deiner Erfahrung, auch wenn Du vielleicht früher gar nicht diese Erfahrungen gemacht hast. Vielleicht hast Du schon immer daran geglaubt, dass Du etwas Bestimmtes gar nicht kannst, weil es Dir immer wieder gesagt wurde, und somit hast Du das einfach übernommen. Irgendwann später hast Du diese Erfahrungen selbst gemacht und beschlossen, dass Deine Lehrmeister ja recht hatten, mit allem, was sie sagten. Natürlich hatten sie recht, aber nur, weil Du es zugelassen hast. So wurdest Du zu dem, was sie Dir prophezeiten. Und um ein ängstliches und negatives Verhalten in ein mutiges und positives zu verwandeln, braucht es halt immer wiederkehrende, neue positive Glaubenssätze. Diese kannst Du mit sogenannten Affirmationen in Dir wecken und fördern. Und Affirmationen sind dafür da, Deine negativen Glaubenssätze in positive zu erneuern. Denn was Dein Gehirn erfasst und irgendwann als wahr ansieht, wird Dir dann auch – nach und nach – ein viel besseres Gefühl bescheren. Und dann bekommst Du auch das, was Du wirklich denkst und willst. Und dann kannst Du alles, was Du willst, und Dir wird plötzlich viel mehr, ja, fast alles gelingen. Wenn Dir zum Beispiel immer wieder gesagt wurde, dass Du stets vorsichtig sein und bloß nichts riskieren sollst, dann kannst Du ab jetzt immer mindestens zwanzigmal zweimal am Tag sagen: „Mein Mut ist grenzenlos und mir gelingt alles, was ich will." Oder aber folgende Affirmation: „Ich tue immer, was ich will, egal wie schwer es ausschaut, für mich wird es immer einfach sein." Vielleicht wurde Dir von Deinen Eltern oder wem auch immer gesagt, dass Du Dich warm anziehen musst oder Du auf bestimmte Dinge achten musst, damit Du bloß nicht krank wirst. Und ich weiß, dass Eltern wieder und wieder davon reden, dass man bloß nicht krank werden sollte. Nun, Du wusstest dann zwar, was Du nicht werden solltest, aber immer noch nicht, was Du sein sollst. Denn das, was alle gedacht haben, war dann halt „krank" und nicht „gesund". Folgende Affirmation kann Dir helfen, auch ständig gesund zu sein: „Ich bin vollkommen heil und gesund. Ich bin stark, mächtig, voller Liebe, Harmonie und Frieden, Reichtum, Wohlstand und Glück." Darin ist alles enthalten, was Du vielleicht wirklich willst. Wenn es Dir zu viel ist, dann kürze ruhig. Und zwar so, dass Du Dich bei allem, was Du sagst und denkst, auch wirklich wohlfühlst. Okay? Wenn Dir vielleicht beigebracht wurde, dass Du ein Versager bist, dass Du nichts kannst, dass Du es niemals zu etwas bringen wirst, kannst Du auch genauso gut selbst dafür sorgen, dass Dir plötzlich alles gelingt. Dann kann Dir folgende Affirmation helfen: „In meiner Welt vollbringe ich Wunder. Ich leiste Großes und öffne mich allen Wundern des Universums." Diese Affirmation stammt übrigens in ähnlicher Form von Louise L. Hay. Sie war eine Bestseller-Autorin und professioneller Speaker, sie gründete auch noch 1984 ihren eigenen Buchverlag. Warum erwähne ich Luise L. Hay? Erstens ist sie eine Person, die ich sehr schätze, auch wenn ich sie nie persönlich kennenlernen durfte, und zweitens beschäftigt sie sich mit dem Thema Affirmationen und hilft damit auch sehr vielen Menschen, ihr Leben positiv zu gestalten. Ich bin aber der Meinung, dass Affirmationen immer noch nicht genug genutzt werden. Sie helfen wirklich und sie vereinfachen das Leben ungemein. Deshalb schreibe ich hier auch einfach mal einige zusätzliche Affirmationen auf, mit denen Du Deine alten Glaubenssätze komplett positiv erneuern kannst. Wenn Du Affirmationen verändern willst, sodass sie zu Dir passen, dann achte nur darauf, dass Deine Sätze nicht nur positiv sind, sondern dass Deine Affirmationen auch immer wieder aussagen, was Du wirklich willst. Und nicht das, was Du nicht willst. Achte einfach darauf, dass in Deinen Affirmationen die Wörter *nein, nicht, kein, niemals* nicht enthalten sind. Achte auf Wörter, die Dich ständig motivieren, die Dir wirklich guttun und einfach nur positiv sind. Denn ansonsten wirken Affirmationen kontraproduktiv. Hier nun einige Affirmationen:

- „Ich bin immer fröhlich, lache jeden Tag und freue mich darauf, jeden Tag neue Erfahrungen zu machen."
- „Egal, was ich auch tue, ich liebe, was ich tue und tue, was ich liebe."
- „Ich mache ständig meine Erfahrungen. Ich mache ständig neue Erfahrungen. Denn sie sind die Essenz meines Lebens."
- „Ich freue mich über jeden Tag und genieße ihn."
- „Ich weiß, dass Gott für mich sorgt. Meine Rechnungen sind alle bezahlt und ich habe immer so viel Geld, wie ich brauche."

- „Mein Leben ist voller Reichtum und Wohlstand. Ich liebe mein Leben und damit auch alles, was in meinem Leben geschieht."
- „Ich liebe alles an mir und ich liebe mein Leben. Ich liebe alle Lebewesen und begebe mich ausschließlich auf die Frequenz der Liebe."
- „Mein innerer Reichtum manifestiert sich jetzt in äußerer Fülle."
- „Jeder Augenblick in meinem Leben lässt mich voller Zuversicht und Liebe in meine Zukunft blicken."
- „Ich genieße jeden Augenblick meines Lebens. Ich weiß, dass mein Leben ausschließlich im Hier und Jetzt stattfindet."
- „Mein Leben ist einfach fantastisch und wundervoll. Vielen Dank dafür."

Setze hinter jedem Affirmationssatz ein Danke. Denn *Danke* vervielfältigt Deine Wünsche und wirkt auch hier. Denn Affirmationen sind auch Wünsche. Und sie werden mit der Zeit wahr. Wichtig ist, dass Du selbst glauben kannst, was Du Dir sagst. Also höre auf Deine Gefühle. Immer. Aber bedenke: „Ob Du denkst, Du kannst es, oder Du kannst es nicht – in beiden Fällen hast Du recht." Diesen Satz hatte schon Henry Ford gesagt. Und er ist absolut korrekt. Dein Paradies erschaffst Du Dir mit Deinem Denken und Deinem Fühlen. Die Lebewesen, die das wissen, sind nicht anders als Du, sie sind einfach sie selbst. Da ist nichts Künstliches oder Aufgesetztes, sie sind einfach natürlich. Sie sind gradlinig und vor allem aber glücklich. Sie sind voller Liebe, Harmonie und inneren Frieden. Und sie sind dankbar. Die oben aufgeführten Affirmationen können Dir helfen, Dein Paradies zu finden und darin zu leben.

Wenn Du Dich in einem negativen Loch befindest, aus dem Du vielleicht so schnell nicht wieder herausfindest, strahlst Du keine Liebe aus. Liebe ausstrahlen bedeutet glücklich sein. Du kannst nicht beides gleichzeitig tun, lieben und negative Gedanken und Gefühle haben. Du kannst auch nicht Deine negativen Gedanken und Gefühle in positive umwandeln oder verändern. Das geht nicht. Alles, was Du tun kannst, ist der

Situation, in der Du gerade bist, Liebe zu geben. Du kannst nur allem Liebe geben, um wieder positiv zu sein. Denn nur mit der Frequenz der Liebe wirst Du positiv sein. Anders wird es nicht funktionieren. Begib Dich in die Macht der Liebe und Du brauchst Dir keine Gedanken mehr zu machen, wie Du positive Gefühle bekommst. Die Menschen, die das wissen, leben im Paradies. So einfach ist auch das. Ich weiß, gleichzeitig auch für viele so schwer. Aber immer nur eine Entscheidung weit weg oder nah dran.

Mein lieber Leser, Dein Weg kann in das Paradies führen oder aber auf dem Weg weitergehen, auf dem Du Dich bis jetzt befindest. Doch bedenke Francois Truffauts Worte: „Man kann niemanden überholen, wenn man in seine Fußstapfen tritt."

Das, was Du bis jetzt gelebt hast, waren die Glaubenssätze Deiner Eltern oder von wem auch immer. Jetzt ist der richtige Zeitpunkt, aus diesen Fußstapfen herauszutreten und neue Erfahrungen zu machen. Jetzt ist der richtige Zeitpunkt zu überprüfen, was denn wirklich Wirklichkeit ist, das, was Dir Deine vorherigen „Lehrmeister" mit auf dem Weg gegeben haben oder das, was Dir dieses Buch, Dein Herz und auch Dein Verstand sagen? Traurigkeit oder Fröhlichkeit? Liebe oder Gleichgültigkeit? Energie oder Lustlosigkeit? Innerer Frieden oder innerer Krieg? Harmonie oder Disharmonie? Reichtum oder Armut? Wohlstand oder Armut? Was willst Du? Deine Entscheidung! Das Paradies ist nur einen Schritt entfernt. Die Hölle auch. Du triffst die Entscheidung, wie Dein Leben wird. Du bist derjenige, der sein Leben bestimmt. Du gibst Deinem Leben einen Sinn. Willst Du weiterhin sinnlos durch die Welt laufen? Welchen Sinn hat Dein Leben? Aber dazu dann später, im letzten Kapitel, mehr.

Ich bin der Meinung, dass jeder einzelne Mensch alles, aber auch wirklich alles daransetzen sollte, sein Leben positiv zu gestalten. Die meisten Menschen merken nicht mal, wie negativ sie sind. Sie wissen nicht einmal, dass sie ihr Leben praktisch wegwerfen. Sie lästern und schimpfen über alles und jeden, wenn Du sie aber darauf ansprichst, streiten sie es ab. Und darauf hingewiesen, dass sie es gerade getan haben, sagen sie Dir, das war ja nur einmal. Diese Menschen bewegen sich in einer Negativspirale und fühlen das nicht mal mehr, weil es in ihrem Leben völlig normal geworden ist. Sie fühlen diese Angst, diesen Neid, Hass, Verzweiflung und Widerstand gar nicht mehr. Sie leben damit schon so lange, dass es ein Teil ihres Lebens wurde. Sie töten sich damit innerlich selbst. Aber ich stelle Dir immer wieder die gleiche Frage: Willst Du, mein lieber Leser, das auch? Jedes Bisschen schimpfen und lästern bringt Dich weiter weg von der Liebe. Es bringt Dich weiter weg vom Paradies. Neid, Missgunst und Angst sind die ersten Wegbereiter für ein negatives Leben. Diese Eigenschaften sind der Garant für die Hölle. Ist das Dein Weg? Oder doch lieber Mut und Kühnheit? Beides ist in Dir. Du entscheidest, wem Du zuhörst und Deine Aufmerksamkeit widmest. Energie folgt der Aufmerksamkeit. Viele Menschen machen sich Sorgen. Sorgen um ihre Kinder, dass sie etwas erleiden oder etwas nicht schaffen könnten und so weiter und so fort. Aber sich um seine Kinder Sorgen zu machen, bedeutet, kein Vertrauen in die eigenen Kinder zu haben. Denn wenn ich ja weiß, dass meine Kinder alles schaffen und können, dass sie wunderbar sind und sie immer gesund sind, dann brauche ich mir ja keine Sorgen machen. Aber diese Menschen machen sich lieber Sorgen, versauen sich den Tag, leben ständig in Angst und wundern sich, dass ihr Leben ein ständiges Auf und Ab ist. Sie richten ihre Energie und Aufmerksamkeit auf das, was sie nicht wollen und wundern sich, wenn ihren Kindern plötzlich etwas passiert ist oder sie etwas nicht geschafft haben. Und dann kommen die Sprüche wie: „Hab ich es doch geahnt.“ Oder: „Ich habe es doch gewusst.“ Was haben sie denn geahnt oder gewusst? Dass sie ihren Kindern nicht trauen können oder sie versagen oder schaffen es nicht. Dass sie das selbst angezogen haben, mit ihren Gedanken und Gefühlen, darauf kommen sie nicht. Dass sie selbst mit Verursacher sind, ist ja viel zu weit hergeholt. „Wie kann ich denn mit meinen Gedanken und Gefühlen so etwas verursachen? Ich bin doch so klein, das kann ich gar nicht. Ich habe so eine Macht nicht. Aber meine Sorgen haben sich doch bestätigt. Ich wollte das ja gar nicht. Ich wollte ja, dass es meinen Kindern gut geht.“ Na super. Wenn ich etwas will, dann denke ich auch daran. Und nicht, was ich nicht will. Wenn ich also will, dass es meinen Kindern gut geht, dann denke ich doch auch, dass es meinen Kindern gut geht. Alles andere ist doch unlogisch. Aber das haben die meisten Menschen halt so gelernt, übernommen, ohne zu hinterfragen, ob das überhaupt richtig ist, und nun leben sie es in jedem Moment. Sich sorgen ist total unnötig. Sorgen bereiten Dir nur einen schlechten Tag. Doch die Ironie an der Sache ist ja, was soll ich denn verändern, wenn ich noch nicht einmal merke, dass es mir schlecht geht, weil Angst mittlerweile völlig normal geworden ist? Also zur Normalität gehört? Instinktiv wissen ja alle, dass sie an Dingen, die passieren können, genauso wenig verändern können, wenn sie sich Sorgen machen, als wenn sie sich keine Sorgen machen. Aber sie wollen ja in Angst leben. Sie wollen das, weil sie denken, dass sie sonst nicht lieben würden. „Was ist das denn für eine Liebe, wenn ich mir keine Sorgen machen würde?“ Nun, die Antwort ist ganz einfach: Das ist dann eine Liebe, die auf Vertrauen basiert. Es ist eine Liebe, die rein und einfach schön ist. Und mir stellt sich wirklich die Frage, was Sorgen mit Liebe zu tun haben soll. Sorgen sind Ängste. Aber was hat Liebe mit Angst zu tun? Im Gegenteil, wenn ich Angst habe, befinde ich mich weit weg von der Liebe. Also widerspricht sich das ja komplett. Denn Liebe ist ja etwas Positives. Angst und Sorge etwas Negatives. Und beides auf einmal geht nicht. Und dann kommen diese Menschen daher, wenn ich ihnen sage: „Beides zusammen funktioniert nicht“, das könne nicht sein, da sie dass ja schließlich leben würden. Nun, das scheint auch so zu sein. Aber es scheint nur so. Denn das ist keine Liebe. Das ist nur pure Angst. Und nochmal, Angst hat mit Liebe nichts zu tun. Jedes Bisschen Sorge und Angst bringt Dich nur weiter weg vom Paradies. Auch hier wird es Menschen geben, die lieber Angst und Sorgen haben, als im Paradies zu leben. Ist auch in Ordnung. Jeder so, wie er mag. Es ist menschlich, so leben zu wollen. Aber nicht besonders klug. Aber des Menschen Wille ist sein Himmelreich. Egal, was Du willst, mein lieber Leser, Du wirst es bekommen. Das Paradies wartet auf Dich. Angst und Sorgen und andere Negativitäten halten Dich davon fern. Liebe ist der Schlüssel. Der Schlüssel, der Dir alle Türen öffnet. Neue Erfahrungen sind der Lohn. Angst ist in Dir. Aber auch Kühnheit und Mut. Gib Deinem Leben die Chance, die Du verdienst. Du hast es verdient, im Paradies zu leben. Du brauchst nicht darum zu betteln. Die Menschen, die schon im Paradies leben, sind nicht anders als Du, sie fühlen und denken nur anders als Du. Du kannst diesen Weg jetzt sofort einschlagen. Eine Entscheidung, mehr nicht. Tritt aus dem Schatten Deiner sogenannten Lehrmeister heraus. Tritt aus ihren Fußstapfen. Denn folgst Du ihnen weiter, landest Du genau da, wo sie gelandet sind. Nur wenn Du Deine eigenen Wege gehst, wirst Du neue Erfahrungen machen. Und neue Erfahrungen bedeuten auch neues Glück. Es sind Deine Fußspuren, die etwas Bleibendes in dieser Welt hinterlassen. Deine Einstellung bringt Dir Glück und Erfolg oder Unglück und Misserfolg. Gehe Deinen Weg. Nicht den Weg anderer. Und wenn jemand Dich begleiten will, dann nimm ihn mit, so lange er will. Aber gehe Deinen Weg. Alles andere bringt Dich nicht weiter. Gehe immer auf dem Pfad der Liebe. Sei für andere das, was Du selbst für Dich sein willst. Sei der, der Du immer sein wolltest. Es steckt in Dir. Gott ist mit Dir und das Universum erfüllt Dir alle Deine Wünsche. So wird Dein Weg glücklich ...

Und doch muss ich hierzu noch etwas anfügen: Glaubenssätze lassen sich relativ einfach verändern. Wie in diesem Kapitel beschrieben. Handelt es sich jedoch dabei um Überzeugungen, die Dein negatives Denken und Fühlen verursachen, dann wird es sehr viel komplexer und schwieriger. Überzeugungen kann man nicht einfach mit Affirmationen verändern. Überzeugungen werden im Gehirn im limbischen System abgespeichert und sind über dem normalen Weg über das Großhirn nicht zu erreichen. Das Großhirn hat keinen Einfluss auf das limbische System. Und somit sind Überzeugungen auf diesem Wege nicht veränderbar. Das geht nur mit gezieltem und speziellem Coaching und Meditationen. Wie und wer das anbietet, könnt ihr ganz einfach im Internet googeln. In diesem Punkt kann Dir das Buch nur mit diesem Hinweis weiterhelfen. Speziell Bodo Deletz ist führend darin, durch sein Webinar gezielt Überzeugungen verändern zu können, und zwar zum Positiven. Und glaubt mir, das ist alles nicht so einfach und dauert seine Zeit. Aber wer etwas in seinem Leben verändern will, wird es tun. Also, lieber Leser, wenn Du auch etwas verändern willst, dann tu es.

Dein Leben – Die Gegenwart: Leben im Hier und Jetzt

Die Gegenwart ist im Moment das, was sie ist. Nicht mehr, auch nicht weniger. Dein Leben, egal in welcher Situation Du auch steckst, war bis hierher vielleicht mühselig. Vielleicht bist Du am absoluten Tiefpunkt auf dieses Buch gestoßen. Vielleicht warst Du es auch nur leid, eine Marionette zu sein. Vielleicht wolltest Du einfach mal nur glücklich sein. Es spielt keine Rolle, wie und warum Du auf dieses Buch aufmerksam wurdest. Dein Leben ist zum Leben da. Du wirst immer nur im Hier und Jetzt etwas erleben können. Im Hier und Jetzt ist die Realität. Egal als was und wie Du sie empfindest. Aber ich gebe Dir noch einen weiteren sehr guten Glaubenssatz mit auf dem Weg: „Ich versuche, aus der Vergangenheit zu lernen, aber ich plane für die Zukunft, indem ich mich ausschließlich auf die Gegenwart konzentriere. Dort ist der Spaß." – Donald Trump

Da hat er etwas Wahres gesagt. In der Gegenwart ist der Spaß. Genau so ist es. Jetzt kannst Du natürlich hingehen und sagen, dass der ja gut reden hat. Der hat ja auch alles. Der hat viel Geld, der hat ein großes Haus und und und. Aber das wäre ja wieder alles nur auf Neid aufgebaut. Und zudem nicht gerechtfertigt. Denn auch dieser Mann hat mal mit nichts angefangen. Der Unterschied war nur, dass er an sich geglaubt hat. Und Du wirst dies lernen. Denn schließlich veränderst Du nicht die Zukunft, sondern Deine Gegenwart. Das verstehst Du nicht? Macht nichts, ich erläuter das jetzt. Ich weiß, wenn wir von der Zukunft sprechen, meinen wir, dass sich zukünftig etwas ändern oder bessern soll. Aber es kann sich in der Zukunft ja nichts bessern oder ändern. Denn Deine Zukunft lebst Du ja nicht. Du willst etwas in der Zukunft ändern. Du willst zum Beispiel mehr Geld. Und Du denkst Dir, dass Du Dir in Zukunft alles leisten willst. Du willst schöne Kleidung tragen, ein großes Haus haben, einen tollen Wagen fahren, einem anspruchsvollen und schönen Beruf nachgehen und auch vielleicht noch eine wundervolle Partnerschaft haben. Alles Wünsche, die Du für Deine Zukunft hast. Jedoch sind diese Wünsche in die Zukunft gerichtet. Sie können sich damit nicht wirklich manifestieren. Denn die einzige Zeit, in der Du lebst, ist im Hier und Jetzt. Und so können sich Deine Wünsche nur in der Gegenwart manifestieren. Im Hier und Jetzt. Anders geht es nicht. Das bedeutet, dass Deine Wünsche alle auf das Hier und Jetzt bezogen sein müssen. Du wünschst Dir das alles Jetzt. Für das Hier und Jetzt. Damit will ich Dir sagen, dass Deine Wünsche nicht lauten sollen: „Ich will in Zukunft mehr Geld haben" oder „in Zukunft ein großes Haus" oder was auch immer. Deine Wünsche müssen lauten: „Ich habe *jetzt* viel Geld. Ich habe *jetzt* ein großes Haus. Ich habe *jetzt* mein Traumauto. Ich habe *jetzt* eine wundervolle Partnerschaft. *Jetzt.*" Denn Du kannst nur Deine Gegenwart verändern. Deine Gegenwart ist der Moment, wo Du alles erlebst. Deine Wünsche manifestieren sich nur in der Gegenwart. Auch wenn diese Gegenwart noch ein wenig in der Zukunft liegt, wird alles doch nur in der Gegenwart real. Denn Vergangenheit – Gegenwart – Zukunft sind fließend. So sollte auch Dein Leben sein. Fließend. Habe ich Dir das klar und deutlich rübergebracht? Denn es kann Dir nur helfen, wenn Du es verstanden hast. Die Effektivität des Verstehens wird umso größer, je häufiger Du das liest und Dir selbst vorsagst. Du musst es fühlen können. Es ist Deine Wahrheit und sie kann nur wahr werden, wenn Deine Gefühle entsprechend positiv darauf reagieren.

Dein Verstand wird sich am Anfang wehren, das zu akzeptieren. Er wird versuchen, Dir Zweifel zu geben, ob das überhaupt richtig ist. Wenn Du auf diese Zweifel eingehst, wirst Du so lange scheitern, bis Du sie ablegst. Deine Zweifel sind der Nährboden für noch mehr Zweifel, bis sie letztendlich so stark sind, dass Du sie schon Dreifel oder Vierfel nennen kannst. Dein Verstand, also Dein Ego, wird sich weigern, etwas zu ändern, bis zu dem Zeitpunkt, an dem Du ihm Beweise lieferst. Fange doch mit kleinen Dingen an, auf die Du Dich konzentrierst. Wie ich schon häufig in diesem Buch erwähnte, Energie folgt der Aufmerksamkeit. Wenn Du Dich einfach auf das konzentrierst, was Du haben willst, werden Dir die Beweise für Deinen

Verstand geliefert. Und wie Du Dir etwas wünschst, habe ich Dir ja schon lang und breit erläutert. Fange einfach mit kleinen Dingen an. Dinge, die Du als klein ansiehst, mit Deinem Verstand. Es gibt aber gar keinen Unterschied, zwischen groß und klein, wie Du ihn siehst, für Gott oder das Universum. Überlege mal, wie groß beide sind. Von beiden sagt man, sie wären unendlich. Somit sind sie für mich sowieso ein und dasselbe, sie sind eins. Und unendlich groß ist für Dein Gehirn nicht vorstellbar. Aber Dein Herz, oder auch Deine Seele, die wissen, wie groß unendlich ist. Also lass solche Sachen immer Deine Seele sehen. Sie weiß definitiv mehr als unser Verstand, dessen Wissen begrenzt ist. Es gibt aber auch noch andere Sichtweisen, die Dir helfen können, Großes als nicht mehr ganz so groß anzusehen. Und wenn Du sie beherzigst, wirs Dein Leben eine große Wendung erleben.

Einen passenden Spruch dazu hatte Donald Trump: „Ich denke gern groß. Immer. Für mich ist das sehr einfach: Wenn Sie ohnehin denken, können Sie ebenso groß denken.“ –

Die erfolgreichen, harmoniereichen, friedvollen Menschen und gerade auch die Menschen, die es zu Wohlstand gebracht haben, denken so. Jetzt ist Donald Trump nicht unbedingt das beste Beispiel für Harmonie und Frieden. Aber auch daran kann man sehen, warum er immer kämpfen wird. Warum er nie zur Ruhe kommt. Doch es geht hier nicht um ihn. Sondern um Dich, mein lieber Leser. Es liegt an Dir selbst, wie Du denken willst. Deine Chance liegt im Hier und Jetzt. Groß und klein gibt es nicht wirklich. Das sind Unterschiede, die der Mensch gemacht hat. Es ist auch okay, nichts Verkehrtes daran. Aber wenn Du diese Unterschiede siehst, Du sie auch fühlst, weil die erfolgreichen Menschen ja alles bestimmen, dann hast Du die Chance, Dein Denken und Fühlen zu verändern und selbst reich zu werden. Was Dir jeder erzählt hat, das Du das niemals erreichen wirst, dass Du immer ein armer Schlucker bleiben wirst, dass Du unbedingt hart arbeiten musst, um Dein Auskommen zu haben, dass Du immer schön demütig sein musst, dass Du es niemals schaffen wirst, Reichtum zu erlangen, Du für immer ein kleiner Mann sein wirst, wird so lange Dein

Credo bleiben, bis Du es veränderst. An sich selbst zu glauben ist etwas Gutes. Nicht etwas Schlimmes. „Schuster, bleib bei Deinen Leisten." Solche Sprüche sind nicht wirklich hilfreich. Denn was mache ich, wenn mir meine „Leisten" nicht mehr gefallen und ich etwas anderes machen will? Was ist, wenn ich meinem Herzen folgen will? Nur weil andere Menschen meinen, dass das nicht gut geht, heißt das noch lange nicht, dass es auch so ist. Deine Gegenwart ist jetzt so, wie sie ist. Aber nur Du kannst sie ändern. Du kannst sie selbstverständlich auch so lassen, wie sie ist. Deine Entscheidung. Aber ich weiß ja, dass Du mit Angst erzogen worden bist. Und vielleicht hast Du auch Angst, neue Wege zu gehen. Angst, vielleicht auch andere Entscheidungen zu treffen, Angst, „*Deine*" Entscheidungen zu treffen. Immer nur einen vorgezeichneten Weg zu gehen, bedeutet auch den Weg zu gehen, den andere schon vor Dir gegangen sind. Wenn Du da bleiben willst, wo Du bist, ist das ja auch in Ordnung. Wenn Du aber etwas Großes, Neues erleben willst, wirst Du einen neuen Weg gehen müssen. Und Ängste sind da nicht sehr hilfreich, um es mal vorsichtig zu formulieren. Du hast vielleicht immer die Ängste gefühlt, die Dir von Deinen Großeltern, Eltern und Lehrern mit auf dem Weg gegeben wurden. So lebst Du nun mit dieser Angst. Aber gut fühlt sich das doch nicht an, oder? Ich weiß, Du lebtest das bis jetzt, ohne es zu hinterfragen. Aber wenn Du es jetzt hinterfragst, fühlt es sich doch sehr bescheiden an. Stimmt's? Egal welche Ängste Du nimmst. Und ich weiß, Du hast sehr viele Ängste. Was Dir alles passieren könnte. Meine Güte. Die meisten Menschen in Deutschland haben Angst, sich beruflich selbstständig zu machen. Und das nur aus dem Grund, dass sie dann, wenn sie das tun, aus der Arbeitslosenversicherung herausfallen würden, die sowieso nur drei Jahre gilt. Bis dahin muss ich einen Job haben, sonst rutsche ich in die Sozialhilfe ab. Und wenn ich mit meiner beruflichen Selbstständigkeit ja scheiter, dann bin ich ja sofort in der Sozialhilfe. Das soll jetzt nicht bedeuten, dass die berufliche Selbstständigkeit für jeden Menschen etwas ist. Denn warum sollte ein Mensch, der glücklich ist, seinen Job machen zu dürfen und können, und der Spaß an seinem Beruf hat, etwas verändern? Nein, aber wie viele Menschen gibt es, die mit dem Gedanken spielen und ihn aus Angst vorm Versagen wieder verwerfen? Und die Angst vorm Scheitern ist soo groß ...

Ach du gute Güte, wie viele Ängste stecken, denn schon von vornherein in diesen Aussagen. Unglaublich. Wenn jeder Einzelne so denkt, dann geschieht in dieser Welt nichts mehr. Dann haben wir keine Arbeitsstellen mehr, da es ja keine selbstständigen Menschen mehr gibt. Geld verdienen ist nicht, weil nichts mehr produziert wird. Es ist zum Haareausraufen, in welchem Kreislauf sich so denkende Menschen befinden. Und das Schlimme ist, alles passiert im Hier und Jetzt, auch wenn sich niemand Gedanken darüber macht, welche Chancen er hat. Es wird nicht darüber nachgedacht, dass ich mit meiner Selbstständigkeit auch viel Geld verdienen kann. Dass diese Chancen auch da sind, wird völlig ausgeblendet. Nur die Angst, tatsächlich scheitern zu können, ist real. Das ist der pure Wahnsinn. Aber eines ist gewiss, dieses Denken lässt Dich auch scheitern. Und wenn Du so denkst, hast Du eigentlich aufgegeben. Du hast aufgegeben, Dein Leben sinnvoll zu verändern, aus Angst scheitern zu können.

„Es gibt mehr Leute, die kapitulieren, als solche, die scheitern." – Henry Ford

Was will uns Henry Ford damit sagen? Die meisten Menschen haben aufgegeben. Aufgegeben, in ihrem Leben etwas verändern zu wollen. Aber sie haben nicht aufgegeben, sich über die ach so bösen reichen Menschen aufzuregen. Sie haben nicht aufgegeben zu lästern, über Politiker oder reiche Menschen, die etwas erreicht haben und dann in ihren Augen etwas Falsches getan haben. Und dann kommt Häme, Schadenfreude und Neid auf. Wie zum Beispiel im Fall des Uli Hoeneß. Seines Zeichens Präsident des Clubs Bayern München, zum damaligen Zeitpunkt. Weil dieser Mensch angeblich einen Fehler begangen hat, indem er Steuern hinterzog, wird er von allen Menschen, die Neid in sich tragen, auch verurteilt. Wer wirft den ersten Stein? Alle auf einmal. Und warum? Weil es ja auch mal einen Reichen erwischt hat, einem, dem es besser geht als einem selbst. Uli Hoeneß hat sich selbst angezeigt. Und hinterher zugegeben, dass er noch mehr Steuern hinterzogen hat. Insgesamt wohl mehr als 25 Millionen Euro. Aber was ist jetzt daran schlimmer als jemand, der nur 25 Euro Steuern hinterzogen hat? Eigentlich nichts, bis auf die Summe. Nur fragt euch selbst, warum wird darauf ein Augenmerk gelegt und bei den selbst ernannten Kleinen nicht? Weil es sich doch besser anfühlt, wenn jemand, der viel Steuern hinterzogen hat, dafür an den Pranger gestellt wird, als jemand, der wenig Geld hat und „nur" 25 Euro hinterzogen hat. Ein sehr fragwürdiges System für mich. Denn Steuerhinterziehung bleibt Steuerhinterziehung. Wie viele Steuern hinterzogen wurden, ist eigentlich Nebensache. Jedoch müssen die Menschen Unterschiede machen zwischen Arm und Reich. Warum? Weil sie es als ungerecht empfinden, dass jemand mehr Geld hat. Anstatt darüber nachzudenken, dass ich auch so viel haben möchte, denken die Menschen darüber nach, den Reichen etwas wegzunehmen. Armes Deutschland, wenn jemand etwas erreicht hat, ist er ein Abzocker oder sonst etwas. Aber wir brauchen das. Die Mehrheit muss mit dem Finger auf jemanden zeigen können. So stellt sich Uli Hoeneß dem Gericht, der Presse und dem Mob. Ich werde nie verstehen, warum Menschen über andere Menschen schlecht reden müssen, um selbst gut dazu stehen. Denn er hat sich selbst gestellt, ob mit vollständiger Summe oder nicht. Und ob sie ihn jemals erwischt hätten, wäre eine nächste Frage. Aber er tat es. So ehrlich war er. Es soll nicht heißen, dass die Tatsache, dass er Steuern hinterzog, jetzt völlig verharmlost wird. Es geht gar nicht darum, dass zu verharmlosen. Aber fast jeder in Deutschland hat mit Sicherheit schon selbst Steuern hinterzogen, wenn auch nur im kleinen Rahmen. Aber weder ist es besser noch schlechter, was diese Menschen taten. Jeder einzelne, der dies tat, auch wenn er vielleicht nur Kleinigkeiten mehr von den Steuern abgesetzt hat, als er durfte, hat dem Land geschadet. Denn insgesamt dürften dies Milliarden sein, die dem Staat fehlen. Aber ein Einzelner wurde und wird jetzt an den Pranger gestellt, um für die Sünden, die alle begangen haben, zu büßen. Das hatten wir schon mal, vor circa 2000 Jahren. Zwar auf andere Art und Weise, aber es ging auch um Geld. Um dreißig Silberlinge. Nicht mehr. Und das Schlimme dabei ist, dass alles Gute, das diese Menschen jemals taten, völlig ausgeblendet wird. Es soll nicht heißen, dass ich jetzt Uli Hoeneß mit Jesus vergleiche, das geht auch nicht, weil es zwei völlig verschiedene Menschen und auch Zeiten sind, aber die Fälle vergleiche ich. Denn das könnte ich auch mit noch unendlich vielen anderen Fällen genauso machen. Und dann kommen Politiker daher und sagen, dass Ehrlichkeit nur mit einem Rücktritt von Uli Hoeneß als Präsident seines Vereins Bayern München gezeigt werden könne. Politiker fordern Uli Hoeneß zum Rücktritt auf, damit alles ehrlich rüberkommt. Na, das hat was. Ich bin kein Mensch, der irgendetwas verurteilt. Aber meinen Spaß und meine Ironie habe ich trotzdem. Politiker sprechen also von Ehrlichkeit. Ein ehrlicher Politiker ist wirklich wie ein Mondkalb. Ich mache ja gerne neue Erfahrungen, aber einen ehrlichen Politiker? Nun, da würde der Bock zum Gärtner gemacht. Oder anders gesagt: Wenn alle Politiker die Nase von Pinocchio hätten, würden, wenn sie reden oder Versprechungen machen, neue Dimensionen erreicht. Da kommt in diesem Moment ein wenig meine Ironie durch. Jeder achte bitte auf seine Sachen und kehre vor seiner Haustür. Dann ist die Welt sauber. Uli Hoeneß hat sehr vielen Vereinen, Clubs und Menschen geholfen. Egal welche Attacke er zwischenzeitlich auch immer geführt hat, er war stets ein Mensch, der half. Und er wird verurteilt von all den Neidern, die nur einen reichen Menschen, der Wohlstand erreicht hat, unten sehen wollen. Das ist so. Denn alle Neider und missgünstigen Menschen blicken zu den sogenannten „Reichen“ auf. Und jetzt ist dieser Mensch ja angeblich auf Augenhöhe. Nein, ist er nicht. Zumindest nicht für diese Menschen. Denn ein Uli Hoeneß lässt sich dadurch nicht unterkriegen. Er lebt einfach weiter wie bisher. Zahlt seine Steuerschulden und trägt seine Strafe wie ein Mann. Er trat von all seinen Ämtern zurück, verbüßt seine Gefängnisstrafe und gut ist. Fertig. Und das ist der nächste Dorn in den Augen dieser Menschen, dass jemand auch noch das einzig Richtige und Beste aus dieser Situation macht. Aber was auch immer geschieht, neidvolle und missgünstige Menschen befinden sich so weit vom Wohlstand entfernt wie die Erde zur Sonne. Das ist der einzige Fakt. Und sie werden da auch niemals hinkommen. Und die Aussagen, die dann getätigt werden, sind genauso neidvoll wie auch dumm. Zum Beispiel: „Da will ich auch nicht hin. Ich will gar nicht reich sein. Lieber arm als unehrlich. Oder lieber arm und gesund als reich und krank." Was sind das denn für Sprüche? Warum nicht reich und ehrlich? Diese Menschen, die von sich aussagen, dass sie lieber arm als unehrlich seien, sagen damit über sich selber aus, dass sie unehrlich sind. Denn wenn sie reich wären, wären sie ja unehrlich. Sie schließen damit von vornherein mit ein, dass Reichtum, also Wohlstand und viel Geld, unehrlich macht. Ob reich oder arm, unehrlich bleibt unehrlich. Ehrlichkeit ändert sich nicht durch Reichtum oder Wohlstand. Das ist Blödsinn. Oder lieber arm und gesund? Fakt ist, dass reiche Menschen und Menschen mit Wohlstand und Geld gesünder sind als arme Menschen. Wer bringt den Menschen denn nur solchen Blödsinn bei? Doch nur diejenigen, die vor dem Wohlstand und Reichtum kapituliert haben. Die Frage bleibt ja trotzdem bestehen: Was willst Du, mein lieber Leser? Alles liegt an Dir allein. Nur Deine Ängste, die brauchst Du nicht. Was Du brauchst, ist Mut. Wie kannst Du denn Mut für Dein weiteres Leben bekommen? Darüber sprechen wir jetzt. Was Du hast, ist Dein freier Wille. Und der ist die Grundvoraussetzung für Freiheit und Mut. Das Wichtigste vorweg: Mut ist genauso nur eine Entscheidung wie Angst auch. Du kannst Dich für Mut entscheiden oder für die Angst. Egal wofür Du Dich entscheidest, es wird Dein Leben sehr beeinflussen. Aber nehmen wir mal an, Du entscheidest Dich für den Mut. Mut, Dein Leben zu verändern. Mut, Reichtum und Wohlstand zu erlangen. So hättest Du den ersten wichtigen Schritt getan, dies alles auch zu bekommen. Dein Denken und Fühlen wird Dich letztendlich dahin bringen. Das Universum wird Dir Türen und Tore öffnen, damit Du Dein Ziel erreichst. Es wird Dir die Personen und

Leute in Dein Leben senden, die Dir helfen, genau das alles zu erreichen. Aber der erste Schritt ist: Dein Glaube. Dein Glaube daran, dass Du alles erreichen kannst, was Du willst. Und wenn Du daran glaubst, wird alles ganz einfach. Du wirst wissen, was Du zu tun hast. Wenn Du dafür etwas tun musst, wirst Du automatisch wissen, was Du tun kannst, damit Deine Wünsche sich erfüllen. Dein Glaube, dass Du Deinen Reichtum und Wohlstand auch bekommst. Deine Vorstellungskraft hilft Dir, das Gewünschte zu Dir zu bringen. Stell Dir vor, dass Du das, was Du willst, schon hättest. Fokussiere Dich darauf, was Du haben willst, siehe, wie glücklich Du damit bist, und es kommt zu Dir. Aber Zweifel daran, dass Du es bekommen kannst, sind der Tod Deiner Wünsche. Und die meisten Menschen zweifeln oder haben gezweifelt und dann kapituliert. Und zweitens: Wenn Deine Vorstellungskraft wirkt und Du siehst, wie Du etwas bekommst, fühle gleichzeitig die Liebe dafür. Liebe und Dankbarkeit potenzieren Dein Glück. Deine Liebe und Dankbarkeit sind die Magneten für Deine Wünsche, Deine Vorstellungskraft ist die Verbindung zu Deinen Wünschen. Und zum Dritten: Erwarte es auch und öffne Dich für den Empfang Deiner Wünsche. Begehre, was Du wünschst. Du musst es mit ganzem Herzen begehren. Du musst ein brennendes Verlangen danach haben. Hier eine kleine wahre Geschichte dazu: Eine gute Freundin, Franzi, wollte für ihren einjährigen Aufenthalt in den USA ein Auto haben, damit sie beweglich ist. Aber jedes Autohaus hatte nur Autos oberhalb ihrer finanziellen Vorstellungen. Ein Händler, bei dem sie zum Schluss war, sagte ihr, dass am kommenden Samstag eine Auktion wäre, wo günstig Autos versteigert würden. Ihre einzige Chance. Also sagte sie sich: „Das ist meine Chance und ich bekomme dort mein Auto zu meinen Vorstellungen und Wünschen." Sie legte den Preis auf 2000 Dollar fest. Und was soll ich sagen: Genau für 2000 Dollar bekam sie ihr Auto. So einfach ist das. Sie wollte es unbedingt. Und sie hat es bekommen. Sie sandte Liebe aus, freute sich schon darauf und bekam es. Der Prozess des Erschaffens ist immer der Gleiche. Begierde, brennendes Verlangen, Liebe und Deine Vorstellungskraft sind der Motor und der Magnetismus Deiner Wünsche. Das gilt im Negativen genauso wie im Positiven.

Deine Fähigkeit, mit Gefühlen und Gedanken alles, was Du willst, in Dein Leben zu rufen, macht den großen Unterschied zu anderen Lebewesen aus. Warum nutzen die meisten Menschen sie nur für ihre negative Sichtweise und verletzen sich damit selbst? Ich glaube, dass sie die Erfahrungen anderer Menschen leben und nicht die eigenen Erfahrungen. Das bedeutet, dass diese Menschen in gewissen Bereichen keine eigenen Erfahrungen mehr machen, da sie ja nur das erleben, was andere ihnen beigebracht haben. Diesen Menschen fehlt der Mut, sich auf etwas Neues einzulassen. Für mich ist das sehr oberflächig. Ich weiß, dass es Menschen gibt, die behaupten, dass Amerikaner sehr oberflächlich Menschen sind. Sie waren übertrieben freundlich. Der Amerikaner respektiert Deine Lebensweise und lobt Dich, auch wenn Du gar nichts getan hast. Der Amerikaner ist sehr dankbar. Das ist nicht oberflächlich. Oberflächlich ist nur der, der sein Leben nicht jede Sekunde genießt und einfach alles Negative aufsaugt und weitergibt, ohne zu hinterfragen, ob das auch wirklich so ist. Ich glaube, dass die meisten Menschen sich vielleicht gar nicht mehr vorstellen können, wie es ist, positiv zu denken und das auch zu leben. Aber auch positives Denken ist einfach nur eine Entscheidung. Nicht mehr, aber auch nicht weniger. Und Du triffst diese Entscheidung für Dein Leben. Und dieses Buch soll Dir helfen, in diese Spur zu finden. Ob es das kann? Deine Entscheidung …

Dein Geist lebt eigentlich im Hier und Jetzt, aber zu weit über neunzig Prozent beschäftigen wir uns mit der Vergangenheit oder aber mit der Zukunft. Du bist selten wirklich bei Dir. All die antrainierten Automatismen greifen bei Dir jeden Tag. Du konzentrierst Dich meist darauf, was geschehen ist und hast Depressionen, weil Du glaubst, dass es sich wiederholen könnte und versuchst es zu vermeiden. Oder Du lebst in der Zukunft und hast Angst davor, wie es weitergehen soll, siehst schon alles, was angeblich in Deinem Leben über Dich hereinbrechen wird. Am meisten Angst haben die Menschen davor, dass sie sich finanziell nichts leisten können, oder noch schlimmer, dass sie ihre Rechnungen nicht bezahlen können. Du auch? Dass Du erst mit Deinen Gedanken und Gefühlen (Angst) all das in Dein Leben ziehst, auf den Gedanken kommst Du nicht. Deine Welt beschränkt sich darauf, diese Automatismen, die auch schon Deine Eltern und Deine Großeltern dachten, genau so fortzuführen. Deine Gedanken kreisen um Schreckensszenarien, die immer und immer wieder hochkommen und sich einfach nicht abstellen lassen wollen. Du bekommst sie immer wieder. Deine Gefühle spielen dann mit Dir Achterbahn und lassen Dich wirklich schlecht fühlen. Kurz gesagt: Du fühlst Dich elendig und beschissen. Aber Du lebst das weiter. Mit aller Konsequenz. Und Du fragst Dich vielleicht: „Wie soll ich mich gut fühlen, wenn ich doch weiß, dass alles so ist, wie es ist?“ Was ist denn wirklich passiert? Bis jetzt noch nichts. Du glaubst nicht an das Universum oder Gott. Denn wenn Du es tun würdest, wüsstest Du, dass es Dir helfen würde. Immer. Du brauchst nur den Wunsch zu äußern, und er würde sich erfüllen, wenn Du Dich darauf fokussierst, was Du wirklich willst. Energie folgt der Aufmerksamkeit. Aber Du denkst und fühlst lieber das Schreckenszenario, das sich aber noch nicht eingefunden hat. Es ist noch in der Zukunft. Aber es ist doch schon da. Denn mit Deiner Energie, den Schwingungen, die Du aussendest, manifestiert sich das alles und Du kannst dann hinterher sagen: „Habe ich doch gewusst.“ Und dann erinnerst Du Dich vielleicht daran, dass es Deiner Mutter und Deinem Vater genauso ergangen ist. „Du kannst nicht“, ist Dein Credo. Du willst vielleicht, dass es Dir gut geht, aber Deine Energie hast Du darauf fokussiert, dass es Dir schlecht geht. Dann triffst Du aus Angst Entscheidungen, die nicht mehr normal sind und Deine Theorie noch unterstützen. Und Du bekommst das, was Du gedacht und gefühlt hast und bist dann auch noch einerseits beruhigt, weil Du unbewusst ja weißt, dass Du das so geahnt hast. Das hast Du jedoch so in Dein Leben gezogen. Wenn Du mit aller Konsequenz, mit der Du so Dein Leben lebst, wie Du es nicht willst, darauf umschwenken würdest, Dein Leben so zu leben, wie Du es wirklich willst, dann hättest Du alles, was Du wolltest. Also gehen die meisten Menschen hin und sagen sich: „Ja, wenn ich das erst mal alles habe, dann bin ich auch glücklich." Ach echt? Wirklich? Nee, nicht wirklich. So funktioniert das Leben nicht. Das Leben ist keine Bedingung. Bedingungen haben noch niemanden wirklich glücklich gemacht. Und was ist, wenn sich ein nächster Wunsch auftut, der Dir noch nicht erfüllt wurde? Dann hast Du ja schon wieder etwas, was Dich unglücklich macht. Denn dann ist ja schon wieder die Bedingung, dass Du erst glücklich bist, wenn Dir dieser Wunsch erfüllt ist. Und so weiter und so weiter. Das ist nicht das Leben. Das Leben ist fließend. Doch Du paddelst gegen den Strom. Anstrengend. Aber Du tust es mit einer Hingabe, die schon wirklich faszinierend ist. Diese Konsequenz, mit der Du Dein Leben immer wieder bekämpfst, ist wirklich beeindruckend. Doch wenn Du nur einmal aufstehen würdest und sagen würdest: „Ich denke jetzt nur noch an das, was ich wirklich will", dann hättest Du gewonnen. Wenn Du an eine Tafel Schokolade denkst, denkst Du ja auch nicht: „Warum habe ich keine?", sondern gehst in einen Laden und kaufst Dir eine. Wenn Du an etwas zu trinken denkst, weil Du Durst hast, dann trinkst Du etwas, worauf Du Lust hast. Du denkst ja auch nicht: „Verdammter Mist, warum habe ich schon wieder Durst. Der Durst quält mich so sehr, ich weiß nicht mehr ein und aus. Was soll ich nur machen? Was muss ich alles verkaufen für einen Tropfen Wasser?" Nein, Du gehst zum Kühlschrank und trinkst das, was Du möchtest. Und wenn es wirklich nur ein Glas Wasser ist. Oder wenn Du unterwegs bist, hältst Du irgendwo an und kaufst Dir was zu trinken. So einfach machst Du es Dir dabei. Aber wehe, Dein Gehirn sieht große Probleme, die Ängste in Dir erzeugen, dann ist dieses Prinzip der Einfachheit sofort über Bord geworfen und alles ist kompliziert. Diese Schreckensszenarien, die Du immer wieder durchläufst, werden Dich Dein ganzes Leben verfolgen, wenn Du nicht anfängst, neue Wege zu gehen. Dein Denken und Fühlen mit der gleichen Konsequenz zu verändern, wie Du es konsequenterweise bisher gelebt hast. Nur so wirst Du eine Chance haben, Dein Leben nachhaltig und stetig zu verbessern. Es liegt allein an Dir. Du bist Deines Glückes Schmied.

Deine Gegenwart spielt sich in der Vergangenheit oder in der Zukunft ab. Konsequent lebst Du das zu weit mehr als neunzig Prozent Deines Lebens. Du bist leider nicht oder nur sehr selten mit Deinen Gedanken im Hier und Jetzt. Eine Schande. Ich weiß, alle haben Dir früher gesagt, dass Du unbedingt an Deine Zukunft denken musst. Damit sie auch gut wird. Du musst Geld beiseitelegen, sparen, damit Du in der Not hast. Das, was sie Dir beibrachten, war Not. Du denkst, dass es ja sein könnte, dass Du mal in eine Notlage kommst. Nur, dass sie auch nur mit hundertprozentiger Sicherheit kommt, weil Du an eine Notlage gedacht hast, darauf kommst Du nicht. Deine Schreckensszenarien kommen immer wieder. Mal mit größeren Abständen, mal mit kleineren. So wie Du denkst und fühlst. Ein Zufall? Mitnichten! Aber so lange, wie Du daran glaubst, dass das Leben sich nur zufällig alles ausgedacht hat und Du mal wieder an der Reihe bist, so lange wirst Du zufällig auch immer wieder das Leben so zu spüren. Jetzt ist Deine Chance gekommen, alles zu ändern. Das Universum, Energie oder Gott oder wie auch immer Du es nennen magst, ist nicht launisch so wie Du. Es passt sich Dir nur an. Wenn Du in Deinen Gedanken klar strukturiert bist und immer nur daran denkst, was Du wirklich willst, passt es sich deiner Struktur vollkommen an. Dann bekommst Du immer das, was Du wirklich willst. Und Du musst niemandem etwas beweisen. Du bist wertvoll, weil Du hier bist. Weil Du lebst. Du bist hier, weil Du es geschafft hast, hier zu sein. Also lebe hier im Jetzt. In der Gegenwart. Öffne Deinen Geist für alles, was Du wirklich willst. Deine Energie ist stark genug, alles Negative in Deine Leben zu ziehen, was Du eigentlich gar nicht willst. Dann ist Deine Energie auch stark genug, alles Positive in Dein Leben zu ziehen, was Du wirklich willst.

Solange Deine Gedanken sich – ob bewusst oder unbewusst – mit Krankheiten, Problemen, Kriegen, Katastrophen und negativen Nachrichten aus der Vergangenheit beschäftigen, so lange wirst Du Dich auf Notfälle jeder Art vorbereiten. Wie soll Dein negatives Denken aufhören, wenn Du es die ganze Zeit fütterst?

Eine Legende der Cherokee Indianer:

Die zwei Wölfe

Ein alter Indianer saß mit seinem Enkelsohn am Lagerfeuer. Es war schon dunkel geworden und das Feuer knackte, während die Flammen in den Himmel züngelten.
Der Alte sagte nach einer Weile des Schweigens: „Weißt Du, wie ich mich manchmal fühle? Es ist, als ob zwei Wölfe in meinem Herzen miteinander kämpfen würden. Einer der beiden ist rachsüchtig, aggressiv und grausam. Der andere hingegen ist liebevoll, sanft und mitfühlend."
„Welcher der beiden wird den Kampf um Dein Herz gewinnen?", fragte der Junge.
Der Alte dachte nach. Dann antwortete er: „Der Wolf, den ich füttere."

Dein Denken ist wirklich grausam. Nicht unbedingt für andere, aber für Dich. Du liebst Probleme, kannst Dich regelrecht daran aufgeilen, Dich so verbeißen, bis Du glaubst, eine Lösung zu haben. Aber die Lösung wird Dir nicht präsentiert, wenn Du an das Problem denkst. Die Lösung wird Dir präsentiert, wenn Du daran denkst, was Du erreichen willst. Wenn Du daran denkst, was und wie etwas funktionieren kann, bist Du auf dem richtigen Weg. Alles hat zwei Seiten. Genau wie ein Geldstück oder eine Medaille. Wenn Du an Krankheit denkst, ist es das Gegenteil von Gesundheit. Oder die Kehrseite. Das Gleiche bei Krieg, Krieg ist das Gegenteil von Frieden. Katastrophen sind das Gegenteil von Harmonie. Armut das Gegenteil von Wohlstand. Praktisch wie eine Medaille. Beide Seiten sind vorhanden. Welche Du Dir ansiehst, liegt bei Dir. Aber Du kannst niemals beide gleichzeitig sehen, Du musst sie wenden. Auch wenn beides gleichzeitig existiert. So ist das auch mit Deinen Gedanken. Wenn Du bisher Armut gedacht hast, musst Du Deine Gedanken ändern. Du musst, wenn Du Wohlstand willst, auch Wohlstand denken. Es geht nicht anders. Beide Seiten sind gleichzeitig wahr und real. Die Frage ist und bleibt: Was willst Du, mein lieber Leser?

Du kannst nur in der Gegenwart, also im Hier und Jetzt eine Entscheidung treffen. Du kannst zum Beispiel einen neuen Weg gehen, mit neuen Erfahrungen, oder aber den alten Weg weitergehen, dem aufgewärmten oder auch ausgetretenen Pfad folgen, den andere vor Dir gegangen sind und nirgends angekommen sind, außer da, wo die vor ihnen auch schon waren. Versteh mich bitte richtig. Wenn Du glaubst, das ist der richtige Weg, dann musst Du ihn weitergehen. Es ist nichts Verkehrtes daran. Wenn Du aber vollkommene Liebe, positive Dinge, Frieden, Wohlstand und Harmonie willst, wirst Du diesen Pfad verlassen müssen. Deine Entscheidung. Die Medaille hat zwei Seiten. Der Weg, den Du gehen willst, hat zwei Wege. Einen alten Weg oder den neuen. Du kannst nicht beide Wege gleichzeitig gehen. Der neue Weg mag Dir ungeheuerlich vorkommen, da Du nicht weißt, was Dich erwartet. Aber ich kann Dir sagen, dass dort ein großes Abenteuer auf Dich wartet. Ein schönes Abenteuer. Wofür es sich lohnt, weiterzumachen. Okay? Im Hier und Jetzt ist der Spaß. Im Hier und Jetzt wirst Du mit Deinem Denken Deine Zukunft schreiben. Sie kann schön sein oder auch nicht. Es liegt an Dir. Jedoch erleben wirst Du Deine Zukunft auch nur im Hier und Jetzt. Und so ergeht es Dir und allen anderen Menschen mit der Weisheit auch. Weisheit kann man Dir nicht beibringen, Du kannst sie nicht trainieren. Du kannst sie auch nicht üben oder erlesen. Du kannst sie nur leben. Anders ist dies nicht möglich. Und um wirklich immer glücklich zu leben, solltest Du möglichst weise sein und auch so leben. Denn immer glücklich zu sein, ist sehr weise. Aber was Du trainieren kannst, wie beim Handball, Fußball, Tennis oder anderen Sportarten auch, ist, Deine Glaubenssätze Stück für Stück zu verändern. Du kannst Deinen Geist trainieren. Das solltest Du auch tun. Diese alten Glaubenssätze machen Dich auf Dauer krank, arm und unzufrieden. Dieses Buch kann Dir nur helfen, wenn Du bereit bist, etwas an Dir selbst zu verändern. Wenn Du Deinen Geist, Deine Gefühle verändern willst, auf positiv eichen willst, dann hilft Dir dieses Buch. Ansonsten nicht.

Aber wie soll man auch immer glücklich sein, wenn doch in den Nachrichten nur von abscheulichen Gräueltaten, Unfällen, Katastrophen und Kriegen berichtet wird? Wie sollen Kinder glücklich werden, wenn sie über Kriegsspielzeug verfügen und sich immer mehr herauskristallisiert, dass das auf dieser Welt anscheinend normal ist, also kein Spiel? Wir sorgen selbst dafür, weil wir uns diese Nachrichten anschauen. Weil wir uns nicht mehr mit unseren Kindern beschäftigen, sondern ihnen lieber dieses Kriegsspielzeug geben oder noch schlimmer, Videospiele, bei denen es nur um Gewalt und Töten geht. Wie soll man glücklich werden, wenn das Geld an allen Ecken und Enden fehlt? Solche Fragen sind da. Ich weiß das. Nur, das Glück ist und wird niemals eine Abhängigkeit eingehen. Das Glück ist dann da, wenn Du es fühlst. Und fühlen kannst Du es jederzeit. Es ist Deine Entscheidung.

Widmen wir uns aber doch mal etwas ausführlicher im Hier und Jetzt dem Thema Geld. Wenn Du kein Geld hast, und das ist ja nun mal bei circa 95 Prozent der Menschheit der Fall, liegt es an keiner Regierung oder an den ach so schlimmen Arbeitgebern oder am Sozialstaat oder den Ausländern, weil die Dir angeblich den Job wegnehmen, nein, es liegt an Dir selber. Das hört keiner gerne. Aber es ist so. Keiner will arm sein, keiner knapp bei Kasse. Und doch ist es ja meistens so. Also wie kommt es, dass trotzdem alle arm sind? Weil diese Menschen falsch denken. Sie denken nicht an Reichtum, nein, sie versuchen, Armut zu vermeiden. Und vermeiden kannst Du nichts. Du kannst nur etwas erschaffen. Also, entweder Reichtum kreieren oder Armut erdenken. Aber Du kannst nichts vermeiden. Das, was Du vermeiden willst, wird immer wie ein Dampfhammer auf Dich zu kommen. Egal wie sehr Du Dich auch drehst und wendest, aber das Gesetz der Resonanz oder auch der Anziehung wirkt immer. Energie folgt der Aufmerksamkeit. Und woran denkst Du nach, beim Vermeiden? Genau. An die Armut. Du willst sie ja vermeiden. Dies ist kein kluger Schachzug und hat mit Weisheit nichts zu tun. Und wenn ein wenig Geld da ist, dann denken die meisten Menschen darüber nach, wie sie das Geld am besten zusammenhalten, sparen und knapsen, wo immer es geht. Nur so funktioniert Reichtum nicht. So funktioniert Armut. Wenn Du Geld hast, zahle Deine Rechnungen, und gib das Geld dafür aus, was Du brauchst und Dir Spaß macht. Das Denken, „Spare, in der Zeit, dann hast

Du in der Not“, beschwört schon Not herauf. Wer möchte denn so etwas erleben? Und doch tun das die meisten Menschen. Und sie merken nicht, dass sie das heraufbeschworen haben, mit ihrem Not-Denken. Tut das wirklich not? Ich denke nicht. Der Amerikaner zum Beispiel lebt. Der lässt sich sein Essen im Restaurant mindestens einmal die Woche durch nichts verderben. Der spart da nicht großartig, der gibt das Geld aus. Und es kommt auch irgendwie wieder zurück. So schmeckt das Leben. Und der Amerikaner ist dankbar. Dankbar für alles. Du erinnerst Dich? Dankbarkeit ist der Potenzierer Deines Glücks? Nun lass Dir noch erklären, dass Geld auch einen Kreislauf hat. Der sogenannte Geldkreislauf ist wichtig für die Wirtschaft und für jeden einzelnen Menschen. Geld muss sich, wie mit allem anderen im materiellen Leben, bewegen. Es bewegt sich immer, wenn auch unsichtbar. Denn Du bekommst ja gar nicht mit, durch wie viele Hände die Scheine oder Geldstücke gehen. Und Du bekommst auch nicht mit, wie sich das Geld datentechnisch, also für Dich unsichtbar bewegt. Das bedeutet, Geld wird ausgegeben und wandert von einem zum anderen. Wenn morgen nur zehn Prozent der Menschen kein Geld mehr ausgeben würden, würde sich das auf die gesamte Wirtschaft auswirken. Sie würde nicht zusammenbrechen, aber sie würde ein wenig ins Stocken geraten. Und der Deutsche ist ja auch so gestrickt. Der verzichtet lieber auf etwas, spart lieber, um es zurückzulegen, anstatt zu leben und sich das zu kaufen, woran er Freude hat. Er arbeitet lieber mehr und mehr, um nur über die Runden zu kommen. Und über die Eckigen auch noch. Aber hat das diese Menschen reich gemacht? Nein. Und wenn etwas Geld da ist, dann machen sich die Menschen Gedanken darüber, wie sie ihr Geld überlegt und sinnvoll ausgeben. Und sie überlegen, wenn sie Geld haben, wie sie es am besten anlegen, um Reichtum zu erlangen, ohne zu bemerken, dass sie ja wieder mal denken, dass sie eigentlich arm sind. Denn wenn ich ja Reichtum denke, also denke, dass ich Wohlstand habe, dann muss ich ja Geld nicht anlegen, um reich zu werden. Aber was denken diese Menschen? Sie denken: „Ich will ja irgendwann mal Geld haben.“ Und nicht: „Ich habe Geld und bin reich." Warum denkst Du, dass es eine Verzerrung der Realität wäre? Warum denkst Du bloß, dass das nicht der Wahrheit entspricht und Du Dich damit nur selbst belügst? Weil Du nur sehen kannst, was in der Vergangenheit war und jetzt noch ist. Du kannst Dich nicht im Überfluss leben sehen oder im Wohlstand. Die materielle Welt gaukelt Dir etwas vor. Sie gaukelt Dir vor, dass Du arm bist. Sie gaukelt Dir vor, dass Du niemals reich sein wirst, denn die anderen haben ja das Geld. Das ist, was Du siehst. Dein Blick ist so getrübt, so vernebelt, dass da kein Platz mehr ist, Dich reich zu sehen. Geld ist genug da auf der Welt. Jeder kann reich sein, es ist immer noch genug da. Aber warum ist das Geld nur bei den reichen Menschen, die wundervoll im Wohlstand leben? Warum ist es nicht bei all den anderen? Weil eben diese reichen Menschen ein anderes Bewusstsein haben. Du könntest heute oder auch jetzt sofort alles Geld der Welt auf alle Menschen auf der Welt genau gleich aufteilen, es wäre innerhalb eines Jahres wieder genauso verteilt, wie es jetzt verteilt ist. Warum? Weil das Denken der Menschen, die Wohlstand erlangt haben, anders ist, positiver ist als das der Menschen, die in Armut leben. Warren Buffett hatte mal etwas Wunderbares gesagt, woran sich jeder orientieren sollte: *„Ich wusste immer, dass ich reich werden würde. Ich glaube nicht, dass ich jemals eine Sekunde daran gezweifelt habe."* Sein Glaube war also stark genug, reich zu werden und wirklich Wohlstand zu erlangen. Warum weiß ich das: Weil ihn sein Glaube die richtigen Entscheidungen treffen ließ. Ganz einfach. Denn sonst hätte er das nie geschafft. Reichtum, Wohlstand oder Armut, sind Entscheidungen. Wenn Du Wohlstand willst, konzentriere Dich auf Wohlstand. Wohlstand, den Du schon hast. Sei einfach dankbar für alles, was Du hast, und der Rest vermehrt sich schon von alleine. Höre auf Deine innere Stimme und Du triffst die richtigen Entscheidungen. Armut ist eine Entscheidung. Reichtum auch. Sich über die Armut zu beklagen bringt Dir mehr davon. Es ist Dein Glaubenssatz, über den Du Dich beschwerst.

Aber hast Du nur mal einen Augenblick darüber nachgedacht, dass diese alten Glaubenssätze Dich genau da hingebracht haben, wo Du jetzt stehst? Ich denke nein. Du hast keinen Zusammenhang darin gesehen. Und doch ist es so. Erinnere Dich zurück, wie oft haben Deine Eltern oder Großeltern gesagt: „Das können wir uns nicht leisten." Das sind Glaubenssätze, die Du übernommen hast. Du selbst hast Dich in diese jetzige Lage gebracht. Du hast Dein Leben in diese Richtung gelenkt, hast Dich mit Deinem Denken in diese Lage gebracht, jetzt hast Du die Chance, es anders zu machen. Das hier ist Deine Chance Dein Denken, Dein Bewusstsein zu verändern, auf positiv gerichtet. Willst Du das? Dann lies weiter. Dann geh jetzt auch den ganzen Weg. Es ist Deine Chance. Es ist Deine Chance, alles zu erreichen, was Du auch erreichen willst. Fokussiere Dich auf das, was Du willst. Wenn Du Harmonie willst, denke nur Harmonie. Wenn Du Liebe willst, denke nur Liebe. Wenn Du Schokolade willst, denkst Du auch nur Schokolade. Und wenn Du Frieden willst, dann Himmelherrgott noch mal, denke auch an Frieden. Du bist der Schöpfer Deines Lebens. Und wenn Du so denkst, wie hier gerade beschrieben, wirst Du wirklich erfolgreich. Willst Du lesen, wie es weitergeht? Ein bisschen haben wir noch vor uns, obwohl Du schon sehr vieles weißt. Aber eben noch nicht alles. Es geht jetzt weiter ...

> *„Jeder Nachteil lässt sich in einen zumindest gleich großen Vorteil verwandeln." – Napoleon Hill*

Das ist ja mal eine Aussage. Oder? Aber wie siehst Du das? Stimmt das? Halt, bevor Du Dir selber eine Antwort gibst, bedenke, dass Deine Antwort Gesetz ist. Nämlich Dein Gesetz. Was ich Dir damit sagen will, ist: Du hast immer recht. So. Und jetzt nochmal: Stimmt das? Meine Antwort zu dieser Frage lautet: Ja. Ein eindeutiges Ja. Warum, fragst Du? Das Universum hält alle Möglichkeiten für Dich bereit. Du bist Energie, das Universum ist Energie. Und worauf Du Deine Energie konzentrierst, das bekommst Du vom Universum zurück. Konzentrierst Du Dich auf alles Negative, auf die ganzen sogenannten Nachteile, wirst Du sie auch erleben. Siehst Du aber die Vorteile, bekommst Du davon mehr. Die meisten Menschen sehen, in einer angeblich ungewünschten Situation nur das Negative und fühlen sich dann auch richtiggehend schlecht. Sie sehen dann nur das, was geschehen ist, und hadern mit dem Schicksal. Sie selbst haben das aber angezogen. Wenn sie das schon mal erkennen würden, wäre das der erste Schritt, um etwas verändern zu können. Aber es gibt ja auch noch einen zweiten Schritt. Wenn sie erkennen würden, dass dieses Gefühl in ihnen, erzeugt durch das negative Ereignis, etwas ausgelöst hat, nämlich das Sich-richtiggehend-schlecht-Fühlen, würden sie hingehen und sich sagen: „Mein Gefühl sagt mir, da ist etwas nicht in Ordnung bei mir, denn ich fühle mich schlecht. Ich habe jetzt die Chance, meine Gefühle zu verändern, indem ich jetzt einfach mal an das denke, was ich wirklich will. Das heißt aber nicht, dass ich das Vergangene verändern will, das ist nicht möglich. Sondern dass ich mir neue Gefühle erschaffe. Vergangenes kann ich nicht verändern. Ich kann nur neu erschaffen. Das ist der feine, aber doch große Unterschied. Ich habe, wenn ich auf meine Gefühle achte, die Chance, meine Gefühle durch positive Gedanken zu verändern. Und zwar sofort. Ich brauche mir nur gedanklich vorzustellen, was ich wirklich will. Das Leben fließt so einfach ...

Es gibt Menschen, die brauchen das, wirklich kritisiert zu werden. Sie brauchen das, dass man sie auf Fehler hinweist und ihnen deutlich macht, dass sie Mist gebaut haben. Ja so was aber auch. Hier in Amerika habe ich vieles anders kennengelernt. Hier wirst Du gelobt, auch wenn Du nichts Besonderes geleistet hast. Für Dich nichts Besonderes. Aber vielleicht für den anderen? Ich möchte Dir ein kleines Beispiel geben, wie die meisten Menschen in Europa über dieses Verhalten denken: Eine gute Freundin, sie war hier in Amerika nur ein Jahr zur weiterführenden Ausbildung, sie machte eine Ausbildung im Hotelmanagement, ein sehr kluges Mädel, sagte zu mir einmal folgendes: „Auf meiner Arbeitsstelle hier im Hotel hat sich mein Chef heute für meine hervorragende Arbeit bedankt und sich auch noch dafür bedankt, dass ich da war. Dabei ist das doch selbstverständlich und außerdem habe ich doch gar nichts Besonderes gemacht. Ich habe doch nur meinen Job gemacht.

Mein Freund war froh, wieder in Schottland zu sein, weil er die Menschen hier in Amerika übertrieben höflich und nett findet. Er mag es lieber, wenn ihm jemand ehrlich die Meinung sagt, wenn er etwas falsch gemacht hat und nicht noch höflich und nett ist. Und ich denke auch so. Das spornt mich doch viel mehr an. Hier ist das übertrieben nett und lieb."

So. Jetzt erst mal tief durchatmen. Das musste ich auch. Wirklich. Wenn das natürlich ihre Einstellung ist, dann ist sie das. Es ist nichts Verkehrtes daran und ich denke, viele Menschen sehen das ähnlich. Jedoch möchte ich das einmal ein wenig aufbröseln. Der Reihe nach. Die Aussage meiner guten Freundin ist eigentlich die: „Wenn ich nichts Besonderes geleistet habe, verdiene ich auch kein Lob. Und dass ich meine Arbeit gemacht habe, ist selbstverständlich. Und wenn ich nicht stark kritisiert werde, dann spornt mich nichts an." Dieses Denken ist der reine Wahnsinn. Was mich dabei wundert, ist, dass es noch niemandem soweit aufgefallen ist. Erstens: Jeder Mensch verdient Lob, schon allein wegen der Tatsache, dass er hier auf der Welt ist. Und zwar jetzt! Und *jetzt* bedeutet immer und ständig. Egal ob er für andere etwas geleistet hat, für sich selbst oder auch gar nichts. Aber er hat es sich geleistet, hier auf dieser Welt zu leben. Also hat er Lob verdient. Aber unsere Gesellschaft, vor allem in Europa, geht davon aus, dass ein Mensch erst etwas vollbracht haben muss, bevor er gelobt wird. Wer verheiratet ist, sollte sich einmal hinterfragen, wann der Partner das letzte Mal oder überhaupt mal zum anderen gesagt hat: „Schön, dass Du in meinem Leben bist, schön, dass es Dich gibt." Und wenn er/sie es gesagt hat, war es ohne etwas dafür geleistet zu haben? Vermutlich in über neunzig Prozent der Fälle nicht. Aber das ist der Druck, den wir uns aufgebürdet haben. Dabei ist Lob so einfach und wie ich finde sehr motivierend. Bei meiner wirklich guten Freundin Franzi kam es so rüber, dass Lob, wenn es für nichts Besonderes war, demotivierend ist. Und so ein Lob ist dann in ihren Augen auch unehrlich. „Denn warum lobt er mich für nichts?" Ganz einfach, weil er Deine Arbeit als besonders angesehen hat. Weil er es so empfunden hat. Ihn dann praktisch als Lügner dazustellen, ist schon sehr heftig. Denn sie, und nur sie allein, geht ja davon aus, dass dieses Lob aufgrund der Tatsache, dass sie nichts geleistet hat, eine Lüge ist. Das ist schon recht hart. Aber zeigt mir deutlich, wie die Erziehung gewirkt hat. Erst wenn ich etwas geleistet habe, bin ich es wert, dass ich Liebe bekomme und vielleicht auch gelobt werde. Was aber ist, wenn ich nicht gelobt werde, wenn ich meiner Meinung nach etwas Tolles geleistet habe? Wer bestimmt denn überhaupt, wann etwas sehr, sehr gut war oder etwas Tolles geleistet wurde? Ganz einfach: Dein Chef mit seiner Sichtweise für sich und Du mit Deiner Sichtweise für Dich. Und schon kann es zu Differenzen kommen, da ihr beide ja vielleicht nicht die gleiche Sichtweise habt. Und nun? Dann wird hinter dem Rücken vom Chef geschimpft und geflucht und der arme Mensch wird dann Hauptthema im Gespräch mit Deinen Freunden oder der Familie. Klasse. Der macht dann etwas nicht nach Deinen Vorstellungen, Du denkst, Du hast Lob verdient, bekommst es aber nicht und dann ist der Chef plötzlich ein Ars..., weil er vergessen hat, Dich zu loben. Da er es aber sonst auch nicht tat, hat er vielleicht schlichtweg gar nicht daran gedacht. Und nachdem Du dann über Deinen Chef hergezogen bist, lobt er Dich vielleicht an einem anderen Tag und so weiter. Aber sich darüber zu beschweren, dass ein Chef einen lobt, auch wenn man angeblich nichts Besonderes geleistet hast, ist schon harter Tobak. Für ihn war es aber vielleicht etwas Besonderes, dass sie an dem Tag da war. Für ihn war es etwas Besonderes, das sie an dem Tag ihren Job gemacht hat. Und zwar so gut sie es konnte. O mein Gott, ich liebe die amerikanische Mentalität in diesem Punkt.

Jeder, und ich meine jedes Lebewesen, verdient Liebe und Lob. Egal ob es was geleistet hat oder nicht. Für den einen ist eine Leistung schon nur etwas Kleines, für den anderen etwas Großes und für mich ist es, dass ein Lebewesen überhaupt da ist. Und wer bestimmt denn, wann etwas Kleines oder Großes geleistet wurde? Richtig. Jeder nur aus seiner Sichtweise. Oder anders gesagt: Jeder nur aus seinen Erfahrungen. Denn was kommt auch hier wieder zum Tragen? Ich kann nur von mir auf andere schließen. Wenn jedes einzelne Lebewesen Liebe fühlen würde, Frieden fühlen würde, Harmonie fühlen würde, dann würden alle Lebewesen wissen, dass alle Lebewesen eins sind. Und dann hätten wir Frieden und Harmonie auf der Welt. Menschen predigen und sehnen sich nach Liebe, wollen, dass sich alles auf der Welt ändert, fangen aber nicht bei sich selbst an. Und dabei bräuchten sie nur ihr Bewusstsein ändern. Nicht mehr. Ich wünsche mir, dass alle Menschen dieses Bewusstsein in sich tragen, dass die Welt und alle Lebewesen voller Liebe sind. Und sie selbst auch. Das ist mein Wunsch und ich weiß, er hat sich erfüllt ...

Kommen wir zu einem Thema, das ich nochmal aufgreifen möchte, da es die meisten Menschen doch sehr beschäftigt. Nicht beschäftigt, dass sie sich ständig fragen: „Warum habe ich das?“ Nein, beschäftigt, weil sie es ständig in sich tragen. Leider immer im Hier und Jetzt. Obwohl sie meistens in der Zukunft leben. Doch sie transferieren es ins Hier und Jetzt: die ANGST. Angst ist ein sehr heikles Thema. Ich habe dazu im Internet einen Artikel gefunden, der Dir zeigen kann, wie Du besser mit Deinen Ängsten umgehen kannst. Wirklich interessant.

An den bloßen Fingerspitzen hängt er in der senkrechten Felswand. Ganz tief unten: der Abgrund. Jeder noch so kleine Fehler bedeutet jetzt den Tod. Nachvollziehbar, dass selbst ein professioneller Extremkletterer wie Alexander Huber mit der nackten Angst zu kämpfen hat. Doch sie versetzt ihn nicht in Panik. Ganz im Gegenteil: Denn erst die Angst ermöglicht ihm die nötige Konzentration, um diese lebensgefährliche Situation zu meistern. Huber ist völlig auf sich allein gestellt, jeder einzelne Griff muss sitzen. „Die Angst ist ein steter Begleiter in den Bergen und dort auch tatsächlich unsere Überlebensversicherung“, sagt der 44-Jährige. Alexander Huber zählt zu den erfolgreichsten Allround-Bergsteigern der Welt, zusammen mit seinem älteren Bruder Thomas bezwingt er die steilsten Felsen der Erde. Wo möglich, klettern die „Huberbuam“ im Free-Solo-Stil, also ohne Seil und Sicherung. In seinem neuen Buch „Die Angst, dein bester Freund“ (erschienen 2013 im Ecowin Verlag) erzählt der staatlich geprüfte Berg- und Skiführer und diplomierte Physiker sehr persönlich von seinem Verhältnis zur Angst. Davon, wie man sie zulassen und sich zum Verbündeten machen kann – und warum es sich lohnt, die Komfortzone zu verlassen und Risiken einzugehen.

Leben im Zeitalter der Angst

Die Angst ist ein überlebenswichtiges Gefühl: Sie schützt uns in Gefahrensituationen, macht uns erfinderisch und leistungsfähig. Entwicklungsgeschichtlich betrachtet ist die Angst so alt wie die Menschheit: Schon seit der Steinzeit hilft sie uns, Gefahren zu erkennen – und zu überleben. In entscheidenden Momenten leitet sie uns in die richtige Richtung. Trotzdem hat die Angst in unserer Gesellschaft ein schlechtes Image, ist kein sozial erwünschtes Verhaltensmuster. Ängstliche Menschen gelten als schwach und angreifbar. Wenn die Auswirkungen der Angst besonders heftig sind, können sie uns enorm belasten, sogar krank machen. Offen über Ängste zu sprechen, gleicht einem Tabu. Doch wie es scheint, haben wir heute so viele Ängste wie nie zuvor in der menschlichen Entwicklung: Jeder fünfte Deutsche leidet mindestens einmal im Leben an einer behandlungswürdigen Angststörung, rund sechzig Millionen EU-Bürger sind jährlich betroffen. So wird das Phänomen zum häufigsten psychischen Leiden unserer Tage. Schon im Jahr 2000 sprach die US-amerikanische Psychologin Jean Twenge vom „Zeitalter der Angst“, nachdem sie für eine umfangreiche Studie die Daten von über elf Millionen Amerikanern ausgewertet hatte. Noch nie beschäftigten sich so viele Forscher mit dem Thema Angst wie heute. Doch was ist Angst nun eigentlich genau, und ab wann wird sie zur Krankheit?

Das Angstnetzwerk im Gehirn

Es gibt zahllose Definitionen von Angst. Im Kern besagen sie: Angst ist eine unangenehme Emotion oder Stimmung, sie führt zu Anspannung und Besorgnis bis hin zu starken körperlichen Reaktionen. Zum psychischen Erleben kommen körperliche Symptome wie Herzrasen oder Atemnot. Der zentrale Ort, an dem diese Emotion gesteuert wird, ist unser Gehirn – sozusagen der „Hauptbahnhof der Angst". Verschiedene Hirnregionen arbeiten dabei zusammen und bilden ein sogenanntes Angstnetzwerk. Im „Ernstfall" schütten sie in unserem Körper Stresshormone aus, etwa Adrenalin. Diese Botenstoffe lösen eine Kette von Reaktionen aus: Blutdruck und Puls schnellen nach oben, wir kommen ins Schwitzen, atmen schneller, beißen die Zähne zusammen.

Wo die Ängste herkommen

Psychologen haben oftmals Schwierigkeiten damit, die tatsächlichen Ursprünge der Angst aufzuspüren. Bei der Entstehung von Ängsten kann die Erziehung genauso eine Rolle spielen wie belastende Erfahrungen während der Kindheit. Auch mit unseren Genen können Ängste zusammenhängen und vererbt worden sein. Bei Erwachsenen können schmerzhafte Trennungen oder andere einschneidende Erlebnisse zur Entwicklung von Ängsten führen. Schon in der Antike beschäftigten sich Philosophen wie Hippokrates oder Aristoteles mit diesem Gefühlszustand. Die Welt ist heute allerdings wesentlich komplexer als damals, wir haben mehr Stress, der Alltag erscheint immer belastender. Wir sind sozial ganz anders eingebunden und vernetzt als früher, es gibt mehr Scheidungen und Single-Haushälte. Mehr Menschen wachsen als Einzelkinder auf und haben scheinbar allgemein weniger Vertrauen in andere. Scheinbar sind die wichtigen Beziehungen im Leben weniger belastbar geworden.

Extremsport als Angstschule

Angst zu haben ist nicht nur normal, sondern lebensnotwendig. Kletterer, Alpinisten und Extrembergsteiger wie Alexander Huber gehören zu jenen Menschen, die ohne Wagemut und Risikofreude nicht weit kommen. „Mein Erfolgsgeheimnis ist die Art, wie ich mit meinen Ängsten umgehe", erzählt Huber. „Meine Karriere als Extremsportler war eine jahrzehntelange Angstschule." Die Angst betrachtet er als seinen täglichen Begleiter, der ihn antreibt, bremst, schützt und leitet. „Die Angst sagt mir, wo es langgeht, zeigt mir den gesunden, richtigen und sicheren Weg." Jeder Mensch, der extrem an sich arbeitet, ist instinktiv immer von der Angst getrieben. Sportler kämpfen ständig mit dem Leistungsdruck und der daraus resultierenden Angst. Wer die Angst erkennt und akzeptiert, ist schon auf dem richtigen Weg. Das gilt nicht nur für das Bergsteigen.

Ängste überwinden

Das Gefühl der Angst gehört zum Leben dazu. Doch wer an einer Angstkrankheit leidet, spürt die Symptome so stark, dass ein normaler Alltag manchmal kaum noch möglich erscheint. Dann sind guter Expertenrat und eine wirksame Therapie gefragt. Wer glaubt, sein Denken und Handeln im Griff zu haben, kann schnell Anderes erleben. Wenn verschiedene Stressfaktoren unerwartet aufeinandertreffen, kann die scheinbar so stabile Psyche schnell ins Wanken geraten. Doch auch scheinbar absurde, unverhältnismäßige Ängste haben ihre Daseinsberechtigung. Sie können ungeahnte Energien in uns freisetzen. Die Angst ist nur dann ein schlechter Berater, wenn man sich ihr nicht stellt. Eine überwundene Angst aber ist eine riesige Leistung. Wer einmal ein Problem gelöst hat, fällt beim nächsten Gegenwind nicht mehr so leicht um. „Letztendlich ist das Bergsteigen ja auch nichts anderes als eine Metapher fürs Leben", sagt Alexander Huber, „und die Entscheidungsmuster, die wir am Berg brauchen, kommen auch sonst im Leben zur Anwendung." Wer also seine Ängste akzeptiert, kann daran wachsen. So wird die Angst zum Freund – und bringt uns im Leben voran.

Dies war ein Ausschnitt aus einem Artikel im Internet, den ich nicht mehr finden kann. Vielleicht existiert er nicht mehr. Sollte ihn jemand finden, mir bitte zukommen lassen. Werde gerne die Quelle nachreichen.

Ängste zulassen. Ja. Genau das ist richtig. Sie verdrängen wird immer wieder die gleichen Ängste in Dir hochsteigen lassen. Sich den Ängsten stellen ist der Weg. Und nur dieser Weg führt zu einem glücklicheren Leben. Ängste sind nicht gut. Aber den Mut, den ich daraus ziehe, um mich meinen Ängsten zu stellen, um dann immer mutiger zu werden, ja, das ergibt Sinn. Ja, fühle die Angst, lasse sie bewusst zu. Fühle, wo sie sich überall verkriecht. Fühle sie, wo immer sie sich auch versteckt gehalten hat. Aber fühle sie bewusst. Lasse bewusst zu, dass die Angst für einen gewissen Zeitraum richtig hochkommt. Kontrolliere Deinen Atem. Sage Dir in Gedanken: „Da bist Du ja meine Angst. Ich weiß, es gibt Dich und Du bist ein Teil von mir. Ich will fühlen, wo Du bist." Im Hals, im Magen, im Solarplexus, egal wo Du sie fühlst, lass sie zu. Und nach einer kleinen Weile, so circa zwei bis fünf Minuten, sage zu Deiner Angst: „Ich weiß jetzt, dass Du da bist, ich weiß jetzt, wie Du Dich anfühlst, aber ich weiß jetzt auch, dass Du völlig unbegründet bist, denn es geht mir ja nach wie vor richtig gut. Es ist nichts geschehen, alles, wovor ich Angst hatte, ist nicht eingetroffen. Ich weiß jetzt, dass Du eigentlich völlig irrational bist. Ich lebe lieber mutig und gesund. Danke schön, meine liebe Angst, dass Du mir das gezeigt hast."

Mache das, sooft Du die Angst spürst. Und die Ängste werden immer weniger, weil Du sie zugelassen hast, sie kurzfristig akzeptiert hast, angenommen hast, um sie dann in etwas Neues zu verwandeln. In Mut. Und der Mut bringt Dich im Leben voran. Eine der natürlichen Ängste ist die Angst vor dem Fallen. Dort wird sie überlebenswichtig. Dass natürlich ein Extremkletterer Ängste hat, da er jederzeit tief runterfallen kann, ist vollkommen richtig. Es ist aber auch die einzige Angst, die sich im Hier und Jetzt abspielt. Denn wenn er dort an der steilen Kletterwand hängt, den tiefen Abgrund vor Augen, ist das völlig normal. Und wenn er diese Ängste in den Mut umsetzt, die richtigen Entscheidungen zu treffen, auch richtig. So besiegt man seine Angst. Ich behaupte, es gehört viel Mut dazu, diesen Sport zu wagen. Aber die meisten Ängste sind unbegründet. Nur wenn sie da sind, hilft es nicht, sie zu ignorieren oder verdrängen. Ich bin im Großen und Ganzen derselben Meinung wie dieser Artikel. Was ich allerdings nicht glauben kann, ist, dass eine Erziehung oder Gene auf der Grundlage der Vererbung daran Schuld sein sollen, dass ich Angst habe. Das ist für mich nur eine Ausrede und Entschuldigung. Denn die Entscheidung Angst zu haben oder nicht treffe ich ja ganz allein. Wenn Erziehung schuld daran sein soll, heißt das nur, dass ich selbst das übernommen habe, was meine Eltern oder wer auch immer mir versuchten beizubringen. Als Kind übernehme ich das auch so, was ich von meinen Eltern lerne. Ängstliche Mütter haben auch meist ängstliche Kinder. Aber als Erwachsener kann ich ja neu dazu lernen. Da muss ich nicht mehr alles tun, was ich von Eltern oder Lehrern gelernt habe. Denn wenn ich will, kann ich meine eigenen Entscheidungen treffen und meinen eigenen Weg gehen. Es obliegt meiner Verantwortung, welche Entscheidungen ich treffe und dann sollte ich auch dazu stehen. Es wird immer Menschen geben, die versuchen werden, Dich zu beeinflussen. Dies ist aber nur möglich wenn Du es zulässt. Deshalb ist meiner Meinung nach Beeinflussung nur bedingt möglich. Du triffst immer eine Entscheidung, so oder so. Nimm Deine Ängste an und lerne damit umzugehen. Wenn Du dann Deine Ängste überwunden hast, kannst Du viel mehr mit Mut leben und daraus Entscheidungen treffen. Erinnere Dich: Fast alle Ängste sind anerzogen und erlernt. Nur wenn Dein Leben in Gefahr ist, wird Dir Angst wirklich helfen können. Denn Du hast nun mal diesen Flucht oder Kampf Instinkt in Dir. Und dieser Instinkt kann Dich dann beschützen. Alle anderen Ängste kannst Du überwinden. Es wird eine Zeit dauern, aber ja, es funktioniert. Heute habe ich den Mut, den ich gerne schon früher gehabt habe. Aber ich habe ihn und setze ihn auch ein. Und dafür bin ich unendlich dankbar.

Wenn Du eine Angstattacke bekommst, hilft es nicht, diese zu verdrängen und zu sagen, es wird schon wieder gut werden.

Allein das Denken, dass ja etwas gut werden wird, beinhaltet ja schon, dass etwas schlecht ist. Von daher kann dieses Denken nur kontraproduktiv arbeiten, und Deine Ängste kehren immer wieder zurück oder werden vielleicht schlimmer. Bis zu dem Zeitpunkt, wo Du sie annimmst und änderst oder Dich an sie gewöhnt hast. Wenn Letzteres eingetreten ist, wird Dir das Leben so lange keine Freude mehr bereiten, bis Du das änderst. Ich weiß, Du hast Dich dann daran gewöhnt und bemerkst es wahrscheinlich noch nicht einmal mehr. Aber Deine Gefühle sind trotzdem alles andere als gut und Deine Gedanken kreisen auch nur noch darum. Bewusst oder unbewusst, ein wirklich tolles Leben ist das nicht mehr. Doch jetzt stellt sich die Frage: Willst Du das ändern oder weiter still leiden? Willst Du so weiterleben oder endlich glücklich sein? Und zwar unendlich glücklich? Es ist Deine Entscheidung. Wo Du jetzt bist, hast Du Dich selbst hineinbugsiert. Du kannst Dich jetzt auch wieder herausmanövrieren. Den meisten Menschen fehlt die Kraft dazu, alleine aus diesem Sumpf zu kommen. Hier ist Deine Chance, es jetzt anzupacken. Gehe Deinen Weg. Welcher es auch immer ist, die Formel dafür ist recht einfach. Sei Glücklich. Lebe ...

Aber warum haben Menschen nur so unsagbar große Angst, sogar vor Kleinigkeiten? Ich denke, dass es mit der Komfortzone zusammenhängt, in der sie sich bewegen. Sie haben etwas erreicht, wenn es auch nicht viel ist, sie haben plötzlich Angst, das wieder zu verlieren. Nicht daran denkend, dass ihre Wünsche alle in Erfüllung gehen. Auch die, alles wieder zu verlieren. Die Angst ist mächtig. Und wenn sie dann alles verloren haben, wird teilweise Gott infrage gestellt, wie er das nur zulassen konnte. Darauf sage ich Dir nur: Er konnte nicht nur, er musste es sogar. Warum? Weil er dem Menschen den freien Willen gab. Und mit dem freien Willen erschafft sich der Mensch die Freiheit, alles selbst zu erschaffen, was er will. Und wenn der Mensch Angst haben will (wenn er es nicht wollte, warum tut er es dann, denn es ist ja seine eigene Entscheidung), dann ist es sein natürliches Geburtsrecht, so leben zu dürfen. Aber genauso ist es ein natürliches Geburtsrecht, in Selbstvertrauen und Mut zu leben. Und komm mir nicht damit, andere hätten Dir den Mut und Dein Selbstvertrauen genommen. Nein, es war Deine Entscheidung, in Angst zu leben. Niemand zwang Dich dazu, auf die anderen zu hören. Niemand zwang Dich dazu, Angst zu haben. Es war Deine Entscheidung. Und wenn ich dann von Dir höre, dass es doch normal ist, Angst zu haben, dann sage ich Dir, unter der Prämisse, dass mir dabei ein ganz klein wenig der Kamm schwillt: Wenn Du das glaubst, hast Du recht. Aber ich sehe dies anders. Es ist nicht normal und es wird für mich auch niemals normal sein. Nur weil vielleicht 95 Prozent der Menschen in Angst leben, ist das noch lange nicht normal. Das ist schon krankhaft. Meine Güte, steht auf und denkt positiv. Steht auf und zeigt den anderen und dem Leben die Zähne, selbst wenn es nicht eure eigenen sind.

Ein wundervolles Beispiel ist Weihnachten. Da wird ein Bimbamborium sondergleichen veranstaltet. Wenn jemand an Weihnachten nicht so funktioniert, wie das die Familie erwünscht oder der Partner, ach Gottchen, nicht auszudenken. Da ist Theater im Anzug. Dabei ist Weihnachten das Fest der Liebe. Aber was machen die Menschen daraus? Das Fest der Tradition. Das ist unglaublich. Sprengt doch mal die Ketten, die euch festhalten. Lasst doch Weihnachten jeden, auch die eigenen Familienmitglieder, so feiern, wie sie wollen. In welchem Gesetz oder Drehbuch steht denn geschrieben, dass ich Weihnachten so feiern muss, wie es die anderen wollen? Wer sagt denn, dass Tradition wichtig ist? Doch nur die Menschen, die nichts anderes mehr haben. Warum feiern wir denn Weihnachten? Warum feierst Du denn Weihnachten, mein lieber Leser? Warum? Warum gibt es überhaupt Weihnachten? Ich denke, weil Jesus geboren wurde. Jesus war derjenige, der anhand der Bibel all diese Wunder vollbrachte. Doch bei jedem Wunder sagte Jesus: „Glaubst Du wirklich, dass ich Dich heilen kann?“ Die Antwort war stets: „Ja, o Herr.“ Und Jesus sagte daraufhin jedesmal: „Dann geschehe nach Deinem Glauben.“ Die Menschen heilten sich also selbst. Ihr Glaube hat sie geheilt. Jesus sagte aber auch: „Das, was ich vollbringe, könnt auch ihr vollbringen und noch viel mehr.“ Soll bedeuten: Jesus wusste ganz genau, dass wir alle genauso groß sind wie er. Das wir unser Leben in unserer eigenen Hand haben. Wie wir leben und auch, was wir leben. Jesus wusste das genau. Und Jesus sagte auch niemals, dass wir ihn anbeten sollen. Er sagte, dass wir ihm folgen sollen. Und das ist ein großer Unterschied. Und jetzt feiern wir zu seinen Ehren ein Fest. Da spricht nichts dagegen. Aber nur einmal im Jahr Liebe zu fühlen, für alles, ist ein wenig wenig und für mich sogar Heuchelei. Und dann wird noch nicht einmal bedingungslos geliebt, wenn man nicht so funktioniert, wie es die Familie oder der Partner will. Heuchelei. Die Menschen tun an Weihnachten das, was sie ihr ganzes Leben tun: Sie leben Weihnachten nach Tradition und damit in der Vergangenheit. Denn Tradition ist Vergangenheit. Wenn Weihnachten das Fest der Liebe ist, dann liebt auch, aber bedingungslos. Und liebt nicht nur Weihnachten, sondern immer. Jesus wollte nie, dass wir nur Weihnachten lieben. Er wollte, dass sich alle Lebewesen untereinander lieben. „Aber wenn mein böser Nachbar doch gemein zu mir ist?" Dann heißt das nicht, dass Du auch gemein zu ihm sein musst. Du kannst lächeln und ihm so zeigen, dass egal was er anstellt, Du in Deiner Mitte und Liebe verweilst. Dass er keine Macht darüber hat, Dein Leben zu beeinflussen. Jederzeit. Und jederzeit bedeutet nicht nur Weihnachten, es bedeutet jederzeit. Wir gehen sehr unüberlegt mit unserem Potenzial der Liebe um. Aber wir glauben, dass unser Kopf alles weiß. Unser Kopf weiß nicht alles. Wissen ist begrenzt. Denn wenn es nicht so wäre, würdest Du nichts mehr dazulernen. Deine Seele weiß alles. Doch Du überlässt die Führung Deines Lebens Deinem Kopf. Dabei wäre es sehr viel klüger, Deinem Herzen die Führung zu überlassen. Und das nicht nur zu Weihnachten. Jedoch, warum beten wir Jesus denn so sehr an, dass wir überall Kreuze aufhängen oder ihn so sehr anbeten, dass er uns immer hilft? Warum sollte Jesus uns helfen? Weil er anderen Menschen auch geholfen hat? Wie schon vorher erwähnt, Jesus heilte diese Menschen nicht, sie heilten sich selbst durch ihren Glauben. Also, wenn Du glaubst, dass Du Dir selbst nicht helfen kannst, wer soll Dir dann helfen? Also wenden wir uns nur an Jesus, wenn es uns besonders schlecht geht. Doch fragt euch, wenn es euch schlecht geht, tragt ihr dann Liebe in euch?

Gott wird euch nur helfen, wenn ihr voller Liebe seid. Wenn ihr alles voller Liebe seht. Wenn Liebe das A und O in eurem Leben ist. Egal worum ihr bittet, bittet in Liebe und liebevoller Absicht und euch wird gegeben. Das Leben ist so einfach. Ein wunderbares Zitat von einem großen Menschen ist folgendes:

> *„Es scheint da einen gewissen perversen menschlichen Charakterzug zu geben, der gerne einfache Dinge kompliziert macht." – Warren Buffett*

Denk mal darüber nach.

Gott ist immer da, oder die Energie ist immer da, oder das Universum ist immer da. Wie immer Du es definieren magst, es hilft Dir immer. Worauf Du auch fokussiert bist, es hilft Dir immer und fragt nicht, ob es gut oder schlecht ist. Jesus war Gottes Sohn, ist Gottes Sohn und bleibt Gottes Sohn. Du warst Gottes Sohn/Tochter, bist Gottes Sohn/Tochter und bleibst immer Gottes Sohn/Tochter. Du kannst Dich selbst heilen, Dich selbst in die Glückseligkeit befördern. Jetzt. Dazu braucht es nicht Jesus, Weihnachten oder sonst was. Ich habe nichts dagegen, dass man Weihnachten feiert, ich habe nichts dagegen, wenn man es einfach nur so tut. Aber hört auf zu heucheln. Steht in eurem Leben zu dem, was ihr wollt, und lebt danach. Lebt in Liebe, Frieden, Harmonie und Glückseligkeit. Aber schiebt nicht etwas auf Weihnachten und sagt, es ist das Fest der Liebe, wenn der Rest der Zeit Liebe mit Bedingungen verwechselt wird. Liebe ist immer da. Weihnachten ist nur einmal im Jahr. Und das heißt, dass Liebe nur zu Weihnachten gelebt wird, aber nur dann, wenn jeder so funktioniert, wie Du es gern hättest? Das ist pure Heuchelei. Aber, Deine Entscheidung. Jeder so, wie er mag. Es ist nichts Verkehrtes daran. Aber wenn Du nicht pausenlos glücklich bist, dann frag Dich mal, warum und lies dieses Buch noch mal. Und wenn Du dann an dieser Stelle wieder stutzt und nicht weiterweißt, dann lies das Buch noch mal. Aber wenn Du es 25-mal gelesen hast, und nicht verstanden hast, dann ist dieses Buch das falsche für Dich. Dann versuche es mit einem anderen Buch. Deine Mission, Dein Ziel, kann es nur sein, immer und ständig glücklich zu sein. Ich weiß, ich wiederhole mich schon wieder, aber es ist und bleibt so. Aber es ist und bleibt auch Deine Entscheidung.

Jede Entscheidung, die Du triffst, triffst Du im Hier und Jetzt. Jede Entscheidung, die Du triffst, hängt aber auch mit Deiner Vergangenheit und Deiner Zukunft zusammen. Deine Zukunft wird sich aus den jetzigen Entscheidungen gestalten und Deine Vergangenheit hat dafür gesorgt, dass Du Deine Entscheidungen aufgrund Deiner Erfahrungen so getroffen hast.

> *„Die Erfahrung ist wie eine Laterne im Rücken;*
> *sie beleuchtet stets nur das Stück Weg, das wir bereits*
> *hinter uns haben." – Konfuzius*

So gesehen wird Deine Vergangenheit auch weiterhin eine Rolle spielen, bis zu dem Zeitpunkt, an dem Du eine neue Erfahrung machen willst und das Vergangene einfach über Bord schmeißt. Ein kleines Wagnis, ganz bestimmt. Aber trotzdem dann eine neue Erfahrung. Gehe mal einen anderen Weg, den Du noch nicht gegangen bist. Folge Deinem Weg, nicht dem der anderen. Traue Dich, einfach mal in einer anderen Liga zu spielen. Du bist es wert. Es ist doch Dein Leben. Warum wirfst Du es weg, mit dem Gedanken, dass Du Dich nicht traust? Höre auf Dein Herz. Und nur auf Dein Herz.

> *„Es gibt nur einen Erfolg –*
> *das Leben nach seinen eigenen Vorstellungen*
> *leben zu können." – Christopher Morley*

Und nicht nur das, Du sollst jederzeit glücklich sein. Mein Wunsch an Dich. Und wenn Du an Dich glaubst, wer weiß, was dann alles möglich ist.

> *„Was immer der menschliche Geist sich vorstellen und*
> *woran immer er glauben kann, das kann er auch*
> *vollbringen." – Napoleon Hill*

Du lebst im Hier und Jetzt und bist Deines Glückes Schmied!

Dein Leben – Hat es nun einen Sinn?

Diese Frage kannst nur Du allein beantworten. Da Du bewusst nur all das wahrnimmst, was Du auch wahrnehmen willst, wird alles, was in Deinem Leben geschieht, zu Deiner alleinigen Wahrheit. Nur Du siehst das so. Niemand anders. Deine Glaubenssätze finden sich wieder, in dem, was Du bewusst siehst. Und das bestärkt Deinen Glauben auch noch. So bist Du von dem, was Du siehst, komplett abhängig geworden. Wenn Dein Leben noch keinen Sinn hat, kannst nur Du ihm diesen Sinn geben. Was Du in Zukunft siehst oder auch nicht, liegt an Dir selbst. Wenn Du Dein Bewusstsein änderst, wird sich auch Deine Sichtweise ändern und Dich mehr von dem sehen lassen, was Du dann sehen willst. Das ist wie beim Einkaufen. Wenn Du einkaufen gehst und du machst Dir eine Einkaufsliste, dann weißt Du, was Du willst. Wenn Du im Kaufhaus bist, dann wirst Du Dir die Sachen zusammensuchen, die auf Deiner Liste stehen, und kaufen. Die restlichen über 100 000 Artikel, die in den Regalen stehen, wirst Du gar nicht registrieren. Weil sie Dich schlichtweg gar nicht interessieren. Sie sind nicht in Deinem Fokus. So verhält es sich mit allen anderen Dingen auch, die nicht in Deinem Fokus sind. Du nimmst sie nicht bewusst wahr. Obwohl Du eigentlich weißt, dass sie vorhanden sind, blendest Du sie aus. Wir nehmen nur acht Prozent unserer Umgebung bewusst wahr, zweiundneunzig Prozent werden unbewusst aufgenommen. So bildest Du Dir mit all Deinen Vorurteilen und Schlussfolgerungen Deine Welt, wie Du sie magst. Du stopfst alles in Deine kleine Schublade, in der die ganze Welt zusammengefaltet liegt. Und zwar nur so wie Deine Glaubenssätze Dir vermitteln. Und dann gehst Du daher und behauptest auch noch, jeder müsse nach Deinen Vorstellungen leben, so wie Du es willst. Aber die anderen machen genau das Gleiche, jedoch nach ihren Vorstellungen und Glaubenssätzen. So schimpft jeder über die anderen, wie sie leben und welche Ansichten sie vertreten. So reden die Menschen nur noch übereinander und nicht mehr miteinander. Freundschaften und Ehen gehen dadurch in die Brüche. Familien entzweien sich und so sind die meisten Menschen immer mehr *Gegen* etwas anstatt *Für* etwas zu sein. Dieses Leben kann man Leben, muss man aber nicht. Ich bin ausgestiegen. Das machte alles keinen Sinn mehr. Jede Entscheidung die wir im Leben treffen, ausnahmslos jede, treffen wir nur aus Angst oder Liebe. Liebe wird aus Mut gemacht. Wer liebt hat keine Angst und wer Angst hat liebt nicht. Beides zusammen geht nicht. Das ist unmöglich. Wenn ich also *Gegen* etwas bin, habe ich Angst. Bin ich *Für* etwas, habe ich Mut. Was willst Du mein lieber Leser? Du hast die Möglichkeit aus Deinem bisherigen Leben auszusteigen. Wenn Du willst, fang neu an. Deine Entscheidung. Aber es ist genauso richtig so weiter zu Leben wie bisher. Wie Du siehst es gibt kein Richtig oder Falsch. Es gibt nur Besser oder Schlechter. Deine Gefühle werden Dir bei Deiner Entscheidung assistieren.

Ich weiß, bisher ist zwar vieles bewiesen, aber noch nicht für Dich. Wie wäre es denn, wenn Du Dir diese Beweise selbst erschaffst? Nur für Dich. Wenn Du keinen Erfolg hast, kannst Du ja sagen, dieses Buch war ein Fehlkauf und der Damien hat nen Schaden, der raucht oder was weiß ich. Aber wenn Du Dir selbst Deine Wunder erschaffst, hast Du für Dich den endgültigen Beweis, dass das, was ich schreibe, und auch geschrieben habe, komplett richtig ist. Okay? Gehen wir es einmal an:

Zuerst mache Dich frei von Vorurteilen, mache Dich frei von Zweifeln, Dreifeln und Vierfeln. Mache Dich frei von Druck. Fühle Dich leicht und öffne Dich. Du brauchst dazu nicht mehr als 24 Stunden. Und 24 Stunden sind doch machbar. Du kannst jederzeit aussteigen und sagen, das ist alles Humbug. Aber Du kannst es auch wirklich schaffen und feststellen, es ist alles richtig. Wenn es nur einer wirklich schafft und das bestätigt, was ich schreibe und seine Beweise gefunden hat, dann weiß jeder, dass alles komplett richtig ist. Lerne, etwas bewusst zu erschaffen, mit Deinen Gedanken, Gefühlen und Deinem Glauben daran. Das heißt: Fokussiere Dich komplett auf das, was Du erreichenbeziehungsweise erschaffen willst. Das funktioniert im Negativen doch auch besonders gut. Wenn Du Katastrophen siehst, Dich darauf fokussierst und Dir immer wieder diese Bilder ins Leben rufst, geschieht wie durch ein Wunder die Katastrophe. Und jetzt mal umgekehrt, keine Katastrophe, sondern etwas Wunderbares. Wünsche Dir ein Geschenk. Nichts Bestimmtes. Einfach nur, dass Dir jemand etwas schenkt. Und wenn es nur eine Kleinigkeit ist, aber ein Geschenk, das für Dich wirklich überraschend ist. Wenn Du vorher weißt, dass Dir jemand etwas schenkt, zählt das nicht. Es muss ein wirkliches Überraschungsgeschenk sein. Okay? Fokussiere Dich darauf, notiere Dir, dass Du ein Geschenk innerhalb der nächsten 24 Stunden haben willst, und freue Dich darauf. 24 Stunden. Das ist die Zeitspanne, die Du der Energie, dem Universum oder Gott gibst, als Beweis dafür, dass es funktioniert. Und zu allem obendrein wünschst Du Dir auch noch, dass Du es als dieses Überraschungsgeschenk erkennst. Keine Zweifel, Du wünschst Dir hundertprozentige Gewissheit. Ist das so weit klar? Solltest Du danach noch Zweifel haben, mache das gleiche Experiment noch einmal. Wieder 24 Stunden. Und noch immer vollkommen darauf fokussiert.

Die Geschenke können sehr wohl variieren. Dir kann ein Mensch begegnen, mit dem Du Dich auf Anhieb so super verstehst, dass dort Seelenverwandtschaft besteht. Dir kann Schokolade oder etwas anderes geschenkt werden, ein Hund kann Dir begegnen, den Du behalten willst, oder eine Katze oder was weiß ich noch alles. Wichtig ist, halte in diesen 24 Stunden Ohren und Augen auf. Sei wachsam. Es kann alles geschehen. Lege Dich weder gedanklich fest noch lass das Gefühl zu, dass es sowieso nicht funktioniert. Sollte es nicht funktionieren, weiß ich, dass Dein Fokus woanders war. Nur nicht bei Deinem Experiment. Sei einfach nur darauf fokussiert. Und sei wachsam. Okay? Es wird gelingen. Ich weiß es. Nur, was ich weiß und was mir widerfahren ist, heißt ja noch lange nicht, dass es Dir auch widerfahren muss, stimmt's? Also, Dein Experiment. Deine Beweise.

Wenn Du erst einmal einen Beweis dafür hast, dass Wünschen funktioniert, und für Dein Gehirn, oder auch für Deinen Denker bewiesen ist, dass es funktioniert, wirst Du ganz schnell feststellen können, dass das Leben für Dich mehr parat hält als immer nur diese negative Schiene, auf der Du schon so lange fährst. Wenn Du weißt, dass es funktioniert, wirst Du vielleicht feststellen, dass Du von niemandem abhängig bist. Denn Du kannst ja Dein Leben nun so gestalten, wie Du es für richtig hältst. Du kannst dieses Experiment so oft durchführen, wie Du magst. Du kannst alles tun, was Du wirklich willst. Alles andere ist einfach kalter Kaffee. Es gibt Menschen, die leben nach einer Religion, sie folgen den Gesetzen dieser Religion, sie leben nach den Regeln dieser Religion. Oder sie leben nach den Regeln anderer Menschen oder was auch immer. Das ist für mich kein Leben. Ich brauche keine Gesetze oder Regeln. Ich lebe einfach liebevoll zu allem und jedem. So gestaltet sich mein Leben von allein. Ich bin konsequent in meinen Entscheidungen, ich bin konsequent in meinem Leben. Niemand erpresst mich, keiner hat Macht über mich und niemand kann meinen Weg gehen. Und wenn etwas nicht so funktioniert, wie ich es gerne hätte, gehe ich einen neuen Weg. Ich probiere gerne aus. Ich bin offen für Neues. Ich glaube daran, dass ich nur so neue Erfahrungen machen kann. Ich halte nicht an irgendetwas fest, ich lasse los. Was nicht mehr zu mir gehört, kann mit viel Liebe und Dankbarkeit gehen. Das ist einfach. Denn ich bin ohne Groll, voller Zuversicht auf das Neue. Das Leben fließt so einfach. Und ich liebe mein Leben. Und Du, mein lieber Leser, wie siehst Du das?

Wünschen ist sehr einfach. Die meisten Menschen wünschen sich jedoch meistens, was sie nicht wollen. Wenn ein Wunsch nicht in Erfüllung geht, dann ist daran nicht Gott, das Universum oder die Energie schuld, nein, nur Du selbst. Denn die meisten Menschen, wenn sie sich etwas bewusst wünschen, wünschen sich zwar in diesem Moment, was sie wirklich haben wollen, aber denken dabei gleichzeitig: „Das funktioniert ja doch nicht" oder sie wünschen es sich für irgendwann in ihr Leben. Beides funktioniert tatsächlich nicht. Die Zweifel werden gewinnen und irgendwann bleibt irgendwann in der Zukunft. Oder anders gesagt: Es funktioniert hervorragend. Das mit dem „Das funktioniert ja doch nicht“. Denn dieser Wunsch geht ja in Erfüllung. Du erschaffst Dir ja in dem Moment, dass es genau nicht funktioniert. Klasse, oder? Wo war Dein Fokus? Auf Nicht-Funktionieren. Hat funktioniert. Ich vergleiche das mal mit dem FC Bayern München. Wenn die Spieler nicht an jedem Spieltag so auf Gewinnen und Siegen fokussiert wären, wenn die Spieler nicht hundertprozentig auf das anstehende Spiel fokussiert wären, hätten sie auch keine Chance, diese Spiele zu gewinnen. Egal wie gut sie sind. Und da sie im Moment das Maß aller Dinge sind, werden die Stimmen immer lauter, den Bayern doch das Geld wegzunehmen, damit die Liga wieder spannend wird. Oder sie in einer eigenen Bayern-Liga spielen zu lassen oder dass das ja alles ungerecht sei, denn mit so viel Geld kann man ja nur gewinnen, andere Vereine sind arm, die können das dann nicht. Wenn ich solche Aussagen höre und lese, dann stehen mir die Haare zu Berge. Keiner sieht dann mehr, dass es Anstrengung gekostet hat, den Verein dorthin zu führen. Jeder sieht nur seinen Verein, Scheuklappenmodus, der ist ja arm dran. Warum fragen diese Menschen nicht ihre Vereinsführung, warum sie ihren Verein nicht so attraktiv nach oben gebracht haben? Die Chancen waren die gleichen und sind noch die gleichen. Erst die Verurteilung der Menschen über oder von etwas macht etwas ungleich. Doch die Realität ist anders. Denn wenn jemand früher bei Bayern München geklagt und gejammert hätte und gefragt hätte, wie das nur funktionieren soll, wäre wahrscheinlich keiner losgegangen und hätte es probiert. Aber so wird lieber gejammert und geklagt. Wenn in Deutschland jemand etwas geworden ist, dann ist er für alle anderen unten durch, weil der Neid so ausgeprägt ist. Lieber jammern als es selbst versuchen, weil die Angst vorm Scheitern so groß ist. Auch andere Sportarten funktionieren so. Wer nicht an sich glaubt, der wird auch nichts. Ich werde es Dir zusätzlich mit Tennis erklären. Wenn ein Roger Federer, für mich war er der beste Tennisspieler der Welt, in jedem Spiel zu hundert Prozent fokussiert gewesen wäre, hätte er kein Spiel verlieren können. Er würde alle Spiele gewinnen. Aber er ist ein Mensch. Es ist menschlich, auch mal zu verlieren und nicht zu hundert Prozent fokussiert zu sein. Aber daraus zu lernen und zu wissen, dass Du Dich nur selbst schlagen kannst, weil Du nicht fokussiert warst, ist der Weg, wieder aufzustehen. Wenn Du Dir also etwas wünschst,mein lieber Leser, dann wünsche es Dir richtig. So, als hättest Du es schon und Dein Glaube daran muss unerschütterlich sein. Wenn also Deine erste Übung erfolgreich war, machen wir jetzt eine zweite Übung, auch wieder mit 24 Stunden Zeitlauf. Du wirst Dir selbst Deine Beweise erschaffen, wenn Du wirklich voller Überzeugung rangehst. Es wird immer besser und besser. So, nun zu Deiner zweiten Aufgabe: Du wünschst Dir jetzt etwas zu sehen, worauf Du Deinen Fokus richtest. Dein Fokus oder Deine Konzentration gehen mit Deinem Wunsch, etwas völlig Seltenes oder Verrücktes zu sehen. Denn wenn Du Dich darauf konzentrierst, wirst Du es auch entdecken. Was das sein kann? Alles, was Du willst und was Du bisher ganz selten gesehen hast. Zum Beispiel einen bestimmten Sportwagen, ein bestimmtes Wohnmobil, einen Oldtimer, bestimmte, seltene Tiere oder vierblättrige Kleeblätter. Oder Kinderwagen in einer bestimmten Farbe. Vielleicht auch nur Zwillings- oder Drillingsgeschwister. Was auch immer Du sehen willst, um diesen Test zu machen.

Dein Fokus und auch Dein Fokussieren ist nichts anderes als Deine Energie auf etwas zu lenken. Und je mehr Energie Du gibst, also je fokussierter Du bist, umso schnellere und bessere Resultate wirst Du erhalten. Das ist relativ einfach. Du kannst diese Energie Gott oder Jesus oder E.T. nennen. Das spielt keine Rolle. Es ist aber Energie. Und somit erschaffst Du alles, was Du willst. Wenn Dein Fokus, von Angst gefangen, auf zu wenig Geld oder auf Verluste gerichtet ist, wird Dir diese Energie genau das geben und widerspiegeln, was Du denkst und fühlst. Du bekommst hervorragende Resultate mit noch weniger Geld und auch Verlusten. So wird Dich diese Energie immer mit dem beliefern, was Du denkst und fühlst. Deine Energie aus Angstzuständen gebaut, fragt nicht, ob es richtig oder falsch ist, sie gibt. Wenn Du Deine Energie aber auf die schönen Dinge im Leben richtest, also von allem genug zu haben, immer im Überfluss zu leben, wird Dir dieses Energiefeld auch davon alles geben. Und so ist Dein Fokus auch gleichzeitig Deine Energie, die Du allein aufwendest. Und so bestimmst Du Dein Schicksal selbst. Du allein wirst immer dafür verantwortlich sein. Niemand sonst. Kein Gott, keine Energie, kein Jesus und auch kein E.T. Das ist damit gemeint, wenn ich schreibe, dass das Leben so einfach fließt.

Die Kirchenoberen haben den Menschen immer vorgegaukelt, dass Jesus geopfert wurde, damit alle Sünden der Menschen vergeben werden können und auch vergeben wurden. Noch heute gehen viele Menschen in die Kirche und beichten ihre Sünden. Um gleich wieder welche zu begehen und dann zu hoffen, dass Gott einen Deckel drauf macht und Gott ihnen alles vergibt. Nun, Gott macht keinen Deckel drauf und vergibt Dir auch nicht. Denn es gibt nichts zu vergeben von einem Gott. Nur Du selbst kannst Dir vergeben. Niemand sonst. Ob es die anderen Menschen tun oder nicht, spielt keine Rolle. Ob Du Dir vergeben kannst, ist ausschlaggebend. Immer nach dem gleichen Schema, es widerfährt Dir das, worauf Du Deine Energie setzt. Wenn Dich ein schlechtes Gewissen plagt, wenn Du mit Deiner Vergangenheit nicht im Reinen bist, wird sie Dich so lange verfolgen, bis Du mit ihr im Reinen bist. Soll bedeuten, so lange, bis Du Dir selbst vergeben hast. Es ist Dein Leben, Dein Fokus und Deine Energie, die Du anwendest. Wie und wofür, entscheidest Du allein.

Und genauso werden alle Entscheidungen in Deinem Leben darüber entscheiden, welchen Sinn Dein Leben hat, wie Dein Leben verläuft und wie Du Dein Leben lebst. Wenn Du glaubst, Dein Leben hat nur einen Sinn, wenn Du hart arbeiten und ständig für alles kämpfen musst, dann ist das so. Wenn Du glaubst, Dein Leben hat den Sinn, ständig ängstlich zu sein, weil Dir ja etwas Unangenehmes oder Schlimmes passieren könnte, dann ist das so. Welche Entscheidung Du auch triffst, ich akzeptiere Deine Entscheidung. Es ist Dein Leben. Aber wenn Du glaubst, Dein Leben sollte schön sein, voller Freude und voller Liebe und das ist dann der Sinn Deines Lebens, dann ist das so. Wenn Du glaubst, Dein Leben ist voller Glück, Du gehst locker und leicht durch dieses Leben, Dir fliegt einfach alles zu und das ist der Sinn Deines Lebens, dann ist das so. Alles, was ich Dir auf Deinen Weg mitgeben kann, ist: Lebe Dein Leben so, wie es Dir gefällt, wirklich gefällt, ohne Einschränkungen. Sei immer Du selbst und sei glücklich. Dann hat Dein Leben einen Sinn, nämlich den, den Du Deinem Leben gibst.

Wenn Dein Leben keinen Sinn hat, dann wird es Zeit, ihm Deinen Sinn zu geben. Denn nur Du kannst Deinem Leben einen Sinn geben. Wenn Du damit ein Problem hast, dann frage Dich warum. Ein möglicher Grund könnte sein, dass Du immer kämpfen musst, dass Du immer wieder in Situationen rutschst, in denen Du kämpfen musst. Und somit bist Du fast immer unter Strom. Nur mit Deinem Kämpfen, wie schon in anderen Kapiteln erwähnt, wirst Du irgendwann auf der Strecke bleiben. Du wirst ausbrennen. Und so wirst Du auch keinen Sinn in Deinem Leben erkennen, außer den einen, dass das Leben ein immer wiederkehrender Kampf ist. Aber warum ist das so? Das ist recht einfach zu beantworten. Denn ob das Leben ein Kampf ist oder wunderbar einfach fließend, ist nur eine Entscheidung. Deine Entscheidung. Du nimmst die Kämpfe an, also ist es ein Kampf. Dein Kampf. Wie kannst Du das ändern? Auch das ist recht einfach. Du hörst auf, etwas oder eine Situation negativ zu bewerten. „Och nee, geht das schon wieder los?“, höre ich Dich fragen. Ja, geht es. Denn ich sage Dir jetzt etwas Wichtiges, aber auch recht Einfaches: Eine Situation ist nur eine Situation. Die Situation oder der Zustand, in dem Du Dich befindest oder reingeschlittert bist, ist weder positiv noch negativ, sie ist neutral. Nicht mehr, aber auch nicht weniger. Eine Situation, ein Zustand oder eine Lage, ist einfach nur da. Nicht positiv, nicht negativ. Verstanden? Aber wie wird sie jetzt negativ oder positiv für Dich? Nur durch Deine Bewertung. Nur durch Deine Entscheidung. Du entscheidest blitzeschnelle, ob die Situation negativ oder positiv ist. Es geht so schnell. Deine Gefühle vermitteln Dir das superschnell. Und dann tritt Dein Denker in Aktion und wird Dir gnadenlos mitteilen, dass Du jetzt negativ drauf bist, denn er sendet Dir einen negativen Gedanken nach dem anderen. Dein Denker da oben benutzt Dich dann wieder mal. Auch das habe ich schon erwähnt. Und wenn Du Deinem Denker jetzt nicht Einhalt gebietest, rutschst Du immer weiter nach unten. Dein Denker spielt dann mit Dir Katz und Maus und Du spielst dieses Spiel brav mit. Außer, dass Dein Denker dieses Spiel besser spielt. „STOP!“, ist die einzige richtige Reaktion. „Es reicht jetzt.“ Das ist die einzige richtige Methode. Aber wie stoppst Du Deinen Denker, ohne dass der gleich mit diesem negativen Mist weitermacht? Indem Du Deinem Denker zum Beispiel Fragen stellst. Darauf bin ich auch schon eingegangen. Aber es gibt noch eine viel effektivere Methode, Deinem Denker zu zeigen, dass er dieses Spielchen gar nicht mehr mit Dir spielen braucht, weil er damit keinen Erfolg mehr hat. Und diese Methode heißt: Dankbarkeit. Ich weiß, dieses Thema hatten wir schon. Aber es wird Dich zu einem positiven Menschen machen, der seinem Denker da oben, also seinem Ego, keine Zeit mehr einräumen wird, negativ zu schalten und walten. Dankbarkeit ist ein Schlüssel. Und dieser Schlüssel passt immer. Nur wie angewendet? Das erkläre ich Dir jetzt. Hältst Du Dich für einen dankbaren Menschen? Für einen wirklich dankbaren Menschen? Oder sagst Du immer nur Danke, wenn Du etwas bekommen hast? Weil du höflich bist? Das hat nichts mit einem dankbaren Menschen zu tun. Dankbarkeit zeigt sich erst dann wirklich, wenn Du dankbar für die sogenannten Selbstverständlichkeiten bist. Was meine ich damit? Du wirst alles wahrscheinlich als selbstverständlich ansehen, was Du tust oder besser gesagt, was Du immer wieder tun kannst. Zum Beispiel dass Du sehen kannst, dass Du gehen und laufen kannst, dass Du hören kannst, lachen kannst. Oder dass Du etwas tragen kannst, Deine Hände etwas halten können, dass Du sitzen, liegen, schlafen, Sex haben kannst. Du nimmst das einfach alles als gegeben hin, bist nicht einmal dankbar dafür. Dass Du wunderschöne Sonnenauf- und -untergänge sehen kannst, ist doch ein Segen. Aber für Dich einfach nur selbstverständlich. Aber all das und noch vieles mehr ist nicht selbstverständlich. Sei dankbar dafür. Vielleicht kommst Du Dir am Anfang lächerlich vor, aber ich verspreche Dir, Deine Laune, Deine Stimmung verbessert sich dadurch immer mehr. Sei dankbar für alles, was in Deinem Leben passiert und auch passiert ist. Denn sonst wärst Du nicht so, wie Du geworden bist. Alles hatte immer einen Sinn und alles hat einen Sinn. Sei dankbar für jeden Cent, den Du hast. Sei dankbar für jede Minute, die Du erleben darfst. Sei dankbar für Deine Erfahrungen, für Deine Urlaubsreisen, für Dein Auto, ja sogar für Deine Arbeit, auch wenn sie vielleicht nicht das ist, was Du Dir unter Deinem Traumjob vorstellst. Aber sage: Danke. Danke für jedes Bisschen. Sage mindestens zehnmal oder noch besser hundertmal am Tag Danke. Du kannst tausendmal am Tag Danke sagen. Und es ist immer noch eine Steigerung möglich. Ich kenne Menschen, die sagen morgens, wenn sie aufwachen Danke. Wenn sie aufstehen, sagen sie Danke. Wenn ihre Füße den Boden berühren, Danke, wenn sie ins Badezimmer gehen, Danke, Zähne putzen, Danke, duschen, Danke, sich anziehen, Danke. Und so weiter. Du kannst es nicht oft genug sagen. Sage es, sooft Du kannst. Aber was ist der Effekt dabei? Der Effekt ist, dass Du Dich erstens immer besser fühlst und zweitens Dein Denker überhaupt keine Zeit mehr hat, Dich mit negativem Müll zu überschütten. Und das allein ist schon Grund genug, immer wieder Danke zu sagen. DANKE!

„Danke" ist wie ein Schlüssel, Dank ist der Schlüssel, den Du brauchst, um die Türen für Dein wundervolles und harmonisches Leben zu öffnen. Daneben braucht es, wie schon öfters erwähnt, auch die Liebe. Liebe wie Du noch niemals zuvor geliebt hast, verliebe Dich in Dich selbst. Verliebe Dich in das Leben, noch besser, verliebe Dich in Dein Leben. Denn es ist Dein Leben, um das es hier geht. Glücklich sein bedeutet, einen Sinn in seinem Leben zu erkennen und seinem Leben diesen Sinn auch zu geben. Und wenn Du das willst, wirklich willst, hast Du alles geschafft. Dann ist Dein Weg auch wirklich das Ziel. Du wirst immer weitergehen, glücklich sein und endlich Leben. Du bist der Held Deines Lebens. Du bist der Mensch, der sich selbst wirklich lieben sollte. Du kannst Vorbilder haben, Du kannst Menschen haben, nach denen Du Dich ausrichtest, aber erst, wenn Du Dich selbst gefunden hast, wenn Du Dich selbst liebst und Du Dein Vorbild bist, wirst Du auch Deinen Weg gehen und nicht den Weg anderer. Dann hat Dein Leben einen Sinn, Deinen Sinn …

Aber machen wir noch einen letzten Test, ob das, was ich hier schreibe, auch wirklich richtig ist und der Damien hier noch alle Latten am Zaun hat. Die meisten Menschen haben ein großes Problem mit ihrer Figur. Aber auch das ist wirklich herbeigedacht. Oder anders ausgedrückt: Auch wie Deine Figur letztendlich ist, ist nur eine Entscheidung; Deine Entscheidung. Höre ich Dich da jetzt fragen: „Sag mal, geht's noch? Haben Deine Gehirnzellen jetzt völlig den Anschluss verloren? Ich bin jetzt dafür auch noch verantwortlich? Bei Dir sind doch alle Latten von Deinem Zaun auf der Flucht, oder?" Jaja, ich weiß, ich bin der verrückteste Mensch. Aber glaube mir, ja, das ist genau so. Ich weiß, es klingt wirklich vermessen, aber Du selbst bist mit Deinem Denken und Fühlen für Deine Figur, für Dein Gewicht verantwortlich. „Warum?", fragst Du mich? Okay, ich werde es Dir erläutern. Wie ich schon in vorherigen Kapiteln erwähnte, können Kalorien nicht die Ursache für Gewichtszunahme sein. Denn wenn es so wäre, würde diese Ursache für jeden gelten. Denn eine Ursache ist eine Ursache. Daran lässt sich nun mal nicht rütteln. Und wenn ich das anderen Menschen erläutere, sagen sie ja, dann kommt ja auch noch hinzu, welche Verbrennung derjenige Mensch in seinem Körper hat. Nun ist es auch noch die Verbrennung. Aber ja, darauf kommt es auch an. Dann stellt sich jedoch die Frage, wer ist denn für die Verbrennung im Körper zuständig? Aber der Reihe nach. Ich schrieb auch darüber, dass man Wasser mit liebevollen und dankbaren oder hasserfüllten Gedanken beeinflussen kann. Was immer ich auch tue, es wird sich auch auf meinen Körper auswirken. Und was immer Du tust mein lieber Leser, wird sich auf Deinen Körper auswirken. Und nun kommen wir zum wesentlichen Punkt: Was wäre, wenn sich liebevolle Gedanken auf Dein Essen auswirken und Du plötzlich nicht mehr zunimmst, wenn Du einfach das isst, was Dir schmeckt? Egal wie viele Kalorien das Essen auch hat. Na, wie siehst Du das?

Wissenschaftler, Ärzte und Fanatiker versuchen den Menschen immer wieder klarzumachen, dass alles vom Außen abhängig ist. Das wird uns auf Teufel komm raus versucht beizubringen. Aber dass dies nicht der Wahrheit entspricht, solltest

Du mittlerweile wissen. Denn genau betrachtet entsteht jedes Leben von innen heraus. Wenn Du zum Beispiel ein Ei von außen aufschlägst, wird jedes Leben im Ei zerstört. Bricht die Schale von innen auf, kommt Leben zum Vorschein. So ist es auch mit Dir. Das, was Du glaubst (Dein Glaube kommt von innen), wird Dein Leben prägen. Was Du mit Deiner ganzen Kraft und Überzeugung lebst, wird entstehen, wachsen und gedeihen. Das gilt auch für Deinen Körper. Wenn Du glaubst, dass Du dick bist, wird Dir die Energie noch mehr davon geben. Wenn Du die ganze Zeit immer von Krankheiten redest, wird Dir die Energie noch mehr Krankheiten geben. Wenn Du glaubst, Du hast Stress, wird die Energie dafür sorgen, dass Du noch mehr Stress bekommst. Mit den fatalen Folgen, dass Dein Körper irgendwann sagt, dass es so nicht mehr weitergeht und Du jegliche Formen von Krankheiten bekommen wirst. Das kann ganz einfach nur Heuschnupfen oder Stauballergie sein, bis hin zu Grippesymptomen oder sogar Schlimmeres. Was Du glaubst, wird wahr. Immer mehr. Das ist so einfach. Aber ich glaube, die Menschen wollen ihr Leben nicht einfach leben. Sie wollen ihr Leben kompliziert. Denn wenn Du mit jemandem über diese Materie sprichst, der sich noch nie damit beschäftigt hat, wird er Dir immer sagen, dass es so einfach nicht sein könne. Gut, das ist dann ja auch so zu seinem Leben, zu seiner Erfahrung geworden. Und diese Erfahrung ist unter anderem: Kalorien (Essen) machen dick. Und jetzt komm ich daher und behaupte einfach, dass das so nicht stimmt. Wenn Dein Glaube aber so ist, dass Du durch viele Kalorien zunimmst, hast Du erst einmal recht, denn das Leben hat Dir ja schließlich gezeigt, dass es so ist. Nicht wahr? Und doch ist die Qualität Deiner Gedanken dafür verantwortlich, ob Du zunimmst und dick bist, oder Du schlank bist. Was immer Du denkst und fühlst, Du wirst es bekommen. Es ist auch hier nur eine Entscheidung. Entscheide Dich. Denn von Deiner Entscheidung hängt maßgeblich ab, ob Dein Körper einen guten Stoffwechsel hat oder einen schlechten. Also ob Deine Fettverbrennung funktioniert oder nicht, hängt von Dir ab. Wenn Du denkst, dass Du schlank bist, Deine Wunschfigur vor Deinem geistigen Auge sehen kannst, wird das auch so sein, dann werden sich für Dich alle Türen öffnen, dass Du schlank wirst und bleibst. Dein Glaube, dass Du es schon bist, wird Dir schon unendlich dabei helfen. Du kannst Dich sofort wohlfühlen. Du kannst Dich sofort schlank fühlen. Es liegt an Dir.

Was Du über Deinen Körper denkst, wird er Dir auch zuteilwerden lassen. Denkst Du positiv über Deinen Körper, so wird Dir das Positive auch zurückgegeben und es wird sich auch in Deiner Wahrnehmung widerspiegeln. Denkst Du aber negativ über Deinen Körper, bekommst Du auch Negatives zurück und das wirst Du auch genauso sehen und spüren. Genauso verhält es sich mit dem Essen. Schenke Deinem Essen Liebe und Dankbarkeit, segne es und es wird Dich auf wundersame Weise bereichern. Wenn Du Dich vielleicht dick fühlst und eine Diät nach der anderen ausprobiert hast und nichts geholfen hat, dann weißt Du, dass Du Deinen Kampf gegen die Pfunde verloren hast. Es war ja auch ein Kampf. Denn Du hast Kalorien gezählt, Du hast Dich bis auf das Letzte verausgabt, Dein Essen so minimal zu gestalten, wie Du konntest. Du hast einen Kampf, Deinen Kampf gegen das Essen geführt. Und gegen das Essen zu kämpfen ist nicht nur aussichtslos, denn wir müssen ja essen, um weiterzuleben, es ist auch noch dumm. Du nimmst dieses Essen mit negativer Energie zu Dir. Du fühlst Dich ja nicht wohl dabei, etwas zu essen. Wie soll das bitte schön erfolgreich dazu führen, dass Du dauerhaft Gewicht verlierst? Diäten sind der Feind. Diäten machen dick und paranoid. Und somit hast Du eine kriegerische Einstellung zum Essen bekommen. Du kannst sie weiterhin behalten, es ist nichts Falsches daran, aber beschwere Dich nicht über Dein Gewicht. Keine Kalorien sind schuld an Deinem Gewicht, es ist Dein Denken, Glauben und Fühlen.

Um Dir eine Erklärung dazu zu liefern, schreibe ich hier von einem Experiment, das ich schon in einem meiner vorherigen Kapitel kurz erwähnte: Ein Mann namens Cleve Backster, ein ehemaliger CIA Agent, entdeckte nach seinem Ausscheiden aus der CIA, dass Pflanzen jedweder Art, Gefühle und Absichten der Menschen wahrnehmen können. Er gründete in den

1960-er Jahren eine Schule für Lügendetektorspezialisten. Ein Lügendetektor ist ein Galvanometer. Und eines Abends in seinem Büro saß er so allein da herum und dachte bei sich: „Was, wenn ich das Galvanometer einfach mal an meine Zimmerpflanzen anschließe?“ Gesagt, getan. Das Ergebnis, das daraus entstand, erschütterte Cleve Backster und es veränderte sein Leben. Denn es war ein riesiger Schock für ihn. Die Pflanzen reagierten nicht nur auf Worte, nein, sie reagierten schon auf seine Gefühle und Gedanken. Er war kurz davor, auf die Straße zu rennen und jedem mitzuteilen, dass Pflanzen denken können. Auch solche, die wir verzehren. Wie positiv solltest Du also vorher zu Deinem Essen reden? Denn Dein Essen weiß, was Du denkst und fühlst. Und wenn Du die ganze Zeit denkst, Essen macht dick, dann tut es das auch. Du denkst und fühlst, dass Dein Essen nahrhaft, delikat und wunderbar ist, dann wird Dir genau das auch gegeben. Du allein bestimmst, was das Essen mit Dir macht, was Dein Körper aus diesem Essen macht. Es ist nämlich völlig egal, was Du isst. Schenke Deinem Essen Liebe und Dankbarkeit, segne es und Du hast das beste Essen auf dem Tisch, was Du Dir vorstellen kannst. Aber das kannst Du Dir nicht vorstellen, hm?

Es gibt Menschen, die haben nur durch Atemübungen ihre Pfunde verloren. Sie haben gegessen, was sie wollten, und haben bis zu 45 Kilo in einem Monat verloren. Andere Menschen haben sich einfach nur viel energievoller empfunden, nachdem sie ihr Essen gesegnet hatten. Ein Tischgebet, in dem man sich einfach für die Gaben und auch für das wundervolle Essen bedankt, hilft enorm und lässt wahre Wunder geschehen. Aber beschwerst Du Dich ständig nur über Deinen Körper, wird sich das in Deinem Außen widerspiegeln. Machen wir nun das Experiment. Dafür musst Du nicht sonderlich viel tun, eigentlich nur Deinen Hass oder Frust gegen das Essen aufgeben und stattdessen positiv, liebevoll, voller Dankbarkeit sein und damit nur so über Dein Essen denken. Sprich ein Gebet, segne es, fühle nur Positives und alles ist vollkommen in Ordnung. Denke genauso positiv über Deinen Körper. Segne auch ihn und sei dankbar. Stelle Dich auf die Waage, schreibe Dir Dein

Gewicht auf, mache dieses Experiment nur eine Woche, also sieben Tage. Steige danach wieder auf die Waage und notiere Dein Gewicht. Wenn es sich nicht entscheidend verbessert hat, kannst Du aufgeben oder Dir eingestehen, dass es Deine negativen Gedanken waren, die das Experiment scheitern ließen. Was immer Du möchtest. Aber es ist enorm wichtig, positiv, voller Freude, Frieden, Dankbarkeit und Liebe zu sein. Segne Dich und Dein Essen. Segne alles, was Du tust, es geht Dir dann gut und Du fühlst Dich wohl. So wird Dich dieses Experiment weiterbringen. Es ist enorm wichtig, dass Du genau so vorangehst. Okay? Liebe Dich selbst!

Nachwort

Worauf ich hier noch kurz eingehen möchte, in meinem nächsten Buch ausführlich, ist, dass alles im Leben Konsequenzen hat und alles gleichzeitig positiv wie auch negativ ist. Jede Entscheidung zieht Konsequenzen nach sich. Und jede Situation ist zur gleichen Zeit positiv wie negativ. Genau wie eine Medaille immer zwei Seiten hat. Alles im Leben hängt, wie es auch immer auf Dich wirkt, von Deiner Entscheidung ab. Deshalb wird Dein Leben auch niemals von anderen entschieden, sondern immer von Dir selbst. Auch wenn andere Dich beeinflussen. Du triffst die Entscheidung für Dein Handeln. Das kann Dich jetzt zum Beispiel unter großen Druck setzen oder frei und glücklich werden lassen. Auch das wird einfach nur Deine Entscheidung. Ein selbstbewusster und sich selbst vertrauender Mensch wird glücklich und zufrieden darüber sein, dass er alle Fäden in der Hand hält. Ein Mensch mit sehr wenig Selbstvertrauen und Selbstbewusstsein wird diese Aussage wohl eher als Druck und Stress empfinden. Und in meinem nächsten Buch wird es unter anderem darum gehen, Dein Selbstbewusstsein und Selbstvertrauen zu stärken.

Ich hoffe, dass dieses Buch Dir, mein lieber Leser, etwas mit auf Deinen Lebensweg gegeben hat und Du vielleicht etwas gestärkt durch das Leben gehst. Falls es nicht so sein sollte, vielleicht kannst Du es so sehen, dass ich einfach nur versuche, Menschen zu helfen und stärker zu machen. Ich kann nicht Deine Probleme lösen, aber ich kann Dir helfen, dass Du sie selbst lösen kannst. Denn nur das ist das Ziel. Und es wäre ein erster Schritt, etwas positiver in die Welt zu schauen.

Aber egal wie jeder Einzelne es bewerten, verurteilen oder sehen will, ich sage einfach Danke schön, lieber Leser. Danke für Deine Aufmerksamkeit. Ich verbleibe bis zum nächsten Mal ein dankbarer Autor …

Danke an alle, die mich in meinem Leben begleitet haben. Alle, die mich motiviert haben, geschult, gelehrt und verstanden haben. Mein Dank gilt aber vor allem denen, die immer an mich geglaubt haben. Vielen Dank dafür. So viele Menschen und Bücher haben mich inspiriert, dieses Buch zu schreiben. Ohne dass sie es wissen oder wussten. Ich bedanke mich auch dafür. Ich liebe euch alle.

Zum Schluss noch etwas in eigener Sache. Ich möchte euch meine Gedanken in den schwierigen Zeiten, während des Corona-Virus, jetzt mit der Wirtschaft, mit der Inflation und dem prophezeiten Klimawandel nicht vorenthalten.

Jeder kann und darf darüber denken, was er möchte. Aber die Meinungsfreiheit gilt überall. Und deshalb hier meine Meinung dazu: Dieses Virus existiert. Ganz klar. Aber es ist eines von Millionen anderer Viren, die genauso existieren. Das scheinen im Moment alle zu vergessen. Von daher möchte ich eine andere Sichtweise ins Spiel bringen. Dass dieses Coronavirus so hochstilisiert wurde, hatte Gründe. Dass eine Impfung, die nichts taugt und auch noch gesundheitsgefährdend ist, so machtvoll wurde, hatte seine Gründe. Man wollte testen, wie sich die Regierungen auf der ganzen Welt verhalten, wie die Medien auf der ganzen Welt mitspielen, die Menschen in Angst und Schrecken zu versetzen. Warum wollte man das? Um den nächsten Schritt zu vollziehen, nämlich die Wirtschaft und die Währungen zu zerstören. Warum das? Weil es nur noch eine einheitliche Digitalwährung mit einer Weltzentralbank geben sollte. Dann wären die Menschen ganz einfach zu kontrollieren gewesen. Aber China und Russland scherten aus, kochten ihr eigenes Süppchen. Sie wollten sich von keinem westlichen Machthaber sagen lassen, wie Kommunismus funktioniert. Sie praktizieren diesen ja schon sehr viel länger. Und zudem lief die Umsetzung, alles zu zerstören, viel zu langsam. Denn Indien, Brasilien und Saudi Arabien sind schon längst auf der Seite der Chinesen und Russen. Warum auch die Wirtschaft zerstören? Inflation funktioniert nur, wenn die Wirtschaft auch hinüber ist. Und Inflation ist wichtig, ansonsten käme man in Erklärungsnot für eine digitale Währung. So weit, so gut. Also hat man in Davos (Schweiz) auf dem World Economy Forum unter der Leitung von Klaus Schwab entschieden, dass alles der Reihe nach passieren muss. Scheibchenweise, wie immer. Und so musste ein Grund für die Inflation gefunden werden. Da bot sich doch der geplante Russland-Ukraine-Krieg bestens an. Alles nun erklärbar. Und die Menschen glaubten es. Lief ja super. Aber das reicht noch nicht. Denn die Menschen brauchen auch einen Grund, warum sie diese Pillen schlucken sollen und kein Widerstand entsteht. So erfand man den Menschen gemachten Klimawandel. Klasse.

Aber Leute, lasst uns doch mal logisch an die Sache herangehen:

1. Das Virus: Jeder Mensch hat circa 380 Millionen Viren auf und in seinem Körper. Darunter auch Coronaviren. Und da soll ein ach so gefährliches Virus kommen und die Menschen töten? Alles schon sehr zweifelhaft. Aber noch besser wird es, weil man das ja vorher alles schon lange geplant hatte. Das Virus wurde in der Gain of Function im Labor von Wuhan gezüchtet und dann bewusst freigesetzt. Vorher ließ man so viele Actionfilme mit gefährlichen Viren drehen, dass jeder gesagt hatte, das kann uns auch passieren. Denkt mal darüber nach. Und alle Ärzte auf der ganzen Welt haben uns ständig erklärt, dass ein Virus daran schuld ist, wenn wir eine Grippe bekommen, wenn ein Virus verantwortlich für etwas ist, also ein Gesetz entsteht, ein Mensch hätte sich angesteckt, dann müsste dieses Gesetz für alle gelten. Was für alle gilt, ist: Jeder hat ein Immunsystem und bei einem ist es stärker und bei einem anderen schwächer. Deshalb bekommt man eine Grippe. Denn ein starkes Immunsystem wehrt Virenangriffe relativ leicht ab, während ein schwaches Immunsystem dies halt nicht schafft. Und je stärker ein Virus, desto länger der Heilungsprozess oder anders, je schwächer das Immunsystem, desto länger der Heilungsprozess. Bei manchen Menschen kommt das Immunsystem nicht mehr in Gang und sie werden sterben. Das ist so. Und wieso ist das Immunsystem bei einem stärker und bei einem anderen schwächer? Stress. Stress ist der Killer. Wie schon

im Buch beschrieben. Und so kommt es, dass angeblich ein Virus Menschen tötet. Aber wenn ein Mensch stirbt, sterben die Viren auch. Also welches Interesse hätte ein Virus daran, seinen Wirt sterben zu lassen?

2. Die Impfung: Wer braucht eine Impfung, die nicht wirkt? Warum wird Druck auf diese Impfung aufgebaut, wenn sie doch angeblich wirken soll? Wovor haben die Menschen Angst? Angst eliminiert logisches Denken. Wenn doch ein Impfling geimpft ist und die Impfung angeblich wirkt, warum hat dann ein Impfling so viel Angst, auf einen ungeimpften Menschen zu treffen? Entweder eine Impfung wirkt oder nicht. Wenn sie nicht wirkt, verstehe ich die Angst der Menschen ja auf der einen Seite, aber warum soll sich dann ein Ungeimpfter impfen lassen? Und wenn sie wirkt, warum soll sich dann ein Ungeimpfter impfen lassen? Und heute kommt immer mehr ans Tageslicht, dass wahrscheinlich mehr Menschen an der Impfung gestorben sind als durch das Virus. Leute, da ist etwas im Gange, das es aufzuhalten gilt. Vielleicht werde ich als Querdenker bezeichnet oder als Verschwörungstheoretiker. Aber das ist mir egal. Ich weiß, worüber ich schreibe. Und deshalb sage ich hier klipp und klar, aufwachen ist angesagt. Die Wirtschaft: soll lahmgelegt werden. Alles nur Zufall? Erst das Virus, das bei Weitem nicht das ist, was es hätte sein sollen. Dann die Lockdowns, die beschlossen wurden, um die Wirtschaft lahmzulegen und man testen wollte, ob die Menschen den Maßnahmen auch folgen. Und dann noch die Medien, die freiwillig mitgespielt und den Regierungen alles abgekauft und sie unterstützt haben, ohne zu hinterfragen. Die Medien sind normalerweise die dritte Kraft im Lande. Sie sollen die Regierungen überprüfen, ihnen auf die Finger schauen. Aber was tun 99 Prozent der Medien? Sie schauen weg und nehmen ihren Auftrag nicht an oder nicht ernst. 1933 hatte Hitler mit Propaganda angefangen und später geschafft, was er wollte: Die Deutschen folgten ihm blind. Eigentlich passiert hier das Gleiche. Nur statt rechts jetzt links. Wir haben politisch nur noch extrem links oder extrem rechts. Kommunismus oder Nationalsozialismus. Ich kann nicht sagen,

dass ich eins von beiden gut finde. Ich kann nur sagen, dass ich beides ablehne. Ich komme aus der Mitte. Scheint heute aber kaum noch jemand da zu sein, der auch aus der Mitte kommt. Die Kommunisten wollen die Wirtschaft lahmlegen, um die Menschen zu kontrollieren. Und wenn die Menschen den Politikern und ihrer Propaganda glauben, dann haben sie auch gewonnen. Was in Europa mittlerweile abgeht und wie mit den Menschen umgegangen wird, ist unter aller Würde. Und den Politikern ist es egal. Ich könnte ganze Artikel darüber schreiben. Und Bücher füllen, was das angeht, aber das würde hier den Rahmen sprengen. Und zu guter Letzt noch:

3. Die Inflation: Genauso geplant. Warum brauchen Politiker die Inflation? Warum brauchten sie den Russland-Ukraine-Krieg? Ihr glaubt, diese Regierungen sind gegen den Russland-Ukraine-Krieg? Ein guter Witz. Sie brauchen ihn, um den Menschen weismachen zu können, dass die Inflation alleinig vom Krieg herrühre. Glaubt denn wirklich irgendwer, dass Putin den Krieg nicht schon längst gewonnen hätte, wenn das nicht alles so geplant gewesen wäre? Je länger der Krieg, desto höher und länger die Inflation. Warum glaubt ihr denn, wurde so viel Geld verbrannt? Impfdosen bestellt, die nie und nimmer verbraucht werden? Atomkraftwerke abgeschaltet, die Gaspipeline gesprengt, damit alles teurer wird. Teurer = Inflation. Man verbrennt das Geld auf Kosten der Armen, gibt dann Subventionen heraus, wie Preisdeckelungen, die die arbeitende Bevölkerung mit ihren Steuern bezahlt haben, um damit dann mehr Geld drucken zu müssen, das die Regierungen dann besser zum Fenster hinauswerfen können, um die Inflation noch mehr anheizen zu können. Und sie selbst werden kein Stromproblem, kein Heizproblem haben. Wasser predigen und selbst den Wein saufen. Sorry für die Wortwahl, aber es ist unfassbar, was da gerade abgeht. Leute, lasst euch das nicht länger gefallen. Auch dass die ganzen Immigranten ins Land strömen, unkontrolliert, dient der Destabilisierung des Landes, der Wirtschaft und des Geldes. Ich bin niemand, der fremdenfeindlich ist. Ich lebe in den USA und ich bin hier herzlich

aufgenommen worden. Aber hier ist es noch so, dass jemand, der hier ins Land kommt und sich nicht an die Gesetze hält, nach Verbüßen der Haftstrafe abgeschoben wird. Und nicht einfach auf freiem Fuß mit einer Bewährungsstrafe entlassen. Wenn hier ein Mädchen vergewaltigt und der Täter gefasst wird, egal wo der herkommt, wird er für zehn bis zwanzig Jahre weggesperrt. Und nicht auf Bewährung entlassen, wenn er ein Immigrant ist. Aber das dient alles der Destabilisierung. Leute, wacht endlich auf.
Das dient einzig und allein nur der digitalen Währung. Und wenn diese erst mal da ist, seid ihr komplett kontrollierbar. Lasst das nicht zu.

4. Die Klimakrise: Leute, dazu nur ein kurzes Statement: Die Regierungen schaffen beziehungsweise erfinden ein Problem, worauf die Menschen mit Angst reagieren, um ihnen dann eine Lösung unterzujubeln, die sie normalerweise niemals angenommen hätten. Dieses Muster zeichnet sich immer wieder ab und passt jetzt nicht nur zur Klimakrise. Diese Klimakrise existiert nicht. Ja, das Klima wird sich verändern. Aber so oder so. Wer mit der Angst der Menschen spielt, hat selbst Angst.
   Leute, denkt nach, wenn ihr schon nicht vordenken wollt. Wie können vier Prozent des CO_2-Haushaltes der Welt eine Klimakrise verursachen, wenn 96 Prozent des CO_2-Haushaltes nicht vom Menschen gemacht sind und natürlichen Ursprungs sind? Denkt nach. Und nachdenken kommt nach dem Denken. Es gibt eine magische Maschine, die Kohlendioxid aus der Luft saugt, sehr wenig kostet und sich selbst baut. Sie heißt Baum. Pflanzt Bäume, wenn ihr etwas Gutes tun wollt, und verhindert Rodungen und Abholzung. Dann wird alles gut. Lasst euch keinen Bären aufbinden und nicht weiter für dumm verkaufen. Sorry.

Wir werden manipuliert, durch die Medien, Politik, den mächtigen Pharmakonzernen und der Werbung, Tag für Tag. Sie versuchen, euch auseinanderzudividieren, zu separieren. Haltet wieder zusammen, auch wenn ihr verschiedener Meinungen seid. Zieht den Propagandisten den Stecker. Lasst das nicht zu. Misstraut nicht euch untereinander, misstraut den Politikern. Den Medien. Der Elite. Informiert euch doch mal wirklich und lasst die Mainstream-Medien aus. Also lasst die anderen auch so leben, wie sie es wollen. Dann ist alles gut. Denn das ist Demokratie und Respekt. Und ich glaube, dass genau der Respekt untereinander gerade verloren geht. Kümmert euch umeinander. Respektiert andere Meinungen und hört auf, anderen ein schlechtes Gewissen einzureden, nur weil sie anderer Meinung sind und diese kundtun. Respektiert das auch, wenn ihr das anders leben würdet. Respekt. Liebe. Dankbarkeit. Ich wünsche mir, dass das alles wieder zurückkommt. Danke schön euch allen. Lebt glücklich.

Zu guter Letzt noch ein Statement, das Alois Irimaier (1894-1959) gesagt hat. Und schaut, wann er gelebt hat. Also schon lange her und es bewahrheitet sich jetzt:

„Zuerst kommt ein Wohlstand, wie noch nie.
Dann folgt ein Glaubensabfall, wie nie zuvor.
Darauf eine nie dagewesene Sittenverderbnis.
Alsdann kommt eine große Zahl Fremder ins Land.
Es herrscht eine hohe Inflation. Das Geld verliert
mehr und mehr an Wert.
Bald darauf folgt die Revolution."

Quelle: Alois Irimaier im Gespräch mit Caritasschwester Marie Luise Bender, erschienen bei Merkur.de am 21.10.2022, Artikel von Franz Rohleder

Unsere Freiheit beginnt in dem Augenblick,
in dem wir entdecken, dass unser engster Käfig
aus eigenen begrentzten Gedanken besteht.

Quelle Lioudmilla Thalmann, Linkedin

Leute, lebt frei.

Der Autor

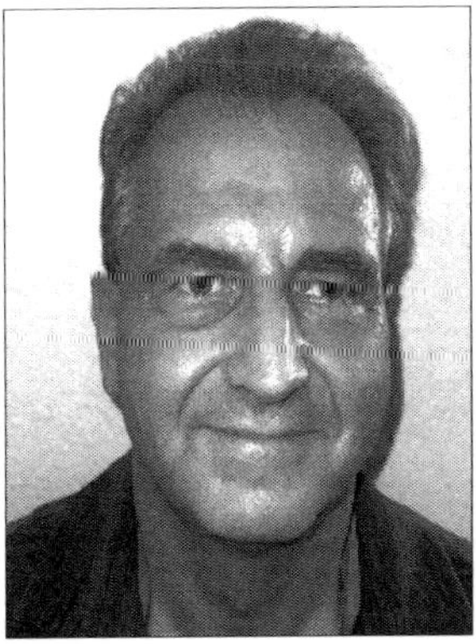

Damien Helle, geboren 1964 in Dortmund, lebt heute mit seiner Frau in Arizona, USA. Sein beruflicher Werdegang ist sehr abwechslungsreich: Zuerst als Einzelhandelskaufmann, dann in die Selbstständigkeit als Makler für Versicherungen und Kapitalanlagen und schließlich als Werbefachmann spiegelt es seine Vielseitigkeit wider. Seine düstere Kindheit durch die Misshandlungen seines Vaters verarbeitete Helle lange in Gedichten. Heute zählen vor allem Lesen, Fitness, Tennis und Musik zu seinen Hobbys. „Dein Leben und du" ist Helles erstes Buch.

Der Verlag

VINDOBONA
VERLAG SEIT 1946

ein Verlag mit Geschichte

Bereits seit 1946 steht der Vindobona Verlag im Dienst seiner Bücher und Autoren. Ursprünglich im Bereich periodisch erscheinender Journale tätig, präsentiert sich der Verlag heute als kompetenter Partner für Neuautoren am deutschen, österreichischen und schweizerischen Buchmarkt. Engagement, Verlässlichkeit und Sachverstand – das sind die Grundpfeiler, auf denen der Verlag seit jeher sicher steht.

Sie möchten mit Ihrem Werk das vielseitige Verlagsprogramm bereichern? Der Vindobona Verlag garantiert Ihnen eine professionelle Prüfung Ihres Manuskriptes durch das Lektorat sowie eine zeitnahe Rückmeldung.

Genauere Informationen zum Verlag
finden Sie im Internet unter:

www.vindobonaverlag.com